W0189451

A^{t}V

JULIA MANN wurde 1851 in Angra dos Reis/Brasilien geboren, wo sich ihr Vater Johann Ludwig Hermann Bruhns als Kaufmann niedergelassen und die fünfzehnjährige Tochter eines portugiesischen Plantagenbesitzers, Maria Luiz da Silva, geheiratet hatte. 1858, als Julias Mutter mit achtundzwanzig Jahren im Kindbett starb, begab sich der Vater mit den fünf Kindern in seine Heimatstadt Lübeck. Hier schickte er die beiden Töchter in das Pensionat von Therese Bousset, die den Mädchen mit Güte und Verständnis half, über den Verlust der Mutter hinwegzukommen und sich in der fremden Umgebung einzuleben. Mit sechzehn Jahren verließ Julia das Pensionat und lebte in der Familie ihres Onkels. Bei einer Festlichkeit lernte sie den jungen Kaufmann Thomas Johann Heinrich Mann kennen, den sie am 4. Juni 1869 heiratete. Aus der Ehe gingen fünf Kinder hervor: 1871 Heinrich, 1875 Thomas, 1877 Julia, 1881 Carla und 1890 Viktor. Als der Senator Mann 1891 starb, war Julia eine Frau von vierzig Jahren und verantwortlich für fünf minderjährige Kinder. Sie übersiedelte nach München und später nach Polling bei München. Das tragischste Ereignis ihres Lebens war der Selbstmord Carlas, die sich in der mütterlichen Wohnung das Leben nahm. Julia Mann starb 1923 und wurde neben ihrer Tochter auf dem Münchener Waldfriedhof beigesetzt.

Julia Mann erschloß ihren Kindern, was ihr selbst wichtig war: Musik und Literatur. Sie las ihnen nicht nur vor, sondern schrieb für sie ihre Erinnerungen auf, erfand Märchen und Geschichten. „Aus Dodos Kindheit" ist eine autobiographische Skizze über ihre Kindertage im brasilianischen Urwald und die Übersiedlung nach Lübeck, wo sie glaubte, Zucker falle vom Himmel, weil sie den Schnee nicht kannte. Die Pensionatsvorsteherin Therese Bousset (Sesemi Weichbrodt in den „Buddenbrooks") nahm sich des Mädchens verständnisvoll an. Dem Schmerz um die so früh verstorbene Mutter folgte fünfzig Jahre später die Erschütterung über den Selbstmord ihrer Tochter Carla. Er traf sie um so mehr, als sie zeitlebens versucht hatte, in harmonischer Gemeinschaft zu bewahren, was sie selbst als Kind verloren hatte: die Familie. Der Briefwechsel mit ihrem ältesten Sohn Heinrich zwischen 1894 und 1922 ist dafür ein anrührendes Zeugnis.

Julia Mann

Ich spreche so gern mit meinen Kindern

Erinnerungen, Skizzen,
Briefwechsel mit Heinrich Mann

Herausgegeben
von Rosemarie Eggert

Aufbau Taschenbuch Verlag

Mit 23 Abbildungen

Der Abdruck der Texte Heinrich Manns erfolgt mit freundlicher Genehmigung des S. Fischer Verlages, Frankfurt am Main

ISBN 3-7466-1041-9

2. Auflage 1999
Aufbau Taschenbuch Verlag GmbH, Berlin
© Aufbau-Verlag Berlin und Weimar GmbH 1991
Umschlaggestaltung Preuße & Hülpüsch Grafik Design
unter Verwendung eines privaten Fotos von Familie Mann
Druck Clausen & Bosse, Leck
Printed in Germany

AUS DODOS KINDHEIT

Erinnerungen aus Dodos Kindheit

Wo dir Gottes Sonne zuerst schien, wo dir die Sterne des Himmels zuerst leuchteten, wo seine Blitze dir zuerst die Allmacht offenbarten und seine Sturmwinde dir mit heiligen Schrecken durch die Seele brauseten, da ist deine Liebe, da ist dein Vaterland. Wo das erste Menschenaug sich liebend über deine Wiege neigte, wo deine Mutter dich zuerst mit Freuden auf dem Schoße trug und dein Vater dir die Lehren der Weisheit ins Herz grub, da ist deine Liebe, da ist dein Vaterland.

Und seien es kahle Felsen und öde Inseln, und wohne Armut und Mühe dort mit dir, du mußt das Land ewig liebhaben; denn du bist ein Mensch und sollst nicht vergessen, sondern behalten in deinem Herzen.

Ernst Moritz Arndt

Im Urwalde, nahe dem Atlantischen Ozean, südlich des Äquators, war es, wo Dodo das Licht der Welt erblickte. „Unter Affen und Papageien", wie ihr der Pai (Vater) später in Deutschland erzählte. Sie erschien, als Pai und Mai im Begriffe waren, von einer kleinen Küstenstadt in die andere überzusiedeln. Eine Negerschar nahm sich der drei älteren Kinder und des Gepäckes an und marschierte voraus, während Pai und Mai, welche zu Pferde waren, unter Zurückbehaltung einer Anzahl von Negern zu ihrer Bedienung, eine ausgedehnte Pause in der Reise machten. Darnach ging es in das neue Domizil, wo Dodo zwischen Meer und Urwald aufwuchs.

Ihr Vater war ein großer, blondhaariger Deutscher, der schon mit sechzehn Jahren nach „drüben" gegangen war, um dort durch Handel mit Plantagenerzeugnissen sich Vermögen zu erwerben. Später hat er Senhorinha Maria Luiz

da Silva, die Tochter eines Plantagenbesitzers, kennengelernt und die Fünfzehnjährige geheiratet. Von fünf Kindern
war Dodo das vierte, und das einzige, welches, gleich dem
Pai, blondes und leicht gelocktes Haar hatte. Ihre schwarze
Amme hatte viel Freude an dem Haar der Kleinen; sie wickel-
te es in Papilloten, um nach ihrem Geschmack recht krause Locken zu erzielen. Das Kind war viel bei der Mai, aber
auch unter Aufsicht ihrer schwarzen Anna oder der Mu-
lattin Leokadia. Es lief im Hemdchen, das durch einen Gür-
tel gehalten wurde, barfuß umher; einmal vorn hinaus an
den Meeresstrand, um von den mächtigen Steinen die Mu-
scheln und kleinen Austern zu lösen, die sie zum Rösten ins
Haus an den Herd brachte; dann wieder hinter das Haus an
den Rand des Urwaldes, wo sie herabgefallene Kokosnüs-
se und Bananen sammelte. Ersteren entnahmen die schwarzen Diener mittels glühend gemachter Spieße, die sie in
die drei Nußaugen bohrten, die süße Milch für Dodo und
ihre Geschwister. Ach, was gab es dort nicht an schönen und
guten Dingen! Außer Kokos und Bananen noch die Pinhão,
die Mani, die Ananas, die großen dunkelroten saftigen Gra-
natäpfel, die Guayava und die süße große Limona, aus denen Mai so herrliche Jalea kochte, und so ferner. Und wie
reizend war es im Garten, wenn die Kleine zwischen den
reichfarbigen, wie pontische Azaleen duftenden Blumen
stand und an ihr vorüber, wie goldene Fünkchen, die „Bei-
ja-flor" (Kolibri) schossen; wie herrlich, wenn sie an der anderen Seite des Hauses auf dem Bache in einer Art Wasch-
zuber Kahn fuhr, wie so schön und ernst die schwarz-grau
gefiederten und krummgeschnäbelten Urubu auf den Büschen am Bachesrand saßen und hoheitsvoll auf Dodo schauten, wenn sie an ihnen vorüberfuhr. Und vom Urwalde
her ertönte fast ununterbrochen das wilde Geschrei der Brüll-
affen und Papageien.

Auch mit dem Mulattenkinde Luiziana und mit Brüderchen
Nené spielte sie. Zwischen Mauerritzen fanden sie die win-
zigen runden Eidechseneier und weiterhin auch größere,
ebenfalls ganz runde und weiche Natterneier. Vom Gürtel-
tierschwanz brachten die Schwarzen ihr, um sie zu schmücken,
die kleinsten Ringe, die sie sich an alle Finger steckte.

…mut und Mühe dort mit dir, du musst das Land
ewig lieb haben; denn du bist ein Mensch und
sollst es nicht vergessen, sondern behalten in deinem
Herzen. "   (Moritz Arndt.)

Im Urwalde, nahe dem atlantischen Ozean, südlich des Äquators gra...
..., wo Dodo das Licht der Welt erblickte. „Unter Affen und Papageien" wie ihr die
Pai [Vater] später in Deutschland erzählte. Sie erschien, als Pai und Mai im Begriffe waren, von
einer kleinen Küstenstadt in die andere überzusiedeln. Eine Herrschaar nahm sich der
drei älteren Kinder und des Gepäckes an und marschierte voraus, während Pai und Mai,
welche zu Pferde waren, unter Zurückbehaltung einer Anzahl ... zu ihrer Bedienung, eine ausgedehnte Pause in der Reise machten. Darnach ging es in ...
..., wo Dodo zwischen Meer und Urwald aufwuchs.

Ihr Vater war ein grosser, blondhaariger Deutscher, der schon mit 16 Jahren, nach
„drüben" gegangen war, um dort durch Handel mit Plantagen-Erzeugnissen sich Ver...
gen zu erwerben. Später hat er Senhorinha Maria Luiza da Silva, die Tochter eines Plan...

Anfang der „Erinnerungen aus Dodos Kindheit"

Mittlerweile waren die drei älteren Geschwister in ein hauptstädtisches Pensionat mit Schule gebracht. Kamen sie dann auf Besuch nach Hause und sprachen französisch, so staunte Dodo sie an, konnte sie doch noch nicht einmal ihr Portugiesisch deutlich sprechen. Pai ließ eine große Mühle betreiben, durch welche Zuckerrohr gepreßt wurde; diese Mühle bestand aus drei oder vier großen Balken, welche von Pferden gedreht wurden. Die Mühle befand sich unterhalb der Wohnräume, in welche einmal eines der Pferde fröhlich über die Treppe heraufsprang und Dodo heftig erschreckte. Eines Tages, als Dodo wieder vom Meere hereinging, kam sie gerade dazu, als ein junger Neger, der auf einem der sich drehenden Balken gesessen hatte, durch einen unglücklichen Zufall zwischen diesen und die Wand geraten war und gequetscht wurde. Sie vergißt niemals dieses von Jammergeschrei erfüllte Ereignis. Es ließ ihre Mai den Neger in ihr Wohnzimmer bringen, bettete ihn auf eine Matratze auf den Boden und pflegte ihn eigenhändig mit „Mengão", einer Art Mais- oder Haferschleim; und sie verband ihm seine Wunden selber, die liebe Mai!

Einmal wurde Dodo von hier aus auch zu den Großeltern auf die Ilha Grande gebracht, wo dieselben eine große Plantage besaßen. Großmai war strenge, sie sah nicht gern, wenn die Kleine viel mit den Negern verkehrte und aus deren Fleischtöpfen das gesalzen-getrocknete Fleisch, die Carne seca, mit den schwarzen Bohnen dazu aß; und gerade diese Speise liebte Dodo so sehr; aber Großmai zog die kleine Ungehorsame dann bei den Ohren zu sich ins Zimmer hinein, wo sie, am Boden sitzend, zuschauen mußte, wie die Großmai klöppelte. Das war Strafe für die kleine Freiheitliebende. Der Großpai war milde. Allen schwarzen, gelben und weißen Kindern der Plantage machte er gern Vergnügen. Dodo denkt noch mit Entzücken daran, wie an einem Abend der Großpai, umgeben von einer großen Schar Kinder und Erwachsener, viele kleine längliche Papierröllchen nacheinander anzündete und sie in weiten leuchtenden, zischenden Bogen ins Meer hinausschießen ließ; das war ein wilder Jubel aus kleinen und großen harmlosen Kinderherzen! Der Pai besuchte seine kleine Dodo auf der Ilha.

Maria Bruhns, Julia Manns Mutter (nach einem Ölgemälde)

Sie war stolz auf ihren stattlichen, ernsten Pai! Er flößte ihrem Kindergemüt ein großes Etwas ein, ein Gemisch von Ehrfurcht, Liebe und Bewunderung. Sie hat auch empfunden, wie lieb der Pai sie hatte, und wie er es ihr, trotz der schlimmen Entfernung, welche die meiste Zeit trennend zwischen ihnen lag, stets wieder zeigte. Auf der Ilha Grande war es wunderschön! Nie wieder hat Dodo so starken, frischen Orangenblütenduft geatmet wie vor dem Hause der Großeltern, Manuel Gaëtano da Silva und Donha Maria, wo dieser Duft Bäumen entströmte, in Dodos Erinnerung so groß wie Linden. Sie ging zur Plantage auf Wegen, die zu beiden Seiten mit Ananas bepflanzt waren, von denen die Schwarzen ihr oft die reifsten schnitten und mundgerecht machten, indem sie sie schälten und am Brunnen unter den Wasserstrahl hielten. Und dann die Zuckerrohrpflanzungen! Da gab man ihr ein Stück des frisch geschnittenen Rohres zum Aussaugen des Saftes; dabei schaute sie dem Ernten des dicken riesigen Rohres mit der großen federbuschartigen Krone zu, an dessen Gestalt sie später in Deutschland beim Anblick des mit kleinerer buschiger Krone gegipfelten Schilfrohres erinnert wurde. Welche Menge von Negern arbeitete dort! Und wie fleißig mußten sie unter immerwährendem Antrieb der Aufseher sein! In den Kaffeefeldern arbeiteten wieder andere – aber diese Pflanze hat Dodos Interesse nicht so sehr besessen wie das süße Zuckerrohr. Auf einem ihrer einsamen Streifzüge sah sie, quer über dem Wege vor ihr, den buntglänzenden, dicken Leib einer, wie ihr schien, sehr großen Schlange sich sonnen. Zitternd und schreiend, als ob das Tier schon hinter ihr herstürme, um sie zu verschlingen, lief sie heimwärts! Sie schrie, bis die Schwarzen erschienen und, wie Dodo vorschwebt, dem Untiere zu Leibe gingen. Noch erbebt sie jedesmal beim plötzlichen Anblick einer wenn auch noch so kleinen Schlange mit ebensolchem Grauen wie damals, als die Boa in ihrer frühesten Kindheit einmal ihren Weg kreuzte. Dann der Abschied von der Ilha: es war schon ziemlich finster, als die Kleine an das Meer hinuntergebracht wurde. Sie saß auf dem Arme eines Negers, der vorsichtig von einem großen Stein den nackten Fuß auf den nächsten setzte und so weiter über viele Meerblöcke, bis er das Kind im Canoa untergebracht hatte. Das Meer brandete stark und überflutete und machte noch schlüpfriger die Blöcke, über die man Dodo trug; und es peitschte das Canoa hin und her. Dann ruderten die Schwarzen mit ihr fort, bis an Pais Haus auf dem Festlande. Daß diese Begebenheit immer wieder in Dodos Erinnerung auftaucht wie ein nächtliches Traumbild, kommt wohl daher, daß alles so ernst und schweigend vor sich ging, daß Dodo sich allein, ohne Pai, Mai oder die Großeltern, befand und daß Vollmond und glänzende Sternbilder märchenhaftes Licht über dies Erlebnis des Kindes gossen. Bald darauf müssen sie in die Hauptstadt gezogen sein, aber sie lebten, soweit die Erinnerung reicht, auch in Parati und in Buona vista und in Angra dos Rios. Von der Zeit erinnert Dodo den fürchterlichen Tropenregen, der durch die Jalousietüren in das Haus drang, wo die Neger beständig mit großen Schaufeln das Wasser fortschaffen mußten. Der Regen wird wohl unerwartet früh oder sehr plötzlich heruntergekommen sein, sonst hätte man sich vielleicht besser vor seiner Gewalt schützen können. Doch hübsch sah's aus, als lauter Canoas voller Menschen durch die Straßen fuhren.

Dann der Karneval – die vielen bunten Masken; das wilde Treiben draußen; die verschiedenen Musikinstrumente, deren sich die Masken bedienten. Da erklangen Gitarren, Mandolinen, Harmonikas; Trompeten, Tuben und Trommeln erdröhnten. Dodo und Nené, die zu Hause bleiben mußten, wurden auf Stühlen an die Jalousietüre gestellt, durch die sie auf das Getriebe hinausschauten; das war herrlich! Aber Dodo sah auch voller Erstaunen, wie eine sehr bunt und kurz gekleidete Dame stehenblieb, ganz dreist ihren Fuß auf einen hohen runden Stein setzte, um ihr Schuhband zu befestigen, und dann weiterging. Da sie nach Dodos Begriffen gar nichts Damenhaftes an ihren Bewegungen hatte, wird es wohl ein verkleideter Herr gewesen sein. Plötzlich schmetterte ein harter, ohrenzerreißender Ton, den man aus einer Muschel stieß, zu ihnen hinein, und da war's wohl mit dem Hinausschauen der beiden aus, denn sie fuhren vor Schrecken zurück gegen die Stuhllehne und stürz ten rücklings auf den Boden, wo die treue schwarze Amme sie wohl aufgesammelt haben wird. In den Tagen des Karnevalstrubels stand die Mai mit ihnen auf dem Balkon und hatte in einem Körbchen viele bunte Wachsbällchen, die sie auf die Masken hinunterwarf, wo sie zerplatzten und wohlriechendes Wasser ausströmten.

Die großen Kirchenfeste haben ebenfalls tiefen Eindruck auf die kleine Dodo gemacht. Da führte Pai seine Kinder in die Kathedrale, wo sie mit ihren kleinen Rosenkränzen knieten. Am Pfingstfest war es: da flogen in der Kirche viele weiße Tauben hoch über den Andächtigen umher, und helle Frauenstimmen ertönten aus der Höhe, und das klang wie Engelschor. Von den Singenden war nichts zu sehen; nur erinnert Dodo deutlich, einen Augenblick ein helles Frauenkleid gesehen zu haben, als man da oben eine Luke öffnete, um die Tauben auszulassen. Vor Ostern wurde der Judas Ischariot, in Form einer großen Strohpuppe mit schrecklicher Grimasse, Kopf nach unten, unter wütendem Lärmen durch die Straßen geschleift, und im Fanatismus schlug das Volk auf das Scheusal los, bis es endlich ganz zerfetzt war.

Kaum sechs Jahre alt, erlitt Dodo den härtesten Verlust, der ein Kind treffen kann: ihre Mai starb! Durch ihr ganzes Leben ging mit ihr der bittere Schmerz um die so früh verlorene Mai! Hätte sie es doch bei allem, was sie später durchzumachen hatte, zur Seite gehabt, das mit dem Kinde und für dasselbe fühlende Mutterherz! Sie preist jeden glücklich, der noch seine Mutter zu den Lebenden zählt.

Die Kleine hatte in der letzten Zeit, wo die Mai meist in der Hängematte lag, besonders viel um dieselbe herum gespielt und ist ihr auch mit kleinen Handreichungen hie und da beigesprungen. Dann kam eines Tages der Pai, ernster noch als sonst, und führte die sich sträubende Dodo und Nené – die älteren Geschwister waren fort im Pensionat – in das Zimmer nebenan: da lag ihre schöne Mai, ihre Mai! mit tief geschlossenen Augen, ganz bleich, ganz starr und kalt, umgeben von hohen, flammenden Kerzen; Haar und Körper mit Blumen geschmückt und im Arm ein ganz kleines totes Kind. Dodo empfand Grauen, sie drängte weinend zur Türe zurück und hat nicht einmal zum Pai aufgeschaut, ob auch er weine.

Etwa ein Jahr hierauf war es, als der Pai mit seinen Kindern und der schwarzen Anna auf einen französischen Segler ging, um in seine deutsche Heimat zu reisen, wo noch seine Mutter und andere nahe Verwandte lebten; und wo die Kinder gute Schulen besuchen sollten. Dodo braucht ja nichts von dem, was sie nicht erinnert, zu erwähnen, doch muß sie hinzufügen, daß sie damals aus dem schönsten Hafen der Welt fuhr; wäre sie doch älter gewesen, um diesen Anblick voll und ganz genießen zu können. Zwei Monate dauerte die Überfahrt, während welcher die Kinder anfangs drei Tage lang seekrank waren, dann gar nicht mehr, denn sie gewöhnten sich an die unaufhörlich auf Riesenwogen schaukelnde Bewegung des Seglers. Dodo sah die Haifische, die sich fast beständig und sehr zahlreich in Nähe des Schiffes aufhielten; den Pottwal, aus dessen Kopfe der fettige Strahl drang; ferner den Schwertfisch, den die Matrosen erlegten und an Deck heraufzogen; und viele fliegende Fische. Haushohe Wellen legten zuweilen das Schiff so auf die Seite, daß einmal der kleine Nené, der sich bei dem Steuermann aufhielt, fast aus einer der runden Luken an seiten des Schiffsbords ins Meer gestürzt wäre, hätte der Mann ihn nicht blitzschnell am Kittelchen gehalten. Ferner vergißt Dodo niemals den freundlichen Capitain, der ihnen oft von seiner guten Schokolade und den großen harten Schiffszwiebäcken gab. Die Kinder wurden bei hohem Seegang von ihrer Schwarzen auf Deck nebeneinander hingelegt und mit Pais großem Reisemantel zugedeckt (an welchem Dodo noch die großen Metallschließen an kleiner Kette erinnert), dann durften die mächtigen Sturzwellen kommen und auf die Kinder niederklatschen! Auf der Linie war's lustig: nur eine unliebenswürdige englische Familie ausgenommen, ließ sich jeder bereitwillig „taufen". Das geschah auf diesem Schiffe so, daß die Matrosen, welche sich alle phantastisch und sehr komisch teils als Affen und wilde Männer verkleidet hatten, aus langen, wassergefüllten Schläuchen spritzend, hinter Kindern und Erwachsenen liefen. Aus jedem geheimsten Versteck wurde man mittels Wasserstrahlen vertrieben.

Das gab ein Lachen und Kreischen und schützte vor Krankheit, die den Reisenden auf Segelschiffen am Äquator sonst leicht befällt. Gekleidet waren wir nur mit dünnen waschbaren Stoffen. Der kleine Nené wurde sogar in eine wassergefüllte Tonne, die früher Mehl enthalten hatte, gesteckt und lief dann weiß und naß umher. Einen Neger, der oft, um die Kinder zu amüsieren, auf Händen und Füßen umhersprang, nannten sie „Macao" (Affe) und ließen ihn den Spaß so oft wiederholen, bis er seiner überdrüssig wurde. Vom Aberglauben dieser Schiffer erinnert Dodo eine kleine Probe: Wenn das Meer ruhig ward, erzählten sie der Kleinen von der Madre de Deus (Mutter Gottes), welche das Schiff geleite und nun sichtbar sei. Dann zeigten sie ihr im blauen Schatten, den das Schiff auf das Wasser warf, Gebilde, welche teils die Luft, teils die Kräuselung des Wassers entwarfen, aus denen sie ganz deutlich die Gottesmutter sahen; das sollte Dodo dann auch erkennen; und sie hat sich darum bemüht, bis es ihr schließlich gelang, ein von hüpfenden Wellen fortwährend zerrissenes, aber immer wieder erscheinendes, dunkelblaues Gewand mit Oberkörper daran sich vorzuspiegeln; und wer das gewahr ward, durfte über den Ausgang der Reise beruhigt sein. Nach zwei Monaten Fahrt gab es eine freudige Erregung, als man endlich Land sah. Frankreich war es, die Heimat dieses Schiffes. In Havre landete es, und von dort fuhren Pai und die Kinder nach Hamburg, kurz vorher von einem Dampfer ins Schlepptau genommen. Hier kaufte Pai Spielsachen; unter anderem einen Hasen, der beim Fahren trommelte und mit den Ohren wackelte, und einen Esel, der niedlich geschirrt war und bei der geringsten Berührung freundlich mit dem Kopfe nickte. Da die mitgebrachten, drüben getragenen seidnen Kleidchen (Schwester Mana ein schwarzes Damast, Dodo ein graublau changierendes) ihnen bald zu klein sein würden, auch für die neuen Verhältnisse nicht paßten, wurden ihnen in Hamburg gelbe Nanking-Kleider gekauft. Mit diesen und den großen, von Rio mitgebrachten weißen Panama-Hüten über den dunklen Gesichtern, fielen sie, in Begleitung ihrer Negerin, in der kleinen Stadt – ihr neues Domizil, in welches sie darauf fuhren – sehr auf. So mußten sie sich gefallen lassen, daß ihnen auf den Straßen ganze Züge von johlenden Kindern nachliefen, bis Anna, um sie wenigstens eine Weile loszuwerden, Kuchen und Bonbons kaufte, das auf die Straße warf, wo es von den Straßenkindern aufgesammelt wurde.

Nun hatte Dodo ihre deutsche Großmai kennengelernt; denn gerade an deren Geburtstage hat der Pai ihr seine Kinder gebracht, die von einer anderen alten Großtante ebenfalls sehnlichst erwartet wurden, indem sie oft in ihrem Plattdeutsch gefragt haben soll: „Wann kamen denn nu Ludwig sin lütten Swatten?!" Sie hatte in Pais Kindern Schwarze vermutet! Dodo erinnert ihre deutsche Großmai immer lachend und heiter, ziemlich klein und behende; gegen Dodo und ihre Geschwister so gütig und aufopfernd, daß sie von dieser lieben Frau kein einziges unzufriedenes oder gar hartes Wort erinnert; sie mußte sie gleich liebgewinnen. Die Kinder sagten aber auf Portugiesisch „Vovó" – das „o" offenlautig – zur Großmai, das hat sie sehr irritiert, denn sie meinte, die Kinder nennen sie „Wauwau", bis Pai es ihr erklärte und sie herzlich über ihren Irrtum lachen mußte. Inzwischen war Pai mit Schwester Mana und Dodo zu Fräulein Therese, der Vorsteherin des Mädchenpensionates, gegangen; hatte erst allein mit ihr und der alten Madame gesprochen und dann den Kindern gesagt, daß Therese von nun an ihre Pflegemutter sein wolle. Und Dodo hat sich gleich sehr geborgen bei Therese gefühlt und ihr das gezeigt. Vorerst blieben die Kinder noch einige Wochen bei der Großmai, die im Sommer ein Gartenhaus vor dem Tore bewohnte.

Es mögen wohl vierzehn Tage vergangen sein, da trat ein zweiter schwerwiegender Tag in Dodos und ihrer Geschwister Leben: Ganz früh im Morgengrauen, als sie noch fest schliefen, trat ihre Anna leise, aber heftig weinend an die Betten der beiden Kleinsten, die gleich aus dem Schlaf fuhren und erschraken. Anna sagte weinend, daß Pai heute mit ihr die Rückreise nach Rio antreten werde; er habe ihr zwar verboten, Abschied von den Kindern zu nehmen, sie könne aber nicht so von ihnen fort; sie sollten nur stille sein und sie nicht verraten. Trotzdem entstand unter den Kindern großes Geschrei und Gejammer, sie wollten Anna nicht loslassen und wollten nicht, daß Pai fortginge. Darauf trat Pai herein und schalt die arme Anna, weil sie ungehorsam gewesen war. So weit dahinten, jenseits des großen Meeres lag das Land, aus welchem sie gekommen waren – dahin wollte nun Pai ohne sie zurück? Und ihre treue Pflegerin, die bis dahin alle kleinen und großen Leiden und Freuden der Kinder geteilt hatte, sollte mit ihm fort? So weit fort! Pai wird sie mit dem einzigen Trost beruhigt haben, daß sie wiederkommen würden – aber Dodo hat ihre Anna nie wiedergesehen. Sie hat ihr durch Pai in Briefen Grüße geschickt und später erfahren, daß Pai oft der Negerin von der Kinder Ergehen erzählen mußte. Pai hat der Anna, die bis dahin Sklavin war, nach ihrer Rückkehr ihre Freiheit geschenkt.

Welche Kontraste schnitten nun in Manas und Dodos Leben ein! Die sonnige Heimat, wo sie in ungezwungenem Dasein meist in der prachtvollen Natur ihre früheste Kindheit verbrachten; die Liebe ihrer Mai, ihrer Anna, der Großeltern auf der Ilha und aller, die sie drüben als kleines Kind gekannt und mit denen sie gespielt hatten – das lag nun für immer weit dahinten; und jetzt, wie auf eine andere Welt versetzt, traten fremdes Land, Klima, Leute, Sprache und Sitten an sie heran!

Auch der liebe Pai kam nicht sobald wieder. Er mußte wieder lange drüben bleiben und Geld verdienen; aber er schrieb seinen Kindern. Als Dodo noch bei der Großmai war, spielten sie viel im Gartenhäuschen, das rückwärts am Ende des Gartens lag. In diese erhöhte Veranda gelangte man über eine kleine Stiege. Unter dem Raume lag ein Holzstall. Als Dodo eines Tages wieder ganz allein da oben sich mit allerlei erdachten Spielen beschäftigte und ihrer Phantasie freien Lauf ließ, ertönte von unten herauf plötzlich Klopfen um Klopfen, und sogar gegen den Verandaboden pochte es. Sie blieb, wie gebannt, heftig erschrocken stehen; dann aber schrie sie mörderlich: „Diabo! Diabo!" Denn da sie sich das Pochen nicht zu erklären wußte, mußte es ja unbedingt der Teufel sein! Das Trösten der Person, die den Schrecken verursacht hatte und herzulief, half nichts; da kam der Oncle Eduard, der sich über das Geschrei ebenso erschrocken haben mochte, mit etwas Bedrohlichem herbeigeeilt und hat die kleine Dodo von einem Resultat der Negererziehung, der Teufelsfurcht, durch einmalige harte Prozedur für ihr Leben lang befreit. Und das wurde ihr Lieblingsoncle. – Nach Ablauf der festgesetzten Zeit wurden die Brüder in eine Knabenpension, die beiden Mädchen zu Therese und ihrer alten Mutter gebracht, wo noch viele und größere Mädchen sich befanden. Dodo war das Kleinste. Manu, der älteste Bruder, damals zehn- oder elfjährig, wurde gefragt, ob er Protestant werden wolle; davon hinge ab, ob die übrigen ihre Religion ändern sollten. Manu wollte Protestant werden – wahrscheinlich weil man ihm die Notwendigkeit klarzumachen versucht hat –, und so geschah die Segnung und Aufnahme der Kinder in die protestantische Gemeinde, durch einen alten lieben Pastor, der im Ausdruck des Kopfes mit dem langen Silberhaar, der edlen Gesichtsform, den Bewegungen, der Gestalt, recht wie das Urbild eines Pastors erschien; wie der menschliche Gegenstand der höchsten Ehrfurcht. Von nun an gingen sie jeden Sonntag mit allen Pensionärinnen in die Kirche und mußten später, als sie Deutsch verstanden, gut auf die Predigt achtgeben, denn Therese fragte manchmal nach dem Text! Dodo hat aber in der Kirche viel nach den Ornamenten und Bildern schauen müssen und nach den silbernen Fransen an der Kanzel, die unter den unwillkürlichen Griffen des alten Seniors schon viel von ihrem Glanz eingebüßt hatten. Nun hieß es erst Deutsch lernen! Dodo konnte niemanden verstehen, denn es gab keinen Menschen in der Stadt, der portugiesisch sprach. Erst viel später kam ein Neffe des Pastor senior zugereist, der dieser Sprache so weit mächtig war, um die Taufscheine der Kinder übersetzen zu können; der Pai hatte das vor seinem Fortgang unterlassen. Mana konnte etwas Französisch sprechen, so konnte sie der kleinen Schwester manches verdolmetschen. Therese war außer Mana die einzige in der Pension, zu welcher Dodo „vem cá" (komm her!) sagte; allen übrigen, die sich ihr näherten, rief sie „achimbora" (geht fort!) zu. Anfänglich hatte sie nur bei Therese Unterricht, in welchem sie spielend Deutsch lernte. Ohne allen Zwang hockte sie am Boden, während Therese ihr aus einem großen querlangen Bilderbuche, welches alles für den

Anfang Kennenswerte enthielt, die Gegenstände in Deutsch benannte und Dodo es nachsprechen mußte. Therese zeigte auf ein Bild und fragte: Was ist das? Dodo mußte auf deutsch antworten. So lernte sie in einem Vierteljahr die neue Sprache so weit, wie sie leider gleichzeitig, bis auf weniges, ihr Portugiesisch vergaß. Die nächste Lehrerin für die Kleine wurde ihr auch sehr sympathisch, namentlich wegen des niedlichen Gesichts. In einer Stunde, die sie mit mehreren kleinen Mädchen bei Frl. Minna hatte, bezog sich Dodos Aufmerksamkeit lediglich auf Minnas Gesicht. Die Lehrerin merkte, daß das Kind in Gedanken saß, und fragte lächelnd: „Dodo, warum siehst du mich immerfort an? Ich glaube, du hörtest gar nicht, was ich sprach?" Die Kleine erschrak und schwieg anfangs verlegen, dann sagte sie in ihrem fremden Akzent: „Du aussiehst wie ein klein Vogel!", was zu allgemeinem Gelächter, auch seitens Minnas, Anlaß gab. Überhaupt hat sie sich viel eigenen Betrachtungen und Gedanken hingegeben und war im allgemeinen schweigsamer Natur. Als sie zehn Jahre alt war, hat sie sich im Stillen erstaunt, wie lange sie nun schon auf der Welt sei; und sie sei nun schon ein altes Wesen. Über Namen dachte sie oft lange nach; z. B. „Therese": „The-re-se", wiederholte sie sich, „wie kann man nur so heißen! Merkwürdig." Und in einer der biblischen Geschichtsstunden, als Herr Hagen von „Hanna" erzählte: „Das war wieder einmal ein Name!" Ihre Schwarze hieß Anna, aber diese, von der Herr Hagen sprach, hieß sogar Hanna, „Hanna", so sprach, die Lippen bewegend und flüsternd, Dodo, anfangs ganz leise, dann immer lauter und eifriger für sich. Plötzlich rief Herr Hagen mit dröhnender Stimme: „Recht, Dodo! Ganz recht! nur lauter: Wie hieß die alte fromme Witwe? Nun? Ha -- nun?!" – „Hanna?" begriff und sagte die Kleine verschämt und halb freudig fragend, denn sie wußte eigentlich nichts von dem, was Herr Hagen in den letzten fünf Minuten erzählt hatte und sah nun ganz glücklich um sich, weil sie es so gut getroffen hatte und belobt wurde, trotzdem sie nicht ganz bei der Sache gewesen war. Eine der Lehrerinnen war Dodo sehr unsympathisch, besonders nach einem Ereignis, das die Kleine aufregte: Sie schluckte die Kirschen oft alle mit

Julia Manns Brüder Luiz und Paolo

den Kernen hinunter, und als diese Lehrerin das einmal sah, rief sie: „So, Dodo, nun wächst dir bald ein großer Kirschbaum zum Munde heraus!" Da aber weinte Dodo und war trotz allen Dementis seitens der Lehrerin nicht zu beruhigen, bis Therese das laute Weinen hörte und kam; als sie Dodo sagte, es sei ja nur ein Scherz gewesen, und so etwas sei gar nicht möglich, da beruhigte sich das Kind, denn Theresen glaubte sie immer. Als sie Deutsch gelernt hatte, begann die alte Madame, Theresens Mutter, sie das Stricken zu lehren; das machte ihr erst recht Vergnügen, nachdem die alte Dame ihr das bekannte Bild gezeigt „Großmutter, die Enkelin stricken lehrend". Nun stellte sie sich gerade so vor die Alte, die ihre Arme nach vorne um die Kleine legte, die Händchen, die die Arbeit hielten, in ihre alten nahm und so die Nadeln dirigierte. Inzwischen gab ihr Madame von ihren Hustenbonbons. Das war sonst eine ernste und strenge Frau; mit der Kleinen aber geradezu aufopfernd gütig; sie ließ sich sogar von ihr erschrecken, ohne unwillig zu werden. Das ging so zu: Nach Beendigung ihrer kleinen Schularbeiten ging Dodo hinauf, machte die Türe zum Wohnzimmer auf und schloß sie gleich wieder, blieb aber still hinter dem Wintervorhang drinnen an der Türe stehen. Von da aus beobachtete sie kurze Zeit, wie die alte Frau, auf dem Sofa in kerzengerader Haltung sitzend, die große Brille auf der Mitte des Nasenrückens, die Oberlippe kräuslich eingezogen, emsig an dem schneeweißen Strumpfe strickte und dazwischen eine Prise Tabak nahm. Dann ging Dodo leise, leise zum Vorhang hinaus auf das Sofa zu und trat plötzlich vor die Alte hin, die dann einen so drolligen Schreckenslaut ausstieß, welcher der mutwilligen Kleinen jedesmal wieder sehr komisch vorkam und sie herzlich lachen machte. Lachend setzte sie sich dann zur ebenfalls lachenden Alten und bekam von ihr noch obendrein Birnenscheibchen und Hustenbonbons. „Chott, Kind" (sie sprach *Ch*ott), „du bist doch ein Närrchen!" sagte sie als einzigen Tadel. Der Schreck überwältigte sie nie, denn die alte Dame hatte starke Nerven und war fast bis zu ihrem letzten Lebensjahre, dem vierundachtzigsten, abgesehen von ihrem beständigen Husten, immer rüstig und gesund und tadel-

Johann Ludwig Hermann Bruhns, Julia Manns Vater

te meist mit Erfolg an den Pensionärinnen da, wo Therese mit ihrer Güte nichts erreichen konnte. So z. B. konnte sie Unbescheidenheit nicht ertragen und rief abends bei Tische einmal der jungen englischen Lehrerin, welche zuviel Zucker in ihren Tee warf, zu: „Na, Miss, ich würde mir lieber gleich die ganze Dose hineinschütten!" – „Mutter!" rief Therese dann besänftigend; doch war Miss eine Ausnahme, sie war ohnehin von Madames Unwillen unberührt geblieben und hielt an ihrer Gewohnheit fest, unbescheiden zu sein. Trotzdem sie alle gut mit Dodo waren, beschlich doch immer aufs neue die Sehnsucht sie nach ihrer geliebten Mai, und sie wachte eines Nachts in Tränen auf, als sie merkte, daß sie ihr Händchen hoch in die Luft gestreckt hatte und es leer wieder zurückziehen mußte – denn sie hatte im Traum die Mai gesehen, wie sie von oben herab ihrer Kleinen eine süße Frucht reichte. Wie deutlich hatte sie den lieben Ausdruck des Gesichtes erkannt!

Der Pai hat seinen beiden kleinen Töchtern sehr liebevolle Briefe von ihrer Heimat aus gesandt; anfangs portugiesische, solange sie in der Muttersprache schrieben; als sie ihm aber deutsche Briefe schickten, antwortete er ebenso. Eines der ersten portugiesischen Briefchen des Pai lautet:

Minhas queridas filhas Mana e Dodo,
recebi as Suas cartas, e muito estimo, que se divertissem bem pelo Natal. Agora espero que aprendem bem, afim de darem gosto à mim, e à Senhora Da Thereza, à quem Voces me recomendarão.

Seu Pai, que muito as estimas

Was ungefähr sagen will:

Meine lieben Töchter Mana und Dodo,
Eure Briefchen habe ich erhalten und mich sehr gefreut, daß Ihr am Weihnachtsfeste so viel Vergnügen hattet. Auch hoffe ich, daß Ihr gut lernet, damit Ihr mir die Freude macht und Fräulein Therese, der Ihr mich empfehlen wollet.

Euer Pai, der Euch sehr lieb hat

Mana und Dodo sangen anfangs portugiesische Lieder, die sie von den Negern gelernt hatten und deren Texte meist sehr minderwertig waren, aber bei ihrem Vorsingen leicht verstanden wurden. Bis auf die wenigen Worte des einen der Lieder, „Molequinho di meo Pai" (Negerknabe meines Vaters), vergaß Dodo es ganz; die Melodie ging aber folgendermaßen:

Sie sangen in der von den Negern angeeigneten näselnden Art, aber fest im Ton und Takt; und später beim Chorsingen zählten sie zu den musikalisch Sichersten.

Der erste Winter machte natürlich großen Eindruck auf Mana und Dodo; diese hielt den Schnee für Zucker und war sehr enttäuscht, nachdem sie ihn probiert hatte. Und seit sie die Tanne am schönen Weihnachtsfeste, das ihr bisher fremd geblieben war, kennengelernt, war dieser Baum, nächst ihren heimatlichen Palmen, für sie der schönste und ist es geblieben.

Therese hielt so viel von der Kleinen, daß es ihr fast leid tat, daß Dodo immer größer wurde; denn sie selber war nicht groß und war froh, ihren Arm ausstreckend, wenn Dodo noch unter demselben stehen konnte. Bald aber war diese zur eigenen Freude über Theresens Armhöhe hinausgewachsen, was die Pflegemama mit gemischten Gefühlen schließlich bestätigen mußte. Wie gut war Therese! Wie schön hat sie ihre kleine Pflegebefohlene für alle, die diese liebte und nicht liebte, beten gelehrt! Wie hat sie sie gepflegt, wenn sie krank war! Und Dodo hat die Kinderkrankheiten teils sehr ernstlich durchmachen müssen.

Therese, die eine bekannt gute Pensionsküche führte, hat oft den Küchenzettel der Kleinen extra eingerichtet! Da diese nicht gern Fleisch aß, gab es für sie Frikadellen, recht kroß gebacken, viel Brot enthaltend und mit dem Messer hübsch bunt eingekerbt: die wurden dann Dodo-Kuchen genannt. Aber oft mußte sie auch Braten essen. Von Gemüsen waren ihr weiße Bohnen das liebste, wahrscheinlich, weil diese sie an ihre heimatlichen schwarzen und roten Bohnen erinnerten. An Therese hing Dodo bald so sehr, daß sie dieselbe zuweilen „Mama" nannte. Abgesehen davon, daß die Kleine fühlte, es würde der treuen Pflegemutter Freude machen, hatte sie auch das Bedürfnis, jemanden recht Guten dieses Wortes zu würdigen und namentlich dies liebste Wort eines Kindes, nach so langer Zeit, in der es nicht über ihre Lippen mehr gekommen, wieder einmal zu sprechen. Sie tat es also, fühlte aber instinktiv, daß der Gegenstand, wenn auch noch so lieb mit Dodo, doch zu verschieden von ihrer Mai war und daß ihre kleinen, Theresen erwiesenen Zärtlichkeiten sie nicht befriedigten, abgesehen von der Freude, die treue Pflegemama beglückt zu haben. Weil Therese das Kind nicht verwöhnen und verziehen wollte, hat sie es einige Male strafen müssen. Einmal waren viele Stücke schöner weißer Mandelseife für alle Pensionärinnen geholt und in Nähe der Schlafzimmer auf einen Tisch gelegt. Ohne zu fragen, hatte Dodo sich eines davon geholt, obgleich sie wußte, daß Therese selber die Seife verteilen würde. Als die Stücke gezählt wurden, fehlte eins! Und wie die Reihe des Fragens an sie kam, war sie so erschrocken, daß sie ihre Tat nicht gleich eingestehen mochte. Therese führte sie darauf feierlich an der Hand zu Madame und stellte derselben in sehr traurigem Tone die kleine Übeltäterin vor, die etwas genommen habe und es nicht gestehen wolle. Die Alte tat höchst entsetzt, aber nicht lange, dann war sie wieder sehr gnädig zu Dodo, die bitterlich weinte; es wurde ihr das Vergehen verziehen und sie wieder zu den ehrlichen Menschen gerechnet. Ein andermal hatte sie von ihrem Taschengeld, was für nützliche Zwecke bestimmt gewesen, einer Externen etwas gegeben, wofür diese ihr anderen Morgens Bonbons mitbringen sollte. So etwas war auch strenge verboten, denn bei Therese bekam man so viel Süßes, als gut war. Dodo liebte aber noch mehr, und nun knabberte sie abends im Bette, nachdem Therese fort war; und Anna, das Zimmermädchen, hörte das mit Entsetzen. Denn dieser Anna war es zur Pflicht gemacht, auf die Jüng-

Julia Manns ältester Bruder Manoel

sten betreffs der Ordnung in jeder Beziehung mit Obacht zu geben und Dawiderhandlungen zu melden. Aus Angst, in die Heimlichkeit Dodos gezogen zu werden, als habe sie sie geduldet, meldete sie Theresen den Umstand. Da gab es zur Veränderung von Theresens zarter Hand Schläge! Wie mag sie sich diese Energie abgerungen haben! Dodo hat, aus Schrecken über so ungewohnte Härte, haltlos gebrüllt, und mit den Bonbonsaufträgen an die Externe war's vorbei. Später hat sie einmal ein schönes Stück aus Theresens Glasgeschirrschatz zerbrochen und nicht um Verzeihung bitten wollen; da hat Therese sie zu ihrer entsetzlichen Beschämung für eine Stunde lang in die Speisekammer gesperrt, welche unten an der Diele lag und mit Drahtgitter versehen war, durch welches jeder Vorübergehende Dodo sehen konnte, obwohl sie sich ganz lautlos verhielt; das war gräßlich!

Mit der lieben Großmai war gleich zu Anfang vereinbart, daß die beiden Schwestern jeden zweiten Sonntag zu Mittag bis abends zu ihr kommen sollten, wo sie auch die Brüder trafen. Das war jedesmal ein großes Vergnügen, zumal die Großmama ihnen alles zuliebe tat, was ihr möglich war, um auch ihrerseits den Kindern Pai und Mai, so gut es ging, zu ersetzen. Wenn sie zu Mittag gegessen hatten, wobei der mokante Oncle Theodor halb scherzend, halb scheltend über die Kompottflecke, welche Dodo und Nené machten, zu tadeln hatte, wurde im großen Garten gespielt. Dieser zog sich die ganze Rückfront des Hauses entlang, in Form einer breiten Terrasse, von der zwei Wege rechts und links ziemlich steil abwärts führten; daran Obstbäume und Büsche und in der Mitte großer Rasen mit Obstbäumen. Unten im Grunde saßen die Kinder zur Zeit der Stachel-, Gicht- und Johannisbeeren versteckt zwischen den Büschen, und weiter oben gab es Kirschen-, Pflaumen-, Äpfel- und Walnußbäume. Auf der Terrasse wurde Reiffangen und Federball, Verstecken und Wettlauf gespielt, was gewöhnlich durch die Beteiligung von dazugebetenen Freundinnen und Freunden der Kinder noch vergnüglicher wurde. Oder war das Wetter ungünstig, dann arrangierte Großmai im Zimmer Spiele; stieg auch mit ihnen auf den Speicher, um

Marie Luise Bruhns, Julia Manns Großmutter

zum Theaterspielen aus ihrer großen Kiste alten Theaterplunder, wie herrliche gelbe und weiße Straußenfedern, Bauern- und Bäuerinnenkostüme usw., zu holen. Dann verkleideten sie sich und spielten seelenvergnügt jeder nach seiner Phantasie oder tanzten auch nur, so fremdartig herausgeputzt, nach der lustigen Tanzmusik, welche die Großmai lachend und energisch auf dem Klavier ausführte; Dodo sieht die liebe alte Frau noch, wie sie sich während des Spieles nach den tanzenden Kindern umschaut und die Nase vor Lachen krauszieht. Oft schickte die Großmai den kleinen Nené oder ihre Mamsell um Bonbons zum Konditor und spielte dann Lotto mit den Kindern. Wie oft hat sie sie gegen Oncle Theodor verteidigen müssen, dem die fünf oder oft mehr zu lärmend wurden. Er kam dann etwas mürrisch und mäkelnd herein, so daß die Kinder ganz kleinlaut wurden. Wenn die Großmai dann für sie sprach, daß sie sich bei ihr recht austoben dürften, sah der Oncle es schließlich ein, erbarmte sich und fing, wie schon so oft vorher, an zu erzählen: „Kennt ihr denn eigentlich schon die schöne Geschichte von der großen Seestadt Leipzig, wo einst die große Wassernot war?" Schon als er diesen Satz anfing, gab es wegen der häufigen Wiederholung große Heiterkeit bei den Kindern und der Großmai, während der Oncle mit wichtigster Miene die traurige Begebenheit weiter vortrug. Der etwas gefürchtete Oncle blieb er aber fernerhin. Die Großmama hatte übrigens dies schöne große Haus noch nicht lange; es war von einem Herrn gekauft, der die meiste Zeit in Italien lebte. Von Großmais Wohnhäusern erinnert Dodo sonst nur das anfangs erwähnte Haus vor dem Tore. Großmai war immer froher Laune; wie haben die Kinder einmal gejauchzt, als die Großmama so kräftig ihrer Hausmamsell geklingelt hatte, daß plötzlich der lange, buntgestickte Klingelzug abgerissen in ihrer Hand blieb! Wie lachten die Kinder und Großmai dazu, mit der krausgezogenen Nase! So fand sie die Mamsell, welche eintrat. Und einmal erzählte sie, als sie kleine Wunden an Gesicht und Händen hatte, ganz heiter: Sie sei neulich, als sie vom oberen Regal des kleinen Glasschrankes habe etwas herunterholen wollen und sich dabei auf eines der unteren Regale mit dem

Knie gestützt habe, mit dem ganzen Schränkchen umgefallen! Sie habe wohl rasch die Arme über Kopf und Gesicht
gehalten, aber ein Wunder sei es doch, daß sie noch glimpf-
lich davongekommen. Beim Erzählen lachte sie wieder herzlich über dies Abenteuer. Und wenn sie aus Pais Kinderjahren erzählte, hat Dodo eifrig zugehört: wie der Pai mit
beiden Händchen den Apfel an den Mund nahm und ab-
biß, hat er der Mutter nachgepappelt: „Der Apfel dar pos-
sinner is, mal wenn er von Apfe fißt!" (Der Affe sehr pos-
sierlich ist, zumal wenn er vom Apfel frißt. D. Hrsg.) Sie
zeigte den Kindern noch die weiße Elfenbeinkugel unten an
ihrem Nähtisch, in welche er oft gebissen hat, daß sich seine Zähnchen hineingruben und Erinnerungsmale hinterließen. Und wie er als etwa fünf- bis siebenjähriger Junge
beim Herumreichen des Teegebäckes bei einer Einladung
seiner Mama zugerufen habe: „Mutter! Sie nehmen all die
guten Sachen, und die Zwiebäcke lassen sie liegen!" Denn
ihm waren von den übrigbleibenden „guten Sachen" einige versprochen. An den Weihnachtsfesten beschenkte sie
die Kinder sehr schön; da gab es z. B. ein reizendes Kin-
der- oder Puppenspeiseservice für Mana und Dodo; ein Kaffeeservice aus feinem Porzellan, mit allem Zubehör, Pup-
penkommoden von etwa einem halben Meter Höhe und
dreiviertel Breite, mit drei Schubladen; Mahagonibücher-
schränkchen mit Glastüre; silberne Serviettenringe; große
Wachspuppen und gewöhnlich 6 M Kurant dazu. Mit diesen verfuhr aber Dodo einen Winter sehr unvernünftig: sie
schenkte sie an einen italienischen Drehorgelmann, weil er
ein so hübsches trauriges Gesicht hatte. Die Schwärmerei
für diesen glutäugigen, schwermütig scheinenden Fremden
hatte bald darauf ein Ende, nachdem Dodo erfahren mußte, daß man ihn betrunken an der Straße liegend gefunden
habe. Der Anblick eines Betrunkenen machte sie übel und
ebenso der Gedanke an solchen!
In den Sommerferien, während alle übrigen Mädchen zu
den Eltern reisten, gingen Mana und Dodo gewöhnlich mit
Therese nach Travemünde, wo sie in der Ostsee badeten.
Darauf freuten sie sich das Jahr hindurch. Sie standen dort
bei jedem Wetter um sechs Uhr, oft auch früher, auf, gin-

gen zum Baden, wo sie die ersten waren, um gleich die nette alte Badefrau Kramern und deren Karren zu bekommen. Dieselben waren schon früh in das tiefere Wasser hinausgezogen, und man fuhr in einem Kahn vom Steg aus hinaus bis vor den Karren; und wenn man gebadet hatte, zog man an der kleinen Glocke, welche an der Rückwand befindlich, dann kam der Bootsmann wieder und holte einen ab. Bei Sturm und hoher See lagen die Karren näher am Strande; und man badete kürzere Zeit, ward hin- und hergeworfen und ließ sich nur ein paarmal die Wellen über Kopf und Rücken klatschen. Nach dem Baden liefen Mana und Dodo, das mitgenommene Brötchen verzehrend, heim und frühstückten dann erst mit Therese. Darauf ging diese mit ihnen auf die Anlagen hinter dem Kurgarten hinauf, von wo aus sie dem Frühkonzert zuhörten, das immer mit einem Choral begann; dabei machten sie Handarbeiten und lasen abwechselnd vor. Später wurden im Hause die Schularbeiten gemacht, zu Mittag gegessen, Reif getrieben, Ball usw. gespielt und Briefe geschrieben, die sie versprochen hatten; u. a. auch einen französischen an Mlle. Suzette, die Lehrerin aus Lausanne, die immer in Kopftönen sprach und so kleine, trippelnde Schritte machte; und welche die bei ihr im Zimmer schlafenden jungen Mädchen zuweilen jäh aus dem schönsten Schlafe weckte durch ihre haarsträubenden Angstrufe wie „Ülfen! Ülfen! – Dieben! – Dieben!", so daß die Mädchen, Diebe oder gar, weil Suzettes Rufe so gepreßt und erstickend klangen, Mörder vermutend, aufsprangen und mitschrien oder sich zitternd unter die Bettdecke verkrochen, je nach dem Mut und der Furcht. Dann erwachte Suzette ganz erschöpft und sagte: „Ah, mon Dieu, mon Dieu! mais soyez tranquilles, mes enfants, ce n'étaient que mes cauchemars; ils sont déjà passés – dormez, dormez encore!" Dieselbe Suzette, die auf dem Gute in Mecklenburg so mühsam ihrer Bewunderung Ausdruck gab in dem Ausruf: „Err Harnemann, was aben Sie für großhartigen Hochsen!" – für sie gab es „h" im Deutschen nur da, wo keines ist. Oft ging Therese mit ihren „Kindern" auf den Seetempel hinauf, von wo sie einen schönen Blick über die Seebucht einerseits bis nach Mecklenburg, andererseits bis zur holsteinischen Küste hatten. Ein paarmal durften sie auf Eseln reiten; diese Tiere liefen aber selten nach Wunsch, sie mußten entsetzlich mit Stöcken bearbeitet werden, bis sie sich zu einem kleinen zuckeligen Trab entschlossen; einen hübschen Galopp machten sie nicht, sondern es gab nur auf dem Rückwege zu ihrem Stall einen rasenden Eilschritt, der die Sättel zum Rutschen brachte und von Reiter und Tier ein lächerliches Bild abgab; na ja, es soll ja auch nur lustig, nicht schön sein, sonst würde Cervantes dem Sancho Pansa keinen Esel untergeben haben. Dodo fühlte sich aber trotzdem ganz stolz, wenn der Esel mit ihr am Kurhause auf seine Art vorüberstürmte! Abends saßen Therese und die beiden in der großen Glasveranda, dem Wäldchen gegenüber, und lasen vor; einmal „Undine", aus welchem der „Kühleborn", trotz seiner edlen Fürsorge um das liebe Undinchen, Dodo eine sehr grausige Figur bedeutete. Wenn die Rede von ihm war, schaute sie, in unheimlichen Gedanken verloren, scheu in die dunklen Bäume hinüber und bildete sich ein, in einem derselben die Riesengestalt des Wassergeistes zu erkennen. (Und später als Mutter hat Dodo ihren Kindern in einem gleichgelegenen Haus, dort dem Wäldchen gegenüber, „Undine" vorgelesen, und namentlich ihr Heinrich hörte ihr so gerne zu, wenn sie Märchen las.) In den ersten Jahren reisten sie mit Therese und Suzette auch auf ein Gut in Mecklenburg zu Bekannten. Auch hier war's wundervoll. Als Dodo hier allein im Garten war, fand sie außer vielem Obst, was sie sich schmecken ließ, auch viele ganz kleinwinzige, allerliebste graue Fröschchen. Von diesen sammelte sie eine Menge in ihre Schürze, die sie fest zusammenhielt, weil die Tierchen so wild umeinandersprangen, und lief dann, um ihren guten Fang zu zeigen, freudestrahlend nach Hause, geradewegs in das Zimmer, wo fünf bis sechs Damen in eifriger Unterhaltung beim Vespern um den Teetisch saßen und Kandiszucker in den Tee stippten und Kuchen aßen. Dodo öffnete ihre Schürze, und heraus sprang die Menge kleiner Frösche, die in wilder Flucht rasend im Zimmer umherhüpften. Alle Anwesenden stürzten unter verzweifelten Sprüngen und Gekreisch zur Türe hinaus, dabei durch ihre Fußtritte vielen der armen

Tierchen den Lebensfaden vorzeitig abschneidend. Nur Therese hielt sich furchtlos und hat selten so gelacht wie über diese Szene; doch bestand sie darauf, daß Dodo versprach, so etwas Dummes nicht wiederholen zu wollen, und um Verzeihung bat. Dodo hatte sich den Erfolg ihrer Überraschung aber ganz anders vorgestellt. Herr Arnemann hat nachher bei Erzählung dieser Begebenheit viel gelacht.

In den Sommerferien waren die Schwestern auch einmal zu Oncle und Tante Rodde, Schwester von Pai, auf ihr schönes Gut geladen, wo sie es auch recht gut fanden, aber Dodo mußte auf einem Federbett schlafen, und das mißfiel ihr. Ein andermal fuhren sie mit Therese nach der Uhlenhorst bei Hamburg, wo Theresens Nichte und Neffe ein schönes Haus bewohnten, in welchem die Kinder in einem reizenden Turmstübchen schliefen. Von diesem aus konnten sie abends den Anblick mehrerer großer Feuerwerke genießen und waren überhaupt sehr gerne bei dem lieben lustigen Paare. Am liebsten war Dodo immer mit Therese zusammen irgendwo; sie bekam sonst leicht Heimweh nach ihr. Auch auf Castorf, Stolterfohts herrlichem Gute, wo sie so lieb aufgenommen wurden, hatte Dodo anfangs Sehnsucht nach Therese. Auf die Heimfahrt nach den Ferien freute sie sich immer, denn sie liebte die Abwechslung. Im Pensionsgarten hielt sie sich gerne auf; da spielte sie viel mit den anderen Mädchen Lauf- und Ballspiele, Mutter und Kind, Hexe, Kobold; war sie allein, dann nahm sie ihr Springtau, trieb Reifen, las oder lernte im Garten ihre Aufgaben. Klavier spielte sie mehr, als die Stunden ihr vorschrieben; die alte Emmy, Theresens Schwester, war unermüdlich, Dodo zuzuhören, als sie schon größere Sachen vortragen konnte; an Festtagen abends mußte das kleine Mädchen ihr viel vorspielen, denn Emmy liebte sehr die Musik und spielte auch selber. Dodos zweiter Klavierlehrer, Herr Pape, hat dem zehnjährigen Mädchen sogar eine kleine Komposition gewidmet. Den Wert solcher Gabe hat sie jedoch erst später dankbar erfaßt. Sie hat lieber musiziert als gelesen, dieses damals nur, wenn es niedliche kurze Geschichten waren. Von den Lehrfächern waren ihr die liebsten: Zeichnen, Aufsatz, Französisch, Mythologie, Astronomie (im Anschluß an letzteren Unterricht kam der Lehrer zuweilen abends, um den Schülerinnen die Sternbilder in der Wirklichkeit zu zeigen), ferner interessierte sie die Kunstgeschichte, Naturgeschichte, alte Geschichte und auch noch Geographie; aber neuere Geschichte kam schlecht weg bei Dodo, die langweilte sie leider; und gar Rechnen!!! Wäre der gute Herr Waak, Vater vom niedlichen Fräulein Minna („Du aussiehst wie ein klein Vogel!"), nicht mit großem Langmut begabt gewesen, so hätte er über Dodos Rechenfaulheit wütend werden müssen.

Die Tanzstunden im Frühjahre bildeten eine ihrer liebsten Abwechslungen. Man kleidete sich hübscher als sonst, zog ausgeschnittene Schuhe an, nahm oft eine Schärpe um, und zur letzten, besonders gefeierten Tanzstunde, die wie ein kleiner Ball verlief, putzten sich Lehrerin, Geigenspieler und Schülerinnen alle recht hübsch heraus, letztere meist in Weiß. Die Tochter der Lehrerin war Ballett-Tänzerin, stand ihrer Mutter bei, tanzte vor, was der Mutter zu schwer fiel, und tanzte sogar von ihrer Kunst vor: auf den Spitzzehen gehen und springen. Dodo wollte das ebenfalls können und lehrte es sich abends beim Schlafengehen, bis es ihr gelang und sie es, mit einem Schal in der Hand die graziösen Bewegungen machend, auf Spitzzehen tanzend, der ganzen Pension an Sonntagabenden vorführte. Als sie ein paarmal mit Therese ins Theater gegangen waren, um kleine Opern wie „Die weiße Dame", „Preziosa", „Postillon von Lonjumeau" zu sehen, überkam sie eine große Lust, auch Theaterdame zu werden, und stand oft in der Gartenlaube und sang dort, mit oder ohne Zuhörer, allerlei aus den gehörten Opern. Therese aber hat ihr kurz den Gedanken abgeschnitten, gesagt, sie dürfe keine Lust zu so etwas haben, sonst würden Pai und Großmai, Therese, Oncles und Tanten sehr traurig. Von da an betrachtete Dodo die Sache als für sie unmöglich und erledigt. Therese ging auch jeden Winter nur einmal mit Mana und Dodo in den Musentempel, aber in Konzerte ein paarmal. Inzwischen aber zehrte Dodo an der herrlichen Erinnerung an das Theater! Wie viele schöne Ausflüge wurden im Frühling, Sommer und Herbst mit der ganzen Pension gemacht! Da nahm Therese einiges mit, was man z. B. im beliebten Waldhusen nicht bekam; man saß an einem großen Tisch im Walde – wer keinen Stuhl hatte, setzte sich ins Gras – und wartete mit Sehnsucht auf das kochende Wasser und den von Therese bereiteten Kaffee. Die Milch dazu lieferte die Bäuerin, und Kuchen und Butterbrot hatte man mitgenommen. Das war einmal etwas anderes, im Grünen, unter den hohen Bäumen Kaffee und Butterbrot! Das schmeckt ganz besonders gut, und dazu, nachdem man große Strecken zu Fuß gekommen war; denn in die eine Break gingen nicht alle hinein, so wechselte man mit dem Fahren. Nach der Vesper wurde „von Baum zu Baum" gespielt, promeniert und gesungen, besonders im Kanon. Und singend wurde die Heimfahrt resp. -gang angetreten. Zu einer solchen Tour war auch Bruder Manu eingeladen mitzugehen. Das war damals ein fünfzehnjähriger hübscher Junge, der mit seinem südländischen Typus, dem kleinen Anflug von Bartflaum auf der Oberlippe und seinem etwas frühreifen Wesen viel älter schien und den Mädchen ausnehmend gefiel. Alle wollten mit ihm gehen, und Dodo war stolz auf den Bruder. U. a. wurden die Mädchen auch von Herrn Waak manchmal in seinen Garten eingeladen, wo er gute gymnastische Spiele hatte und sehr lieb und lustig mit den Kindern war; Herr Waak war ein lieber guter Mensch, ebenso seine Frau und Töchter. In einer seiner Baumkronen hatte er auch eine runde Bank und Tischchen angebracht, zu welchen man über eine Leiter gelangte. Auch Obst gab es dort im Garten, das die Kinder pflücken durften. Die schöne Lachswehr bot von Zeit zu Zeit auch ein schönes Fleckchen zur Erholung an Sonntagen. Und manche Wasserfahrten machte Therese mit den Pensionärinnen, z. B. über die Waknitz zum „Fischerbuden", was ganz kühl und schattig von Schilf umgeben war und wo man Fische aß. Mit Großmai fuhren die beiden kleinen Mädchen und die Brüder eines Sonntags nach Schwartau, gingen durch den Wald zur Quelle, tranken daraus, sangen, spielten, ruhten aus, kauften mit Großmai von den berühmten Pfeffernüssen, nahmen Bonbons mit usw. Auch Israelsdorf hatte große Anziehungskraft, und bei „Abraham" die gute Dickemilch in Rahm und Erdbeeren in Milch! Ach, das waren alles wunderschöne Dinge!!!

Hatte Dodo aber über alle die Vergnügungen und Zerstreuungen ihre Heimat und Mai vergessen?! Nie mehr Sehnsucht nach ihnen?! Aber es kam von selber alles so in ihrem Leben, daß sie die Heimat nie mehr sah und die Trauer um den frühen Verlust ihrer Mai stillschweigend hegte, wenn sie das erwachsene Mädchen und *Frau* Dodo neu beschlich.

In diesen Jahren muß es auch gewesen sein, daß der gefürchtete, viel neckende Oncle, Großmais jüngster Sohn, Hochzeit hatte und Mana und Dodo auf dem Polterabend, der in dem großen reichen Hause der Braut stattfand, mitwirkten. Unter anderem wurden von Kindern die Namen des Paares in Blumen aufgeführt, und Dodo stellte ein rotes Herzblümchen vor, hatte rosa und weißen Tarlatan, mit Herzblumen (Dicentra) geschmückt, an, dem Paare ein Verslein sagend. Das war alles noch zu Lebzeiten der lieben, heiteren gütigen Großmai!

Als sie kaum vierzehn Jahre alt war, erlebte sie wiederum etwas sehr Trauriges: es hieß eines Tages, die Großmama sei an Lungenentzündung ernstlich erkrankt. Nun dürften sie nicht zu ihr gehen, und hart entbehrten sie diese Freude! Therese hatte ihnen gesagt, die liebe Großmai sei so krank, daß sie wohl sterben müsse, und nach etwa drei Wochen schon war sie tot! Inzwischen war der älteste Bruder, Manu, wieder nach Rio gereist, zum Pai; aber die beiden anderen gingen mit den Schwestern hin, um zum letzten Male ihre wahrhaft geliebte treue Großmai, die in stets gleicher Liebeserzeigung und Herzlichkeit die Enkelkinder behandelt hatte, zu sehen. So ernst und still hatte Dodo sie im Leben nie gefunden; das kleine feine Antlitz mit der gebogenen Nase, die jetzt weit hervortrat; das in der Krankheit völlig silbern gewordene Haar, auf dem die gewohnte Haube saß; die eingefallene Brust, die hageren Händchen, alles wachsbleich, dazu das noch mehr bleichende schneeig seidene Gewand – lange konnte Dodo sich nicht bei der Toten aufhalten; das Gefühl, daß dies nicht mehr ihre Großmai sei, sondern nur eine tote, seelenlose Figur, bemächtigte sich ihrer auch jetzt wieder, wie damals am Sarge ihrer Mai; und die Idee, die Leiche könnte plötzlich die Augen aufschlagen oder ein Glied rühren, hat ihr immer den Aufenthalt auch bei geliebten Verstorbenen unüberwindlich verleidet. So meint Dodo noch immer, daß der Scheintod und alles, was damit verbunden ist, etwas so Grausiges ist, wie es kaum sonst noch etwas gibt.

Nach dem Tode der Großmama gingen sie oft zu Oncle Eduard und der Tante Emma, die damals schon ein kleines Baby hatten. Dodo fand es sehr niedlich, doch so viel Freude wie späterhin hatte sie damals noch nicht an kleinen Kindern. Die Tante Emma wurde von Dodo sehr geliebt. Sie stellte sich damals auch sehr gut und mütterlich zu Dodo und Mana, so daß Therese etwas eifersüchtig wurde; denn sie war es gewohnt, bei allen ihren Zöglingen außer den Eltern „die Beste" zu sein, und beanspruchte es, sonst war sie nicht glücklich. Dodo war nun nicht mehr die Kleinste in der Pension, sie wollte bald zu den „jungen Mädchen" gerechnet sein, und das Interesse für ihre Puppen schlief ein, als sie vierzehn Jahre alt war. In der Zeit nannte sie sich Freundin mit Josefa (spr[ich] mexikanisch Chosefa, hinten in der Kehle), welche spanisch sprach. Der Umstand, daß dies Mädchen ebenfalls ihr fernes Geburtsland so früh verlassen mußte, war es wohl hauptsächlich, was Dodo zu dem ihr sympathischen Wesen zog und hielt, so daß sie sich in späteren Jahren trotz getrennter Wohnsitze noch wiedergesehen haben. Aber merkwürdig an Dodos Charakter ist es, daß sie meint, mehr als eine Freundin könne man nicht haben, denn ihr sagte das Wort „Freundin" so sehr viel, daß sie es für ein zu selten anwendbares Wort hielt. Hauptsächlich aber empfand sie, daß tausend Freundinnen ihr die Liebe, welche mit Mutter und Großmutter und mit den Großeltern „drüben" ihr so früh entrissen wurde, nicht ersetzen könnten; daß vielmehr Freundschaften wie Seifenblasen vergänglich seien. Sie ließ alle Mädchen mehr oder minder interesselos an sich herankommen, und sie kamen. Sie schenkten der heranwachsenden Dodo und Mana ihre Liebe, die bei einigen zur Schwärmerei wurde. Zwei Schwestern, Maria und Elisabeth, welche Theresens Schule besuchten, brachten ihr fast täglich kleine niedliche Geschenke aus ihrem Besitztum; und Dodo schenkte den Mädchen auch gerne von ihren Sachen, denn sie hatte die beiden sanften guten Mädchen, Töchter eines Professors, recht lieb. Und Toni, die Kluge, die in allen Fächern eine der Besten war, sie dichtete die vierzehnjährige Dodo an und schickte ihr die auf rosa Papier geschriebenen Verse durch eine Mitschülerin. Das alles aber hinderte nicht, daß ein Teil der Mädchen, dem sie zu „herrschsüchtig", „eingebildet", „selbständig" war, Partei gegen sie und ihre Anhängerinnen nahm. Eine Probe von der zeitweiligen stillen Feindschaft zwischen den Parteien, die leider auch Mana und Dodo auf einige Zeit trennte, bestand in folgendem: die Jüngeren der beiden feindlichen Lager, nämlich Dodos Partei, schliefen, fünf oder sechs an der Zahl, mit Therese und im Zimmer nebenan; Mana und die Ihrigen weiter hin. Nun galt es einmal, wer in der Frühe am ersten fertig und unten beim Frühstück sein würde! Leise Verhandlungen in dieser Ehrensache erregten Tage vorher die Gemüter; dabei wurden die Gegner möglichst wenig beachtet. Andern Morgens sehr früh und sehr geräuschlos, um die Feinde nicht zu wecken (Therese erwachte natürlich und ermahnte um Gottes willen zum Frieden), standen sie auf und machten sich notdürftig fertig und schlichen die steile, dunkle Hintertreppe, welche an Theresens Schlafzimmer mündete, hinunter. Wer beschreibt aber ihr Erstaunen, als sie die Gegenpartei schon lächelnd am Frühstückstische sitzen sahen, allerdings war der Kaffee noch nicht da, und tun, als sei das selbstverständlich! Wie war das möglich! Sie konnten ja gar nicht geschlafen haben oder waren schon, nachdem sie in allen Kleidern zu Bette gegangen, mit der Sonne aufgestanden! Die Tatsache des Sieges der anderen war ja aber klar, und sehr gedrückt gestanden sie es sich ein. Und was erfuhren sie darauf durch das Zimmermädchen Anna? Sie hatten einen langen Bindfaden sich von Arm zu Arm gewunden und auf diese Weise fast gar nicht geschlafen, weil sie bei der geringsten Bewegung, die natürlich von ihnen allen sehr unbehaglich empfunden wurde, eine die andere der Reihe nach weckte; so errangen sie den Sieg.

Dodo war es aber, an die sich die Mehrzahl der Mädchen wandte, wenn es bei einer Aufführung und anderen Gelegenheiten hübsches Kostüm, schöne Stellungen, richtiges Sprechen usw. galt. „Dodo, jetzt komm zu mir!", „Und dann zu mir!" – so erscholl es aus den verschiedenen Schlafzimmern und dem Aufführungsraum. Und sie lief von einer zur anderen, um sie alle herauszuputzen und inzwischen auch sich selber; es war ihr Stolz, mit ihrem Geschmack Therese, Suzette, die Engländerin und geladene Lehrer zu überraschen.

Vor Weihnachten entstand ein großer Eifer und Lust zu den Handarbeiten, womit alle Verwandten erfreut werden sollten. Dabei las Therese ihnen vor. Es wurden Perlstickereien angefertigt, Petitpoints, Straminbuntsticken, Seidenplattstiche im Rahmen, tunesische Häkelarbeiten, Zeichnungen, kleine Malereien und anderes, bei welchen sie sich aufrichtig auf den Moment der Überreichung freuten; auch Porzellanradierungen führte Dodo besonders gerne aus. Nach den Weihnachtstagen, in den Ferien, wurden mit Therese am Tische Spiele gemacht, bei denen man vom Baumkonfekt gewann: geographisches und geschichtliches Lotto, Zahlenlotto, Kartenlotto. Dieses Vergnügen zog sich auch nach den Ferien auf die Sonntagabende hinaus, denn Theresens große Tannenbäume waren immer reichlich gespickt! An Sonntagabenden wurde oft mit verteilten Rollen gelesen.

Als sie fünfzehn Jahre alt war, wurde ihre hübsche schwarzhaarige, braunäugige Mana konfirmiert. Um Manas Haar hätte Dodo sie beneiden können. Schon früher tränkte sie ihre noch immer viel helleren Haare auf entsetzliche Weise mit Ölen, damit sie dunkler schienen; mit der Zeit aber sind sie von selber bis zum Tiefbraun nachgedunkelt. Mana sah am Palmsonntage groß und stattlich aus in ihrem schwarzseidenen Kleide mit kleiner Schleppe, dazu die kleinwinzige goldne Uhr und feine lange Kette von der geliebten Mai! O hätte doch Dodo diese Uhr und Kette! Trotzdem beides nicht mehr lange hielt, würde sie doch die kleinste Reminiszenz davon als großen Schatz betrachten, hegen und pflegen. Der Wunsch, auch recht bald konfirmiert und aus den Kinderschuhen heraus zu sein, wurde wach in Dodo. Das Kommen und Gehen der Pensionärinnen, die immer sich wiederholende Trennung derer, die sich liebgewonnen hatten, ließen es Dodo natürlich erscheinen, daß auch ihre Stunde nun bald geschlagen haben dürfte. Sie sagte also bald darauf zu Therese: „Nächsten Ostern möchte ich auch konfirmiert werden!" – „Kind!" rief die Pflegemama ganz traurig, „dann muß ich dich ja auch schon hergeben! Willst du denn wirklich schon fort von mir?! Mana ist ja schon siebzehn, du aber erst fünfzehn Jahre alt!" Daß für Therese etwas Wehmütiges darin lag, wollte Dodo sich nicht nahekommen lassen, und sie erwiderte: „Aber Therese, mit der Schule bin ich ja dann doch fertig!" – „Ja, wenn du den bestimmten Wunsch hast, dann in Gottes Namen, mein Herzchen! Ich darf dich, wenn keine wichtigen Gründe vorliegen, nicht halten."

Dodo strebte aus der Kindheit heraus – aus der Pension – zur Tante Emma! – Diesen Sommer machten die Schwestern mit Therese, welche damals selten fröhlich war, denn sie sah der vermutlich baldigen Trennung von ihren beiden Lieblingen entgegen, eine Harzreise. In Harzburg trafen sie mit Fräulein Marie zusammen, Dodos erster Musiklehrerin. Die kleine Dodo hatte Marie gern, weil sie recht sanft und geduldig im Unterricht war und einen weichen Tastenanschlag hatte. Später aber hatte die Verehrung Dodos für Marie plötzlich ein Ende durch folgenden Vorfall. Mana und Dodo hatten zum Weihnachtsfest einen Kanarienvogel bekommen, der reizend sang und immer zahmer wurde. Sie fütterten ihn gemeinschaftlich – aber oft verließ sich eine auf die andere, wenn sie meinte, keine Zeit mehr zu Hans' Fütterung zu haben. So kam es, daß man der Pflicht immer unregelmäßiger nachgekommen war und das arme Tierchen tagelang weder Futter noch frisches Wasser bekam; der kleine Rest im Näpfchen, den die Schwestern sahen, war abgestandenes Wasser, was Hänschen nicht mehr mochte, und das, was wie Körner aussah, waren Hülsen, die das Vögelchen zurückgelassen. Hans hat wohl laut gepiept und weniger gesungen, aber doch nicht Manas und Dodos Aufmerksamkeit erweckt, sie meinten, alles sei bei ihm in Ordnung; dann lag er eines Morgens im Käfigsande auf dem Rücken, die kleinen Krallen gekrümmt und steif – tot! Wie traurig! Dodos Gewissen klagte sie fürchterlich an; sie kam sich wie eine Verbrecherin vor und begriff gar nicht, wie ihr so etwas Schreckliches passieren könne! Sie teilte aber ihr Leid mit Mana, dann ertrug sie es leichter. In diese Angelegenheit mischte sich nun Fräulein Marie und hielt den Schwestern eine bittere lange Rede über ihre Gleichgültigkeit, ihren Unwert, ihre fühllose Grausamkeit usw. Da hätte Dodos Trauer um den kleinen Hans fast ihrem Ärger über Marie Platz gemacht; denn sie fühlte, daß es jene nichts anging und daß Theresens milde und ruhige Art, mit der sie die beiden Übeltäterinnen getadelt hatte, und hauptsächlich schon die bloße Tatsache weit bessere Wirkung auf ihr Gemüt hatte. Mana und Dodo gruben dem kleinen Sänger ein würdiges Grab im Garten und steckten darauf ein Kreuzchen mit seinem Namen.

Nun, mit dieser Marie und Therese zusammen machten sie im Harz eine Eselspartie, bei welcher sie über die beiden älteren Damen sehr lachen mußten und es noch mehr taten, als jene selber Spaß am eigenen Anblick hatten. Als die kleine Therese und Fräulein Marie mit den lang wehenden blauen Hutschleiern in ängstlich gebückter Haltung auf ihren Eseln saßen und auf dieselben losschlugen, um den beiden vorausgerittenen Mädchen nachzukommen, entstand ausgelassene Heiterkeit. Ebenso lustig war es, als sie alle vier in Bergknappenkleidung in einen Schacht hinabstiegen! Zugleich aber auch ängstlich, denn man mußte über lehmig-schlüpfrige Leitern hinunter und wieder hinauf. Auf den Brocken stiegen sie, um am nächsten Morgen den Sonnenaufgang zu bewundern – aber alle Hotelgäste, deren Zweck das war, wurden arg enttäuscht, denn der dichte Nebel wollte nicht weichen; aber Dodo meint zu erinnern, daß ihnen im Nebel das Brockengespenst erschien; es schwebt ihr noch solche Riesengestalt vor. Auf dieser Reise hat Dodo Tagebuch geführt, viele verschiedene hübsche Steinchen und Pflanzen gesucht, welche sie in eine Schachtel auf Watte schichtete und bezeichnete, und hat auch mit dem Bleistift einige Bergkonturen in das Buch aufgenommen.

Therese hegte in diesen Ferien eine Heimlichkeit: Manas nachheriger Gatte hatte damals bei Pai, der ja drüben war, um Manas Hand angehalten (sie hatten sich kennengelernt, als die Schwestern ein paarmal zu Besuch bei seinen Eltern auf dem Lande gewesen waren) und Theresen davon gesagt. Mana wußte nichts, war aber schon lange in ihn verliebt und von ihm auf allen Bällen ausgezeichnet; Mana sah reizend aus und war sehr lieb. Die beiden Schwestern merkten es Therese an, daß sie oft so nachdenklich und melancholisch war, aber Dodo wenigstens wußte keinen anderen Grund als (wie oben erwähnt) den, daß ja die absehbare Zeit der Trennung von diesen Kindern für Therese gekommen war. Und im Herbst begannen Dodos Konfirmationsstunden; von da an zählte sie zu den „Großen". Vor einigen Jahren, oder einem, hatte sie auch Comtesse Marie, genannt Miete, in ihr Herz geschlossen. Mit dieser und Josefa zusammen wurde sie eingesegnet. Miete war ein stilles, sanftes, allzeit zur Dienstbarkeit bereites Wesen, die Tochter eines sehr kinderreichen Grafenhauses. Man erfuhr bald von ihr selber die lange Namenreihe ihrer Geschwister, denen sich jährlich, zu Mietes verzeihlichem Entsetzen, noch einer anreihte. Ihre Stiefmutter war, wie Mlle. Suzette behauptete, eine „charmante femme" und eine gescheite Frau, doch war sie Mietes einzige Renonce auf der Welt, mit der sie sonst in Frieden lebte. Comtesse Miete hat sich in späteren Jahren sehr gütig gegen Dodo erwiesen, als sie in deren eigenem Heim ihr eine Zeitlang helfend zur Seite stand. Alles, was sie sagte und tat, selbst ihr Lachen, wenn auch noch so herzlich, geschah mit einer ruhigen, gemessenen Vornehmheit. Sie hat dann den Beruf erwählt, für den sie wie prädestiniert war: sie wurde Diakonissin. Aber zart, wie sie von je gewesen, wurde sie immer lungenschwächer und schließlich lange leidend und starb schon mit etwa einundvierzig Jahren in derselben Anstalt, wo sie die Kranken gepflegt hatte, nur umgeben von ihren Kolleginnen, in deren Armen sie sanft verschieden ist – (wie mir einer ihrer Neffen später mitteilte). Ach, wenn Dodo sie doch noch einmal gesehen hätte!

Mana war verheiratet. Auf den Festlichkeiten verliebte Dodo sich in den jüngeren Bruder ihres Schwagers; aber Pai trennte sie. Diese Neigung wurde bald durch ihn aus Dodos Sinn vertrieben. Der ersehnte Palmsonntag kam heran, an welchem derselbe Pastor, der damals der kleinen Katholikin den protestantischen Segen gegeben (in diesen zehn Jahren noch viel silberhaariger und ehrwürdiger geworden), sie den Taufbund bestätigen ließ und ihr mit seiner Segenserteilung den Spruch gab: „Wer mich liebhat, der verleugne sich selbst, nehme sein Kreuz auf sich und folge mir nach!" Dodo erschrak. Sie hatte die Empfindung, als sei ihr von nun an eine schwere Aufgabe zuteil geworden; sie fürchtete, ihr nicht gewachsen zu sein. Die alte gute Therese hatte sie, im Verein mit Religionslehrern, die Liebe zum Heilande gelehrt und, weil sie von seinem fleckenlosen Leben überzeugt war, ihn ohne Zweifel geliebt, aber einem solchen Gebot von ihm ernstlich nachkommen zu müssen! Gerade Dodo?! Warum bekam *sie* ihn! *Jetzt* nahm sie ihn ernst; sie glaubte nicht, versprechen zu können, daß sie die Kraft haben würde, dem Heilande im Leiden nachfolgen und sich selber verleugnen zu können. Das aber kam später ganz von selbst; da wußte sie es: daß jeder, der Unrecht leidet, ohne zu murren, in Seine Fußtapfen tritt.

Nun waren die Mädchen alle fort, mit denen Dodo täglich und stündlich zusammen gewesen und mit denen sie die ganze letzte ernst-wichtige Zeit durchlebte. Noch oft hat sie es tief bedauert, von allen Pensionsschwestern so weit getrennt zu sein, daß sie von allen nur die liebe Josefa wiedergesehen hat und, wie erwähnt, die liebe gute Comtesse Miete. Alle Korrespondenz, wenn noch so fest versprochen, hörte durch das beständige Fernsein und neue Interessen, die sich zwischen sie schoben, von selber auf. Damals, an diesem Wendepunkt ihres Lebens, dachte Dodo kaum an ihre Kindheit zurück. Und der liebe Pai war drüben! Auch die beiden jüngeren Brüder waren wieder nach Brasilien zurück; Mana verheiratet – so wollte Dodo sich ebenfalls verheiraten: Nur nicht ledig, nicht „alte Jungfer" bleiben, dachte sie, Schlimmeres könne ihr gar nicht zustoßen! Mit der Zeit aber lernte sie einsehen, daß es Schlimmeres gibt, als bei Vater und Mutter zu bleiben oder selbst seinen Weg zu gehen. Trotz allem Guten, was ihr im Leben geworden, hat sie erkannt, daß sie ihre Mädchenjahre zu früh und zu leichten Herzens verließ.

Sie ging aus Theresens Hause fort! – ob sie der alten Pflegemama damals genug gedankt hat?! – zu Oncle Eduard und Tante Emma! Wie mag Therese um das Herz gewesen sein! Dodo ging noch oft in die Pension, um sie zu besuchen; Therese blieb allezeit ihre beste ältere Freundin, die Dodo immer mit Rat und Tat begleitet hat. Bald darauf kam Pai zu Besuch von Rio und gab Dodo große Geschenke, darunter wertvolle Andenken an die geliebte Mai! Darauf, um Dodo ihre festgefaßte „Neigung" vergessen zu machen, wollte er sie „spazieren führen". Drei Wochen sollte die Reise durch einen Teil der Schweiz dauern. Dodo konnte den Gegenstand ihrer schönen ersten Liebe, trotz der neuen Bekanntschaften und Annäherungen – darunter ein junger Paul Holzheu, von dem Dodo nur der Vorname gefiel – nicht vergessen, doch gelang dem lieben Pai sein Plan insoferne, als der „Bewußte" inzwischen ohnehin ins Ausland gehen mußte und Dodo ihn nicht wiedersah, bis sie Frau und Mutter war. Da gingen sie aneinander vorbei. Zur Reise, die nur etwa drei Wochen währen sollte, ordnete Pai an, es müsse für sein Töchterchen außer dem Reisekleide auch ein hübsches seidenes für die table d'hôte angeschafft werden, und er suchte selber einen in hell- und mittelbraun karierten leichten Taffet aus, von welchem das Kleid angefertigt wurde. Von Paris hatte er ihr einen schönen Holzkasten mit einem Dutzend Jouvin-Handschuhen und viele buntfarbig gestreifte und einfarbige Gürtelbänder, die zu ihrer goldenen Schließe und dem weißen Mullkleide paßten, gebracht. Dodo ging also wohlgerüstet mit Pai auf die „Spazierfahrt". Und wie hat sie in der großartigen Natur geschwelgt! Sie hätte alles lieber stumm bewundert, doch hat Therese ihr gesagt, man müsse, sei man mit anderen zusammen, nicht so scheinbar gleichgültig an allem vorübergehen, sondern seinen Gefühlen Ausdruck geben; so tat sie das und war überzeugt, daß es dem Pai, der ihr ja Gelegenheit zu diesen Genüssen gegeben hatte, Freude mache. Sie sahen den reizenden Thuner See und manche Gletscher und Gießbäche; aber anstatt den meistbesuchten Rigi zu besteigen, wählte Pai als größeres Unternehmen den Übergang über die Gemmi im Kanton Wallis. Von dem schönen

Interlaken aus, wo sie mitten in elegantestem internationalen Leben im größten Hotel des wunderbaren Ortes gewohnt, fuhren sie in allmählicher Steigung mit Führern nachmittags nach Kandersteg. Ein kleines Nest, wo die Emmentaler Käse fabriziert werden, von denen sie, an einer Hütte vorüberfahrend, wo die großen runden Käse in allen Stadien lagen, einen langen zähen Streifen zum Probieren nehmen mußten. Anderen Tages vier Uhr standen sie auf; es war ein herrlicher taufrischer Morgen, als sie nach ihrem Kaffee – mit Brot, Butter und Honig-Frühstück – um fünf Uhr die Maultiere bestiegen, begleitet von zwei Führern. Unterwegs machten sie ein paarmal halt, um das großartige Panorama der schneebedeckten Bergriesen des Berner Oberlandes zu bewundern. Bis zur Spitze der Gemmi ritten sie; den Pfad hinunter mußten sie aus Vorsicht gehen, denn er war so schmal und gefahrvoll, daß die Tiere leicht rutschen könnten und mit den Reitern in die Tiefe stürzen. So war es schon einmal geschehen, und gerade an der schlimmsten Stelle erzählt uns der Führer die schaurige Begebenheit.

Aber Dodo dachte sich damals die Gefahr dieser Tour nicht so schlimm, als ihr der Pai sie später erklärt hat. Er ist beständig in Sorge gewesen, zumal Dodo so oft ganze Strecken rasch vorausgegangen und sich um die rechts endlosen Tiefen und die links vorspringenden Felsen und die geländerlosen schmalen Wege nicht gekümmert hat. Er hat sie oft zurückgerufen, der liebe Pai, und später gesagt, solche Tour mache er nie wieder. Dazu brannte die Sonne auf ihrem mühsamen Marsch nieder, und krebsrot und stark pulsierend langten sie endlich um zwölf Uhr mittags in Bad Leuk an, wo sie sich ausruhten, frisch herrichteten und zu Mittag aßen. Darauf wurde ihnen das heiße Leukerbad gezeigt, was $37° – 42°$ R hat und schwefel- und eisenhaltig salinisches Thermalbad ist, für rheumatisch-gichtische Kranke geeignet. Diese Kranken sitzen oder stehen in diesem gemeinschaftlichen großen Bassin, welches uns gezeigt wurde, lesend, Karten, Dame usw. spielend, aber immer den mehr oder minder ernsten leidenden Ausdruck im Gesichte und dazu eintönig graue Bekleidung in Form eines oben am Halse gezogenen losen Kittels mit weiten Ärmeln; so bringen sie sechs Stunden in diesem heißen Wasser zu, und auf Dodo machten sie den Eindruck, als seien es Gefangene, die verurteilt seien, hier ihr Leben zu beschließen.

Von manchen Orten nahm Pai Photographien mit, so auch von Genf, wo sie sich einige Tage aufhielten und dessen See grade in den schönen Sommertagen von einem unvergleichlichen Blau war. Von hier aus ging es eines Sonntags nach dem damals sechs Stunden Bahnfahrt entfernten Lyon, für welches Dodo aber nicht viel Interesse hatte, außer daß sie nachher erzählen konnte, in Frankreich gewesen zu sein, aber es war Sonntag und sehr warm. Später nach Montreux, um Verwandte zu besuchen, die wegen Lungenleiden sich dort aufhielten; dann nach Luzern mit seinem herrlichen „Löwe von Luzern", zuletzt Zürich mit dem schönen See, dann zwei Tage und zwei Nächte durchgefahren bis Lübeck. Da hat Dodo ihre gute Therese aufgesucht und ihr alles erzählt. Und dem Pai hat sie sehr für die schöne Reise gedankt. Auf der Reise hat ein Herr Paul Holzheu aus Magdeburg sich Pai und Dodo sehr genähert, was Dodo sehr ärgerlich war, da sie noch an den Gegenstand ihrer ersten Liebe dachte, der aber wie erwähnt mittlerweile ins Ausland geschickt war. Als Pai bald darauf die Rückreise nach Brasilien wieder angetreten hatte, führte Tante Emma Dodo in Gesellschaften ein, bei Verwandten und Bekannten, und darauf ging Dodo auch alleine, in Verabredung mit anderen jungen Mädchen, auf Bälle usw., wo sie immer viel tanzte und überhaupt durch Blumen etc. sehr ausgezeichnet wurde. Aber sie konnte es nicht ertragen, wenn jemand, den sie nicht leiden mochte, ihr den Hof machte; das war ihr so widerwärtig, daß sie sich nicht enthalten konnte, ihn so kindisch unfreundlich, launisch und wortkarg zu behandeln, daß sie sich später schrecklich deswegen geschämt hat. Und das war gewöhnlich nur aus dem Grunde, daß einer einen großen Backenbart hatte, der andere Glotzaugen (wie sie fand), der dritte eine zu große rote Nase, der vierte große platte Füße, ein fünfter zu schlechte Zähne und so ferner. Aber im allgemeinen kam sie immer sehr gut amüsiert nach Hause. Dodo hatte einmal ein grünes Tarlatankleid, mit weißen Atlasrollen besetzt und weißer

Schärpe, und Heideröschen im Haar, dann einmal ein rosa Tüllkleid mit Rosenknospen, ein weißes Mull mit Ponceau-Schärpe, leichtes seidenes Unterkleid, über welches sie weiß Tüll anzog und es nochmal mit einem farbigen darüber trug, wieder mit Atlasröllchen garniert. Und auf einigen dieser Bälle, einem Polterabend und Hochzeit, sah sie ihren künftigen Gatten. Da war sie sechzehneinhalb Jahre alt, und ihr Schicksal war besiegelt.

Auszug aus zwei Briefen Pais
an die sechzehnjährige Dodo:

Von den Vergnügungen, welche Oncle und Tante Dir bereiten, habe ich Notiz genommen, doch was mir am meisten gefallen hat, ist die Erzählung von der Suppe, welche Du für die Dienstboten bereitet hast! Ich muß also glauben, daß Du anfängst, Dich um das praktische Hauswesen zu bekümmern. Die vollkommene Bildung eines jungen Mädchens besteht nicht allein im guten Musizieren, in der Sprachkenntnis und im Anzuge. Ein Mädchen, welches einmal selbständig zu werden wünscht, muß auch ein Haus ökonomisch zu leiten wissen, und der Ruf einer guten Haushälterin und praktischer Tätigkeitssinn nützt einem jungen Mädchen in den Augen der Welt mehr als der Ruf des gefälligen Äußeren und der Gabe, in der Öffentlichkeit zu glänzen. Nimm diese Worte von Deinem Vater mit Liebe auf, glaube auch nicht, daß ich mit dergleichen Ermahnungen Dich von unschuldigen und mäßigen Vergnügungen abhalten will. Es ist und kann ja nur mein einziger Wunsch sein, Dich glücklich und zufrieden durchs Leben schreiten zu sehen. – Nun Gott befohlen, meine liebe, liebe Tochter, halte Dich gesund an Körper und Geist, auf daß wir ein fröhliches Wiedersehen haben mögen.

Aus dem zweiten Briefe:

Die Gesellschaft bei Fräulein Charlotte (auf der Lachswehr – es war himmlisch! Dodo) muß ja sehr hübsch gewesen sein! Wahrscheinlich haben die jungen Herren sehr zur Verherrlichung des Festes beigetragen! Das ist auch alles sehr schön und in der Ordnung; nur sollen die jungen Damen nicht alles für bare Münze nehmen, was ihnen bei solchen Gelegenheiten gesagt wird! Schon manche hat es bereut, das Stroh mit dem Korn verwechselt zu haben!

(Mein lieber, lieber Pai! Wie danke ich Dir noch für diese und alle Deine Briefe; für Deinen Ernst, für Deine äußeren Wohltaten; für Deine mit dem Alter immer größer werdende Herzlichkeit für Dodo, als sie selbst eine geprüfte und gereifte Frau geworden; für Deinen letzten, wortlosen Abschiedskuß nach Dodos kurzem Aufenthalt in Deinem Kreise; für Deine ahnungsvollen Tränen! Denn Dodos nächster Besuch galt dem toten Pai –)

Nur ein und ein halbes Jahr lang dauerte nach Dodos Konfirmation ihre Mädchenzeit – dann fügte es sich, daß die Pflichten der Hausfrau und Mutter begannen. Zu der Zeit hatte ihr Pai das Ölporträt von der Mai gegeben, das, wie er sagte, nicht so schön als die Wirklichkeit war, doch für Dodo ein Schatz – ein Talisman.

Je älter Dodo wird, desto mehr und lieber gedenkt sie ihrer Kindheit und sucht immer sehnsüchtiger, den Schleier, der sich immer dichter davorlegt, zu durchforschen; immer märchenhafter, unerreichbarer und schattenhafter aus einer versunkenen Welt taucht Dodos Kindheit vor ihren Augen auf, unwiederbringlich, wie alle Lieben, längst Heimgegangenen, die der kleinen sowie der großen Dodo gut waren und denen sie jetzt auf ihre Weise in gleichem Maße erwidern und größeren Dank bezeigen möchte.

Brief von Johann Ludwig Bruhns zur Verlobung seiner Tochter Julia

Meine liebe Tochter Julia!

Diese Post brachte mir die frohe Nachricht Deiner Verlobung mit Herrn Heinrich Mann; – für mich ist es die beste Entschädigung für alle Sorgen, welche mir meine Kinder verursachten, wenn ich sie glücklich weiß. Du hast, liebe Julia, oft Gelegenheit gehabt, Deinen Bräutigam zu beurteilen, und da Du sogar selbst Deine Hand an Heinrich vergeben hast, so darf ich annehmen, daß Du mit ihm Dein Glück zu finden hoffst.

Meines Segens zu Deiner Verbindung mit Heinrich Mann sei versichert, mein liebes Kind, Gott wolle Euch beschirmen und Euch den Lebenspfad ebenen! Onkel Eduard und Tante Emma schreiben sehr vergnügt über das Ereignis, und wir alle hegen die Hoffnung, daß Ihr eine glückliche Ehe führen werdet. Dein Bräutigam hat alle Eigenschaften, ein Mädchen glücklich zu machen, und wird es auf Dich ankommen, seine treue Liebe zu vergelten.

Bei Deiner großen Jugend fehlen Dir manche Erfahrungen und Kenntnisse des praktischen Lebens, ohne welche kein Glück im Häuslichen zu finden ist; aber ich bin gewiß, daß die aufrichtige Liebe zu dem Manne Deiner Wahl Dich anspornen wird, Ordnung, Sparsamkeit und Häuslichkeit bestens auszuüben, was jedem Mann in jedem Verhältnisse die Frau schätzen macht. In der Ehe, liebe Tochter, gibt es Sonnenschein und Stürme, aber letztere gehen um desto schneller vorüber, je mehr die Frau vernünftig ist und einen guten Charakter zeigt.

Über Deine Hochzeit und meine Ankunft dort habe ich an Onkel Eduard geschrieben, und somit schließe ich, Dich als meine innig geliebte Tochter an mein Herz drückend

Rio de Jan., 4. Febr. 1869   *I. Luiz G. Bruhns*

ERZÄHLUNGEN
UND SKIZZEN

Julia Mann (1851-1923)

Aus einer Briefsammlung

Hamburg, 17. Juni 1816

Liebste Martha,
Deine Frage beantworte ich ganz sans façon. Es ging mir fürtrefflich, solange keine Aussicht auf ein Kind war. Der Gedanke, daß in absehbarer Zeit etwas zwischen mich und meine Lieblingsoccupations, und gewiß auch zwischen Udo'n und mich, treten wird, ist mir itzt noch contraire. Überdies wird der Hausstand vergrößert, und trotzdem ich in der Lage bin, genügend Domestiken zu halten, ist mir doch ein queue von Dienerschaft ein horreur, denn neben dem agrément muß man viel Ärger ertragen.

Und die erste Erziehung eines Kindes, vornehmlich eines Mädchens, kann man doch nicht anderen Leuten überlassen, solange man selber gesund ist; das hieße incapacité eingestehen, und allen Respekt beim eigenen Kinde einbüßen. Aber – liebe Martha, eigne ich mich zur Pädagogin? Taten es meine Eltern, die als Artisten beständig en route waren? Die Louisdors, die sie mir hinterließen, trugen nicht am meisten zu meiner éducation bei, sondern dieser hat sich selbstlos unsere gute Marchand angenommen; wenigstens hat sie mit horribler Mühe versucht, etwas Ordentliches aus mir zu machen. Und auch du, meine Martha, obgleich nur wenig älter als ich, hast mit indulgence an mir gefeilt. – Udo'n freut der aspect auf Nachkommenschaft quelque ce soit, aber ich gebe mich nur unter der reserve zufrieden, daß es ein Sohn sei, und habe daher der sage-femme eine große Summe versprochen, falls sie das Glück haben sollte, mir einen gesunden Jungen, nett gebadet und gekleidet, entgegenhalten zu können. – Mache mir auf diese confidence hin keine Vorwürfe, meine Martha, soyez bonne! obgleich ich etwas übermütig scheine. Aber denke Dir so ein, nach Rousseaus Idee, philanthropisch selbsterzogenes *Mädchen*! ein, ganz zur Natur zurückgekehrtes junges Frauenzimmer, das alle jene Hürden, welche unseren Lebensweg erschweren, mit naiver Brutalität nimmt! affreux! – Einen Sohn ließe ich von unserem trefflichen Pastor erziehen, zumal Udo ja die meiste Zeit reist. Udo hat, nachdem er in Havre Antoinetten und ihrem Gatten Deine und meine Grüße gebracht, die Überfahrt mit dem französischen Segler begonnen und wird ca. acht Wochen brauchen, um an das Ziel zu gelangen. Dieu merci, daß es nicht seine erste große Reise ist und die Verhältnisse drüben ihm nicht unbekannt sind; sonst wäre mir der Abschied bedeutend erschwert. Möchte der Staat, wenn Udos Unternehmen gelingt, au moins einsehen, daß er, mit Hintansetzung seines Lebens, sich in große Gefahr begab, indem er erstens diese Sprengstoff-Commission übernahm, mit welcher diese lange Fahrt zu machen au surplus schon lebensgefährlich ist, und ferner den Fluß mit weiteren Gefahren schiffbar machen wird. – Ich darf nicht *daran* denken, ohne in Sorgen zu verfallen. Jedenfalls wird seine Abwesenheit sehr lange währen; ich bitte Dich, komme, sobald Du kannst! Die gris-fin-Stube, Du weißt, die nach Osten liegt, mit drei Fenstern und Balkon, ist schon bereit; Goethens Büste ist schon auf den guéridon postiert, zwischen zwei Armleuchtern, die wir abends leuchten lassen wollen. Du bleibst doch, wie ich hoffe, mindestens zwei Monate? Itzt eile ich zum Schluß:

Deine Hertha

P. S. Es ist fürtrefflich, daß mein Udo, wenn die Zeit nahet, fort sein wird; ich will dann niemanden, auch keinen Arzt, um mich haben als die sage-femme – nur im *Notfalle* den Doktor!

Hamburg, 10. April 1829

Chère amie,
wärest du verheiratet, so hättest Du mit Dir und den Deinen so viele Affären, daß für andere Dein Interesse au moins einschmölze. Daher ist Dein lediger Zustand eine recht artige Sache; er gestattet Dir, weit mehr Menschen glücklich zu machen, die Dir sogar dankbarer sind als eigene Angehörige. Diese rechnen alle Arbeiten, alle Selbstverleugnung, zu den Mutterpflichten und zu den unerläßlichen devoirs einer Gattin. – Also Martha: das mit der Musiklehrerin hast du wieder einmal ganz ingénieux angefangen! Eine klare Quelle erfrischt den Durstigen, auch wenn er ihren Ursprung nicht kennt. Die S. war uns ja persönlich nie recht sympathisch, doch hat sie viel Plage von uns, namentlich von *meinem* Oppositionsgeist, in bester contenance ertragen. Nachträglich finde ich sie admirable! Geht sie in die Schweiz? Das war ja zeit ihres Lebens ihr einziger Wunsch. Martha, Du bist eine fürtreffliche Seele!

Übrigens irrst Du, Liebe: Axel ist schon zwölf Jahre alt und bald Tertianer. Du sahst ihn zuletzt auf Sylt im Sommer 24. Er ist tagsüber bei unserem Herrn Pastoren, kömmt aber zu den Mahlzeiten und zum Schlafen zu Hause. Pastors Celia kömmt viel zu uns ins Haus, schon seit ihrem dritten Lebensjahre ist sie Axels Gespielin, ein süßes Kind ist es, Martha, Du solltest sehen, wie sie an mir hängt. – Obgleich Axel meinem Manne, der doch ein ausgemachter Belhomme ist, äußerlich nicht gleicht, ist er doch ein bildhübscher Bursche geworden. Zuweilen erinnert er mich im Wesen an mich selber. Ist es mein Beispiel, oder unglückliches Erbteil von mir, daß er schon anfängt, *gegen besseres Wissen* zu widerlegen. Udo behauptet, es wäre nur äußerlich und von mir angeeignet, um mit mir polemisieren zu können; man müsse ihm das rechtzeitig austreiben. – Ach, liebe Freundin, auch mit einem Sohne hat es seine Schwierigkeiten! Es ist ein sonderbar Ding mit ihm: wenn ich bei solchen discours schweige und ihn allein ausreden lasse, wird er plötzlich verlegen und bekommt so etwas von einem Sünder, dem Gott bloß gnädig sein möge! Es stickt ein gut Teil von meinem Urgroßvater mütterlicherseits, dem geistlichen Herrn, in ihm. Sollte wohl, nachdem vornehmlich die eine Generation (meine Eltern) dem geistlichen Stande so antipodisch gegenüberstanden, itzt wiederum der „Pastor" in Kraft treten?! Bien, qui vivra verra! Übrigens macht Axel es mit den Sophistereien nicht ganz so schlimm wie ich seinerzeit. Erinnerst Du noch, Liebe, wie Du mich einmal in der Pensionszeit darum mit dem Epitheton *„unausstehlich"* beehrtest? Damals handelte es sich nämlich darum, wie die Legende entstanden sein möchte, daß Joseph von Arimathia das Blut Christi aufgefangen haben soll. Ich eiferte gegen diese Auffassung, von der doch die *Heilige Schrift* nichts verzeichnet hat, und wollte Dir partout nicht zugeben, daß die Heiligenlegenden als solche doch überhaupt nicht in der Bibel enthalten seien, sondern doch vielmehr aus den biblischen Historien sich entwickelt hätten und von den betreffenden Völkern phantastisch zugestutzt seien. Ferner focht ich die Freiheit der Sage an, die sich einmal die Schüssel mit dem Blute Christi smaragden denkt, ein andermal jaspisfarben!, und warum sie diesem Gefäß, aus welchem Christus das letzte Abendmahl genommen hat, die *altfranzösische* Bezeichnung „Gral" gab, trotzdem Du meinem Gedächtnis mit der Erklärung aufhalfest, daß die erste dieser Legenden französischen Ursprungs sei. Ich lehnte mich auf, obgleich ich mir sagte, daß es fromme Dichtungen seien, die, um der Volksphantasie die einfache Begebenheit gefälliger und schmuckvoller zu machen, ebenso berechtigt sind wie jeder Roman, der auf geschichtlicher Grundlage ruht. Enfin, die Opposition ist abgetan, ich lasse der dichterischen Freiheit angenehmen Spielraum, somit auch gerne die besagte Schüssel, ihren Namen und Exterieur unnahbar und unantastbar sein. –

Charmant, daß Du uns auf unserer Reise nach Riga für einige Tage Dein Haus öffnen willst. Nimm unseren Dank im voraus. Au revoir!

Deine Hertha

P. S. Die alte Anna gefällt mir ebensowenig wie Dir; sie hat etwas Scheues und Unaufrichtiges im Blick bekommen. Ich glaube, daß sie Kummer verhehlt: ihr einer Sohn, den sie neulich in Lübeck besuchte, tut nicht gut, sagt man mir; das dauert mich recht. – Übrigens war ich in Angelegenheit der Schneppen in *drei* Butiken, allein man entgegnet mir, es sei die Zeit schon vorüber!

Hamburg, 5. April 1832

Meine teure Martha!

Du wirst traurig sein, traurig wie ich! Am 22sten vorigen Monats hat die Krisis eine schlimme Wendung genommen! Ein hohes Alter hat Er erreicht, und doch, welch ein Verlust!!! Aber der universale Geist und die schöne Seele bleiben uns alle Zeit, denn in Seinen Epigonen werden wir weiterleben! O Marthchen, daß wir nicht itzt in Weimar sein können! Laß uns die von Ihm beschriebenen Albumblätter hüten wie Demantsteine, die Er uns gab! Besitzest Du Sein neuestes Bildnis? Ich weiß nicht, welches schöner ist, das Medaillon von David oder das Porträt von Stieler; letzteres hat Er selber sehr geschätzt. Ach, daß *Er* nicht mehr ist!! Wer denkt das aus!

Schreibe bald, wie Dir's ums Herze ist.

Deine Hertha

P. S. Soeben kömmt Dein Brief; vorerst mille merci, ich will nun sehen, was Du schreibst, und mit Dir empfinden.

Hamburg, 3. Sept. 38

Liebste Martha,
Udo hat etwas Fürtreffliches erreicht: nämlich er hat mir alle französischen Brocken in deutschen Briefen abgewöhnt dadurch, daß er mir recht eindringlich vor Augen gestellt, von wie wenig Stolz auf die deutsche Sprache es zeuge und von wie großer Indolenz gegenüber dem „Frei von der fremden Gewaltherrschaft"! Es ist ja merkwürdig, wie allmählich und fast unbewußt der Einfluß unserer westlichen Nachbarn, von Ludwig XIV. an bis auf den großen Usurpator, auf die übrige Welt und die Erziehung der Mädchen sich nachhaltig (bei mir ganz besonders nachhaltig!) geltend gemacht hat. Auf mein Leben spielt auch der frühere Einfluß meiner Eltern mit, die mich des öfteren nach Frankreich nahmen, ehe ich schulpflichtig war. – Aber man muß nur wollen und den Anfang machen, damit alle ihre Spuren verwehen. Auch darf ich unserer kleinen Waise, der Celia, kein schlechtes Exempel geben. *Sie* ist vornehmlich die Triebfeder zu Udos strenger Ermahnung; denn sie spricht drei Sprachen ohne jede Beimischung fremder Wörter. Also Martha: sie ist ja 21 Jahre alt, meine kleine Gesellschafterin, ist ein gescheites, angenehmes Frauenzimmer und immer artig gemessen in ihren Antworten; in ihr stickt wirklich direktement die Pastorentochter. Aber das Gefühl, daß Udo mir im stillen, aber bemerklich, *ihr* Wesen als Exempel vorhält, wenn er sie so wohlgefällig betrachtet und wenn er ihr in meiner Gegenwart recht gibt, wo wir meinungsverschieden sind – das drückt mich und macht mich leider etwas neidisch, meine Martha, und verstimmt mich gegen sie. Mir fehlt eben mein Studiosus Axel! Er wird hoffentlich bald ausstudiert haben und durch Vermittlung des Justizrates W. Anstellung finden. Dann aber muß ich Celia wohl entlassen, findest Du nicht auch? Denn so lieb uns der selige Pastor und seine liebe gute Frau, die ja bei Celias Geburt starb, waren, so wäre es, denke ich, für des Mädchens Reputation übelgetan, wenn ihr zuviel Gelegenheit geboten würde, sich in unseren Axel zu verlieben.

Da dieser die Welt noch nicht genügend kennt und so blutjung ist, wäre eine Liaison doch noch nicht haltbar. Apropos, liebste Martha, würdest *Du* sie vielleicht zu Dir nehmen? Da hätte sie es so gut, als sie es verdient! Sie kann charmant singen und liest fürtrefflich vor. Wenn sie so mit dem Buche neben mir sitzt und mich zuweilen, wie unbewußt, sinnend anschaut, dann liegt etwas wie innerstes Glück in ihren Augen, und es fesselt mich fast noch mehr, sie zu betrachten, als ihr zuzuhören. Ach, es würde mir dennoch zu schwer, das sanfte, verständige Mädchen fortzugeben, nein! *Der* Gedanke widerstrebt mir doch; lasse das nur im *Vertrauen* gesagt und wieder aufgehoben sein; es ist nur, daß ich mich einmal gegen meine Martha ausspreche; darnach finde ich mich wieder. Und ist es nicht ein Segen für uns, mit Menschen zu verkehren, die nicht ebenso sind wie wir selber? Der Franzose hat recht: „Gegensätze ziehen sich an."
– Du fragtest neulich, ob wir die alte Anna kürzlich sahen; nein, sie kömmt jetzt selten, ist auch schon kümmerlich; und dem Sohn können wir leider auch nicht helfen. – Liebe Freundin, ich bin doch verlangend, ob es mit der Schumann-Wieck-Alliance noch ernst wird! Na, die Kunst als Ehevermittlerin ist ja nichts Neues. Adieu, liebes Herz!

Deine Hertha

P. S. Was sagst Du, daß mein preziöser „Erard" itzt schon etwas Schrilles im Ton bekömmt!

Hamburg- Nienstetten,
14. Mai 1846

Liebe teure Freundin,
von diesem ländlichen Flecken aus schreibe ich Dir ein Blatt, welches Dir einesteils Kunde geben soll, daß ich Unkraut noch immer en route bin; andererseits, damit das Einerlei, in welches mein Arzt mich praktizierte, doch mindestens

auf Augenblicke unterbrochen werde. Denke nicht, daß ich Dir irgend etwas verheimliche, was meine Gesundheit betrifft; ich bin nicht krank, sondern soll mich nur recht ennuyieren; weder Kinder und Kindeskinder sehen noch das Grab meines teuren Udo. Nur mit einer Bonne aus besserem Hause und einer Handarbeit versehen, bin ich verurteilt, vier ganze Wochen hier zu vegetieren. Malcontente bin ich ja nicht; allein ich entbehre meine Schwiegertochter und die kleine Hertha so sehr, wie ich es nie geglaubt haben würde; anfangs fürchtete ich, für Sehnsucht krank zu werden. Celia und ich sind schon manchen Tag unzufrieden miteinander gewesen; allein wir sind uns allemal mit Sonnenuntergang wieder gut geworden. In dem souvenier, daß mein Udo behauptete, wir beiden Frauensleute hätten, trotz der Gegensätze, die uns trennten, doch manche gleiche Eigenschaften, bin ich mit der Zeit viel liebevoller mit Celia geworden. Axel machte neulich den dummen Schnack: nach den neuesten Erfahrungen, die wir ihn lehrten, würden Schwiegertöchter mit der Zeit den Schwiegermüttern ähnlich! Na, *Du*, mein Herz, kennst ja mein etwas zu rotes Haar, meine, wenn auch schwächer gewordenen, Sommersprossen, meine langen Finger, meine hohe Stirn und meine Größe; von alledem ist die liebe Celia verschont; sie hat goldblondes Haar, Rehaugen, kleine Händchen und Füße und hat die zierliche Gestalt der seligen Pastorin. – Das Kind, Hertha, ist, seitdem Du das damals zarte, eineinhalbjährige Kreatürchen sahest, ein Chef d'oeuvre der Natur geworden! – Da hast Du die allumfassende Kritik einer liebenden Großmama. – Da eins der unsterblichsten Sachen an uns unsere Fehler sind, ohne die wir keine Menschen wären, bin ich dafür, gar keinen Versuch zu machen, ihr die ohnehin unbedeutenden défauts abzuerziehen. Meines Erachtens kann man das auch gar nicht. Alle Drohungen, selbst Strafen, wirken nur in den Kinderjahren, solange der Mensch eben Furcht für Strafen hat. Zur Not gewöhnt man ihm dann einige Unarten ab, aber das Grundwesen des Menschen tritt immer, so reif er auch werden möge, wieder hervor. Denn kann wohl die Pädagogik die Natur des Menschen ausrotten? Axel stellt mir zwar immer die Frage entgegen, ob denn die zehn Gebote gänzlich verfehlte Sache seien und gar nichts in der Welt erreichten! Ja, bei guten Menschen, meine ich; allein solche, die zu viele Bosheiten von ihren Voreltern überkommen haben, finden keinen Halt an den Geboten Gottes; sie lernen sie als Kind, pappeln sie her und vergessen sie oder wollen dann nichts mehr davon wissen. Habe ich unrecht, Martha?

Da nahet wieder die Bonne mit der Selters-Bouteille und wird gleich fragen, ob es erlaubt sei, mich zu unterbrechen. Sie ist zwar Schweizerin, aber sie sollte mich nicht mit ihres Lavaters Schriften überfüttern wollen. Sie führt sie bei sich und mutet mir großes Interesse, vornehmlich für seine „Physiognomischen Fragmente", zu; allein trotz der recht artigen Sachen, die das Buch enthält, ist es mir im allgemeinen nicht klar genug, und muß ich bei einem Buche immer wieder fragen, wie dies und jenes gemeint sei, so verliere ich den goût daran. Martha, erinnerst Du noch, welch unbeabsichtigtes Plaisir uns sein „Tagebuch" nebst den von ihm selber gezeichneten Illustrationen bereiteten? Itzt, freilich, geht uns schon einiges von Lavater mehr zu Gemüte, als da wir jung waren.

Zu unserem „Tage" kömmt auch Antoinette, die von ihrem Manne Urlaub hat; Magdalene und Ida haben zugesagt; Francis kömmt aus Bremen; die übrigen Antworten stehen noch aus. Natürlich können Netty und Rita nicht teilnehmen, da die Überfahrt zu viel Zeit raubt. Könnten wir doch die treue Marchand auferwecken! Wir wollen faute de mieux ihren Geist walten lassen.

Schicke mir doch bald ein angenehmes Briefchen in meine Einsamkeit. In alter Freundschaft

Deine Hertha

P. S. Schicke gütigst nochmal das Maß Deines lieben Kopfes, sonst wird die Dormeuse wohl schön, aber paßt nicht! Und ich möchte doch gern Deinen Wunsch vollständig erfüllen.

Hamburg, Januar 1847

Liebste Martha!!!

Lies dies! – lies so oft Du kannst –, Du begreifst es auch dann nicht, wie so etwas in unserer Zeit noch möglich ist! Ich war ja tout à fait étourdie, bis ich mich so weit erholte, es Dir mitteilen zu können. Dies Blatt schickte mir gestern die Tochter der alten Anna, mit der Anzeige, daß die Alte zu ihren Vätern heimgegangen sei. Der Brief war noch von ihr selber versiegelt und mit dem Bemerken versehen: „Dissen Brif derf *blohs* Frau Dokter Hertha +++ öffnen!"

Hamburg, den 21. August 1840

Hochgehrte Frau Dokter,

im Nahmen Gottes bitte ich Ihnen, mich zu ferzeihn; das der Herr Gott mich fergeben hat hat das Glück von Ihre Kinner bezeigt. Mein tot wird so Gott will auch Ihnen gütig gegen mir stimmen. Gehrzte Frau Dokter, das Fersprechen was Sie mich geben täten, eher Ihr Kinnchen zur Welt kahm, hat mir armes mit so schröcklich viel Kinnern gesägentes Weib ferleitet einen betrug zu tuhn. ich fülte dahmals nich wie schwehr dis Ferbrechen wär. Der Glanz des Goldes ferblendete mir gans un gahr bis die sünde getahn wär un denn quelte mir der besitz. Nu kömmt es Frau Dokter!!! ach du lieber Gott! erbarme Dich! – Frau Zelia, die liebe gute hübsche Frau Akssesser is *Ihre* liebe Tochter, un Herr Akssesser Acksel der ihr so glöcklich mach is den Herrn Pastohr sin lieber Söhn bei den seine gebuhrt die liebe Mutter ja starb. Ich rät den Herrn Pastohr das Kind doch *mich* mitzugäben, damit es ornlich geflägt wörd. er sagte diss ssu, denn für lauter Kummer über Fru Pastern ihren tot kümmerte er sich wenich um das lütte worm, später kahm er oft um sein Kint zu sehn un hat das Dirning schröcklich lieb gekriecht. Na, un schon tagsdrauff as ich bei Fru Pastern gewäst war, wurd ich auch all zu Sie befohlen Frau Dokter, ich war ja nu noch so schröcklich aufgeregt von Frau Pastern ihren todt; die arm Frau hats sich ja forher all gedach! ach Gott wie traurig war ich un doch hat Gott mir stark geprühf denn alls gung so glatt daß mich mein plahn gelingen sollt un ich folgt nicht Gott sunnern der Stimme des Böhsen! *so* fiel Gelt hatt ich ja nie nich besessen! Dass kunnt uns aus aller Noht reissen! Weil Frau Dokter ja kein Arz haben wollten war auch kein dabei un Herr Dokter war ja ferreist. Die Wärterin war ja bei Frau Dokter beschäftig un als ich nu gelogen hatt es wärn Jung gung ich flink nebenan um das klein Worm zu bahden. Denn lägte ich den lütten Jung statts dessen in die wiege und das annere in meine reisetasch, wo der Jung forhehr drin lag as er sich zu Haus erst follgetrunken hatt und nu schlif. Aber forhehr musste ich ja den Jung mit Frau Aksesser ihr Kinnerwäsche anzihn. Alsdenn bracht ich ja die Wieg mit das Kint zu Frau Aksesser, die ja noch so müd und angegriffen war. Das anner Kint läg in ein gross stück Watten gewickelt in die Reisetasch die ich ümmer bei mir nehm und die en bischen offen stand aber ein Zimmer weiter. Balt gung ich denn zu Haus un so klappte leider alls ohn aufsehn ich hatt ja ümmer gewünsch Frau Dokter solltn Jung krigen; as es aber 'n Deern war macht ich es so un hätts doch nich solln! Nu hatt ja Herr Pastohr selig sein Zelia so lib un Sie gehrzte Frau Dokter waren ümmer so gut zu Acksel. Darüber hab ich mir heimlich gefreut un mir getröst! aber der stille Grahm über mein ferbrechen un die gräsige Angs for die Strahfe des Gerichts und öffentliche Schand die über mir und meine Kinnern kommen wär; die hielten mir ümmer das ich es Ihnen un den Herrn Pastohr nich gestehn sollt. Nu sünd Sie ja alle durch die Heirath von die Kinner so glöcklich un nu hab ich dissen Brif geschrihben un der soll ligen bis der bahrmhertzige Gott mir rufen tuht – Er hat alls so wollgemach amen. Aber ich hab nichs nich von das gelt gehab Frau Dokter nein wahrhaftijen Gott nich es gung allens mit meinen schlimmen Söhn fort, er war die Meinung das ich so fiel verdienen thät und ich gäb es ihm immer hin, mich brannte es unter die Finger. Diess Geheimnus hat ein Drüttel, nein noch mehr

die hälfte von meinen Leben mich *schlaflohse* Nächt gekosst
un *Reuhe* uns *Gewissensbisse*. Das kann ich nich mit mich ins
Grabb nehmen, denn meine Sehle würd ja woll nie nich
ruhe finden Gott bewahr mir! ich bitt Ihnen nochmahls
recht dehmüthig um ihre Ferzeihung un um ein gnädiges Uhrtheil gehrzte Frau Dokter um Gottes willen tuhn sie
es. amen. wenn der todt nur balt erlöhsen wollt mir arm
alten

Anna!

Ist das möglich, liebste Freundin, oder hält man mich zum
Narren! Du, mit Deiner Gegenwart des Geistes und viel
ruhiger als ich, wirst denken und mir sagen: Wie die Sachen
liegen, ist eigentlich kein Grund zum Zürnen mehr, und
Anna sei als eigentlicher Deus ex machina zu betrachten;
aber meine treue Martha wird mich nun nicht mit dem Gedanken betrüben wollen: Wie es hätte kommen können!!!
Mon Dieu! – Aber wirklich, so ganz einfach ist es bei allem
Trost trotzdem nicht: Axel war unser Sohn, trug unseren Namen, hatte unsere Elternliebe, hat seitens des Vaters manche Züchtigung derber Art empfangen, und ich selbst habe ihm kleine tätliche Zurechtweisungen appliziert, wenn
ich partout nicht anders konnte – itzt ist er plötzlich mein
Schwiegersohn! – Enfin, sie müssen auf das Amt und sich
auf irgendeine Weise legitimieren; und ich muß das Blatt
der Übeltäterin dazu mitnehmen; mein Axel wird es schon
machen; er weiß sich in verwickelten Angelegenheiten allemal zurechtzufinden. Mein teurer Axel wird Assessor R.
heißen. Erben sind sie natürlich zu gleichen Teilen. – Was
wird diese Affäre der „Welt" wieder für Gesprächsstoff
geben; nun, es wird auch darüber Gras wachsen. – Es ist uns,
namentlich mir, ein tröstliches Bewußtsein, daß beide Vä-
ter dies Ereignis nicht mehr erleben; denn weiß man, welchen Eindruck das auf ihre Gemüter hätte machen können, besonders auf des lieben Pastors! Aber der Gedanke ist
mir schwer, daß Axels Liebe zu mir durch die natürliche Liebe zu seinem sel. Vater jetzt beeinträchtigt werden könnte!
Oh, ich hätte es verdient, Martha! – Allein mein prächtiger

Axel ist wohl traurig darüber, seinen so früh verstorbnen Vater nicht als leiblicher Sohn gekannt zu haben, geliebt hat er ihn aber wie ein solcher, und es ihm gezeigt, und der Pastor ihn ganz gleichermaßen. Nicht nur Celia, auch dem Sohne hat ja der gute Pastor wie instinktiv gar besonderes Interesse entgegengebracht; denn zum Exempel Axels Konfirmationsstunden sind ihm unvergeßlich und der väterliche Segen für das ganze Leben geworden. Sie müssen sich geistig nahegestanden und sich verwandt gefühlt haben. Und so wie Vater und Sohn in geistigem Rapport zueinander gewesen sein müssen, hat auch ein Fluidum zwischen Mutter- und Tochterherzen bestanden: Du erinnerst doch, Martha, daß ich einmal schon glaubte, *meine, meine*! Celia müsse aus dem Hause, sobald Axel von der Universität käme – welch ein namenloses Glück, daß sie blieb! Wäre sie mir sonsten doch vielleicht für alle Zeit genommen worden! Nein, das kann ich nicht ausdenken. Ich erkenne nun immer mehr, wie Celia den Bildnissen meines lieben Udo gleicht, sobald ich mir seinen großen Bart wegdenke. Er hatte recht, als er im Scherze behauptete, daß Celia ein Abbild der „klugen und guten Schwiegermama" sei; tauche diese aber unter und dafür die „böse" auf – dann gliche sie mehr dem Schwiegerpapa. Ja, sie ist ihm wie aus der Seele geschnitten, das wird mir täglich klarer. Morgen ist sein Sterbetag ... schon zwei Jahre! – Oh, liebste Martha, seinen, wenn auch nur stillen, Vorwurf, daß ich ihm und mir entgehen ließ, Celias Kinderjahre mit ihr zu erleben! Nein, leugne es nicht, Liebe, ich trage ein gut Teil Schuld daran, die mir nur durch das Glück der Kinder so erleichtert wird. Doch Udos Trauer darob ertrüge ich nicht; ich fühle ja ohnehin schon, indem ich dies schreibe, die Tränen der Reue wieder quellen. Martha, ich bedarf Deiner jetzt mehr denn je, mit Deinem ruhigen Gleichgewicht der Seele kannst Du mir über diese erste Zeit hinweghelfen. Die Kinder finden sich besser hinein: ihr Glück und ihre Jugend helfen ihnen hinweg über nutzloses Grübeln. Am 25sten und 26sten ds. sind ihre Geburtstage! Meine Präsente bestehen in einem Bildnis des lieben Pastoren. Es ist eine vergrößerte Photographie, angefertigt nach einem Daguerreotypbildnis, das bisher in Celias Besitz war. Ferner eine Reise: nach den Konferenzen und Einblicken in die Karten sind sie bis zur Wahl zwischen der südfranzösischen Küste und Pyrenäen oder Skandinavien gelangt, doch meine ich, daß Letzteres auf ihre reiferen Jahre hinausgerückt werden muß. Darüber sprechen wir noch mit Dir. Komme also, liebe, gute Martha, voller Trost für Deine alte Freundin

Hertha.

P. S. Bringe Jungfer Wilhelminen nur mit; ich weiß, Du kannst ihre Hilfe nicht entbehren. Hoffentlich wirst Du den Brustkatarrh-Rest hier ganz los. Schicke mir noch ein Blatt, Deinen Wunsch betreffend, wieweit Jochen Dir mit der Chaise entgegenfahren soll. –

Schluß der Briefsammlung

Fu-Tsing
und Mimi

Ein Märchen

Das dreijährige Trudchen hatte schon viele Puppen, aber einen Chinesen noch nicht. Mama hatte ihr von fremden Völkern, auch von Chinesen, von ihrem Lande und ihrer Art erzählt, worauf die Kleine gefragt: „ Mami, haben die Chinesenkinder auch Puppen?" Als die Mama ja gesagt hatte, wünschte das Kind sich auch eine Chinesenpuppe, und Papa bestellte sie aus Hamburg. Dorthin kommen aus allen Ländern, über große Meere die großen Schiffe gefahren und bringen alles Neue und Fremde mit, was verkauft werden soll, und so auch Chinesenpuppen; einfache, die man nicht biegen kann und billig sind; bessere, die viel Geld kosten, dafür aber Kopf, Hals und alle Glieder bewegen und zuweilen auch etwas sprechen können. An Klein Trudchens viertem Geburtstage traf ein Chinese ein, der alle Erwartungen übertraf. Der hatte einen langen dünnen schwarzen Zopf vom Wirbel rückwärts herabhängen, war sonst aber gänzlich kahl. Ferner hatte er kleine, schräg aufwärts geschlitzte Äuglein, plattes Näschen, breiten Mund und Backenknochen, die bis an die Äuglein ragten, und die ganze Haut war zitronengelb und noch gelber. Chinesen sind niemals schön für uns, doch sind sie klug und oft auch gut. Seine Kleidung bestand aus einer langen engen, wattierten, seidengeblümten Art von Schlafrock und Steckelsandalen an den kleinen verkrüppelten Füßen. Papa sagte: „Er soll Fu-Tsing heißen", und nun hatte er einen Namen. Schon bei leisem Druck auf den Magen des Chinesen rief er heftig, aber näselnd „mi", und ließ man los, dann schrie er „ki", und drückte man ihn auf das Ende des Rückens, so erklang „iao", und beim Loslassen – „tsao". Das machte Trudchen unbändigen Spaß, und sie wurde den ganzen Tag nicht müde, mit dem kleinen Fremdling sich zu unterhalten; sie ließ ihn auf alle Weise seine Künste entfalten und lachte herzlich dazu. Dann flocht sie ihm den Zopf auf und ein, untersuchte, ob er auch ein Hemd anhabe, fand auch richtig eins aus bräunlichem Nanking; sie sah seine gelbe Brust und Hände und schaute lange stumm lächelnd in seine kleinen schwarzen Schlitzaugen; sie sprach nicht mit ihm, denn wie hätte er sie verstehen können! Aber sie täuschte sich; er verstand seine kleine Herrin wohl, sie gefiel ihm, und er lächelte zufrieden und glücklich über ihre Freude.

Plötzlich bemerkte Trudchen, daß ihre übrige Puppenschar sie teils verwundert und enttäuscht, teils starr anschaute, so daß Trudele nun wußte, daß sie eifersüchtig auf ihr Mamachen waren. Früher waren sie es nicht gewesen; doch schien ihnen selbst der Chinese etwas so Besonderes zu sein, daß ihr Mamachen ihn wohl tausendmal schöner finden müsse als sie alle. Doch die kleine Puppe Mimi, neben welcher der Chinese heute schon einmal gesessen hatte – Mimi machte ihre gewöhnlichen freundlich-blauen Augen und lächelte, daß man zwei Zähnchen sah. Sie hatte hellblonde Löckchen, rote Bäckchen, blütenweiße Haut und trug ein weißes Mullkleidchen mit rosa Schärpe, rosa Strümpfchen und schwarze Schühchen und sah sehr vornehm aus. Und da Fu-Tsing in seiner Weise ebenfalls eine vornehme Erscheinung war, trotz seiner gelben Haut und dem unschönen Gesicht, gefiel er Mimi recht gut; sie kannte ihn besser als die anderen; sie wollte, wenn es sein müsse, ihn verteidigen. Am Nachmittage kam Trudchens kleiner Freund Rudi; der machte große Augen, als er den Chinesen sah. Er wagte nicht, seine Gratulation anzubringen, und gab nur stumm den Vergißmeinnichtstrauß an Trudchen ab. Nach der Schokolade aber, welche nebst der guten Sandtorte den Kindern serviert wurde, ward Rudi ganz munter und sagte dann erst freiwillig seiner Freundin das folgende Geburtstagsgedicht:

Weil heute dein Geburtstag ist
Und du meine Freundin bist,

Thomas Johann Heinrich Mann mit seinem Sohn Heinrich, um 1875

Bitt ich, wie dies Blümchen spricht,
Bleib mir gut, vergiß mich nicht.

Dann wurde Rudi von Trudes Mama gelobt, und die Kinder umarmten sich und sprangen im Zimmer umher, fielen einmal hin, lachten, standen wieder auf, und nun entschloß sich Rudi auch, den Chinesen in seine Hände zu nehmen, ihn genau zu betrachten und seine „Sprache" zu hören, was Rudi zuletzt aber so energisch und andauernd probierte, daß Mama fürchtete, Fu-Tsing könne unheilbar heiser werden; darum spielte sie nun selber „Versteck" mit ihnen, „Ich sehe etwas, das du nicht siehst", „Häschen in der Grube", „Fingerhut suchen". Dazu saß der Chinese immer in ihrer Nähe, war beobachtet, angesehen, während man sich heute um die übrigen Püppchen durchaus nicht kümmerte.

Als Rudi nach Hause geholt und dieser schöne Tag vorüber war, sagte Mamas treue alte Trina: „Siso, Trudel, nun man ins Bett, gleich kummen Papa und Mama un wolln Dich gu' Nach sagen." Da stellte Trudchen ihre sämtlichen Kinder der Reihe nach, wie sie sie bekommen hatte, mit Trinas Hülfe auf ihre Kommode, und so kam Puppe Mimi wieder neben ihren neuen Freund Fu-Tsing zu sitzen. Trudel legte liebevoll seinen Zopf nach vorne, etwas zur Seite, so daß er, unbemerkt, sich in einem von Mimis Knöpfchen verfing. Trina hatte in ihrer Freude, daß der Tag zu Ende sei und sie bald schlafen durfte, den Kopf des Chinesen ganz schelmisch so gedreht, daß er die ganze Puppengesellschaft mit seinen Schlitzäugelchen ansah, als ob er sich über sie lustig mache. Aber Puppe Mimi wußte jetzt, daß dies nicht der Fall war.

Die große Puppe Anna, welche statt der Beine ein großes Uhrwerk in sich hatte, damit sie laufen und Papa-Mama sagen könne, stand rechts als erste der Reihe und übersah alle anderen, das heißt, sie schaute eigentlich schnippisch geradeaus, als ob ihr alles gleich sei; sie war aber sehr verstimmt.

Trudchens Eltern kamen, ihrem Liebling gute Nacht zu wünschen und sich nochmals von seiner Freude und Wohlsein zu überzeugen, und das Kind mit seinen geröteten Bäckchen dankte nochmals recht schön für die herrliche neue Puppe, sagte der ganzen Schar: „Nun schlaft und seid brav!", drückte Fu-Tsing noch einmal, damit er antworte, und ließ sich dann, willig und müde, von Trina entkleiden. Im Bettchen faltete Trudel die Händchen, sprach: „Lieber Gott, beschütze uns. Amen." Und bald darauf war sie eingeschlafen.

Nachts, als alles ruhig im Hause war, kam es Trudel im Schlafe vor, als höre sie von der Kommode her ein Durcheinander von vielen Stimmen, erst leise, dann lauter und lebhafter, schelten, beschwichtigen, höhnen und dazu mit Füßchen stampfen. Sie hörte, wie Fu-Tsing der Puppe Mimi mit quäkender Stimme von seinem Lande erzählte: daß es das allerschönste und älteste und sein Volk das allerklügste der Welt sei; daß alle ihre Kaiser vom Himmel gekommen seien, daß alle schönsten und besten Dinge aus seinem Lande kämen – „Ja, freilich!" unterbrach ihn heftig Puppe Bella, „was wißt ihr Chinesen von andern Ländern, wenn ihr nie aus dem euren herauskommt. Du bist der erste Chinese, den wir hier sehen, und kaum bist du da, so –" Aber Fu-Tsing konnte nicht aufhören, mit sanfter Stimme zu erzählen, von der Sonne, die in seinem Lande immer nur aufgehe, von einer Mauer, die keinen Anfang und kein Ende habe; von einem himmelhohen Turme, der überall mit goldenen klingenden Glocken behängt sei; daß sein Kaiser statt eines Hundes einen großen Drachen als Begleiter habe; und daß die Prinzen mit Fu-Tsings Brüdern und Schwestern spielen, die in elfenbeinernen, goldbeschlagenen Bettchen schliefen. Dazwischen hörte Trudel eine hohe Stimme entsetzlich rasch herunterraspeln, es war wieder Puppe Bella: „Der Prahlhans! Der eingebildete Depp! Wie kannst du dich unterstehen, uns etwas weismachen zu wollen! Hätte Mamachen doch nur gewußt, was du für ein Faselhans bist! Aber bei ihr wagtest du nichts zu reden, als was sie aus dir herauspreßte! Glaubst du, wir seien dumm? Bist du vielleicht schöner als wir, weil du ein seidengeblümtes, wattiertes Kleid anhast? Bist du klüger als wir, weil du glaubst, bei euch ginge die Sonne immer nur auf? Bist du

besser, weil du mehr gekostet hast?" Puppe Mimi weinte
leise und gab sich alle Mühe, die Aufgeregten zu beschwichtigen: „Laßt ihn doch reden, er hat ja das Heimweh,
und es tröstet ihn, sein Land vor uns zu rühmen; seid doch
duldsam und gescheit; wenn er erst länger bei uns sein
wird, sieht er seine Irrtümer schon ein; was kann er dafür,
daß man ihn dies alles lehrte!" Aber die große Puppe Anna, die in ihrem Inneren ein Uhrwerk hatte, überschrie sie
noch: „Ha! Mir kommt der mit seinen verbogenen Füßen
nicht nach; wenn ich aufgezogen bin, da renne ich so, daß
ihm ganz schwindlig werden soll, denn er kann ja nur trip-
peln!" Dabei wurde sie so heftig, daß sie strampelte, strau-
chelte und mit voller Wucht auf ihre Nachbarin stürzte; da
fiel die ganze Reihe der Schmähenden zur Seite hin um; die
Puppe Mimi wurde auf Fu-Tsing gestoßen, der nun über
den Rand der Kommode rutschte und seine kleine Freundin, in deren Kleiderknopf sich sein langer Zopf verfan-
gen hatte, mit sich in die Tiefe riß! – zum Glück aber auf
einen Strohschemel! – Aufschlagend schrie Fu-Tsing: „Mi-
jao!" Denn er war auf sein Rückenende und Mimi auf seinen Magen gefallen. Da lagen sie nun, als gerade der
Kuckuck in der Uhr am Gange sechsmal Kuckuck rief. – Trudel erwachte nach unruhigem Schlafe, auch infolge des
lauten Geräusches von der Kommode her, schaute hinüber
und rief: „Trina! Trina! Flink! Mir hat was geträumt, und
wirklich, er liegt drunten mit Puppe Mimi, und alle anderen sind umgefallen!" Trina lief erschrocken hinzu: „Ach
herrjees nee, wo geht das zu, mein klein Trudel ..." Sie hob
das Paar auf – Gottlob, das war unversehrt; oh, wie war
Trudchen da froh! Daß der Schemel gerade dort gestanden
hatte! Aber ihre anderen Puppen! Ja, der einen war der
Arm aus dem Gelenk gegangen, zwei andere waren mit den
Köpfen derartig aneinandergestoßen, daß beide Risse hatten
und ganz blöde vor sich hin schauten; aber am schlimmsten
waren Anna und Bella weggekommen, erstere, die einen feinen Porzellankopf hatte, war plötzlich stumm geworden,
denn ihr Kopf war quer über dem Mund gespalten; und Anna war das Uhrwerk drinnen geplatzt, so daß sie nun lahm
war, vielleicht auf immer. Warum waren sie auch so böse

gegen den armen unschuldigen Chinesen gewesen, der ihrer Mami so viel Freude machte! – Trina wußte sich gar nichts zu erklären, aber klein Trudchen wußte Bescheid; sie faßte sich bald, richtete jede ihrer Puppen auf, mit dem Trost, daß Onkel Doktor sie alle wieder gesund machen solle, jetzt aber müßten sie erst mal alle ins Bett. Dann nahm sie Fu-Tsing und Mimi auf die Ärmchen, ging ins Frühstückszimmer zu Papa und Mama und erzählte ihnen alles, was sie seit dieser Nacht erlebt habe, und ihren ganzen Traum von dem Streit ihrer Kinder, der Puppen. Da sagte der Papa: „Siehst du, Trudchen, daraus kann man lernen, daß Eifersucht zu nichts Gutem führt und daß Friedfertigkeit und Nachsicht, wie wir an Fu-Tsing und Mimi loben müssen, unter Geschwistern und zwischen allen Menschen die schönsten Tugenden sind. Wir wollen hoffen, daß der Puppendoktor diesmal noch allen Schaden gutmachen kann." Mamale meinte, daß Fu-Tsing und Mimi eigentlich von jetzt ab den Ehrenplatz unter der großen Glasglocke auf der Konsole verdient hätten, weil sie für diesmal noch so wunderbar errettet waren.

Mile und Baldrian

Sie lag in der Sonne und blinzelte voller Erfahrungen zu ihrem Sohne hinüber. Der war noch jung und wild und hatte noch nicht viel mit Menschen verkehrt. Er sprang den Vögeln nach, kletterte an den Sträuchern, dem großen Walnußbaum und an der Pergola hinan, fiel aber gleich rücklings wieder hinunter, und immer auf die Füße, weil das seinem Geschlecht eigen ist. – Jetzt saß er sprungbereit seiner Mutter gegenüber, um mit ihr zu tollen; als sie aber davon nichts wissen wollte, sagte er: „Ja, Mutter Mile, wozu bist du denn da, wenn du nicht mit mir spielst, warum blinzelst und schnurrst du nur und sonst nichts?" Mile antwortete: „Pst, Baldrian! Du gehst zu weit! Erstens sprich gebildeter, es heißt ,spinnen', und wenn es so hell ist, muß ich die Augen zukneifen, um besser zu sehen, was du Wildfang treibst. Setze dich etwas zu mir, und lerne das Spinnen." – Baldrian schlich herzu, wiegte den Schwanz und legte seine Schnauze an Miles Schnauze. Dann rief er: „Mutter Mile, was hast du für eine feuchte kalte Nase!" „O du Naseweis!" entgegnete Mile. „Freue dich doch! Hast du doch selber solche und bist darum so gesund wie ich!" – Dann schnurrte Mile ihm vor. Er lernte es bald, ihr gleichzutun, und hörte zu, als sie erzählte: „Als ich ganz klein und rosamäulig in dies schöne Haus kam, gaben mir unsere lieben Herrschaftskinder den Namen Mile, wohl weil mein Fell so weich ist und ich so sanft bin. Sie ließen Knäulchen am Bindfaden auf und nieder und hin und her baumeln, was mir unbändigen Spaß machte und mich zu hohen lustigen Sprüngen hinriß. Als ich dabei mein rosa Mäulchen aufsperrte und die schneeweißen Zähnchen wies, rief das größere von den Mädchen, ein schönes blondlockiges Kind: „Oh! Mile freut sich! Mile lacht!", und sie nahm und herzte mich, daß mir

Julia Mann mit den Kindern Julia, Heinrich und Thomas, 1879

unendlich wohl wurde. Wenn ich so denke, daß es böse Menschen gibt, die unseren Mitbrüdern und -schwestern Gift legen oder sie totschießen oder sie ertränken, wie es auch deinem Vater geschah, der auch so wild war wie du und dazu raubgierig, dann bin ich unseren Herrschaften doppelt dankbar für unser Leben und habe ihnen in Keller, Küche, Comptoir und Zimmer schon manche lästige Maus fortgefangen. Nimm dich zusammen, mein Sohn Baldrian, unterdrücke die böse Raubgier, die wir von unserem Stammvater, dem Tiger, erbten; unterdrücke sie, dann hast du es gut und lebst lange." – „Mutter Mile, warum heiße ich denn Baldrian?" „Ja, mein Söhnchen, das kam so: unsere Frau, die Mama des schönen blondlockigen Mädchens, weiß von einem Kraut, das nach ihrer Meinung den Duft besitzt, welchen wir verbreiten, wenn – – – Na, du verstehst mich wohl!" Baldrian blinzelte. „Und da dies Kraut Katzenwurz oder Baldrian heißt, so fand sie es natürlich, dich Katerchen so zu nennen. Und mit dem Saft dieses Krautes werden Kranke geheilt. Mache deinem Namen Ehre, tue niemandem Schaden an, namentlich sollst du nicht mehr so plötzlich aus dem Busch heraus, an die Beine unserer Herrschaftskinder, die sich jedesmal erschrecken und in ihrem Lernen gestört werden. Ich weiß, daß du nur scherzen und spielen willst, aber dies Spiel sieht hinterlistig aus!" Mile hatte zuletzt schon mit ganz geschlossenen Augen geredet und schlief nun ein. Bal-drian hatte, während er zuhörte, sich abgeschleckt, nach Fliegen geschnappt und seiner Mutter Hals glattgeputzt. Nun sah er auf den Steinen im Springbrunnen einen Spatz sich baden und aufplustern und schütteln; er schlich, Kopf und Bauch flachgeduckt, bis an den Rand des Brunnens, kletterte hinauf – Spätzchen zuckte zusammen, und husch! – war es oben in den Ästen des Walnußbaumes. Schade, dachte unser Baldrian, das wäre ein guter Bissen gewesen! Na wart, ein andermal! Aber was sah jetzt Baldrian dort auf dem klaren kühlen Spiegel unter ihm hin- und herziehen? Das waren ja goldschuppige lebende Geschöpfe! Wie appetitlich! Von denen wollte er eins. Halt, nun mehr Vorsicht! Den größten, fettesten im Auge behalten! Er schleicht rund herum um den Rand des Bassins, immer den Goldfischchen nach; jetzt – Kopf herunter – tief – gleich taucht es vor ihm auf – plumps! ertönt es von Baldrian her, und von der Hoftüre rief es angstvoll: „Baldrian! Baldrian! Was machst du?" Und unsere kleine Freundin lief herzu und sah, wie Baldrian sich mühsam über Wasser hält; sie beugt sich, reißt ihn bei der Pfote heraus, während die erwachte Mile sanft ihren Kopf und Leib am Kleide ihrer kleinen Herrin streicht. Wie aber sah Baldrian aus! Das zottige Fell lag ihm glatt und glänzend an wie einem Seehunde. Er zitterte, schnaubte, nieste, miaute und legte die Ohren flach. Das kleine Mädchen trug den Wildfang in die Küche zur Köchin Trina, die ihn in wollene Decken hüllte und an den warmen Herd legte. Statt des Spätzchens und des Fischchens, denen er nachgestellt hatte, bekam er eine Schüssel voll guter warmer Milch, von der auch Mile schlappte. Darauf putzte sie sich das Schnäuzchen, schleckte ihren Sohn ab und hielt ihm noch eine längere Rede über Mutwillen, Ungehorsam, Habgier, Bosheit, Grausamkeit und wozu dies führt. Dann hockte sie sich hin und „spann", daß es schnurrte. Als Baldrian, in Schweiß gekommen, sanft eingenickt war und nach einigen Stunden, um eine große Erfahrung reicher geworden, gesund erwachte, rief er: „Mutter Mile! Heute nacht gehe ich mit dir auf die Mäusejagd! Und diesmal wird es an nichts fehlen!" Mile freute sich und lachte.

Reiseskizze
unserer 1888er
Reise in kurzem
Umriss

Am Donnerstag, d. 23. August, reisten wir früh 7 Uhr von
Lübeck ab, über Büchen, Lauenburg, Magdeburg nach Leipzig, wo uns Herr und Frau von Fielitz am Bahnhof emp-
fingen. Hotel Hauffe Kaffee getrunken. Abends Stadtthea-
ter: „Euryanthe" von Weber, herrliches Orchester, Eglanti-
ne – Frau Moren-Olden. Später mit Fielitz' Souper im Hotel. Freitag, d. 24sten, Gemüse- und Obstmarkt besichtigt
(billig). Panorama von Paris und Neues Gewandhaus besehen, neues Siegesdenkmal, und Porzellanmanufaktur besehen, Bestellungen gemacht, Handschuhe und Zigarren
gekauft, Café français, gefrühstückt und ins Hotel zurück.
Zu Fielitz', ihr Kindchen besehen und bei ihnen gegessen.
Im Hotel bereiteten wir uns auf die Nachtfahrt vor und
fuhren 5 1/2 Uhr 1. Klasse nach München, durch Fabrik-
gegenden: Crimmitschau, Altenburg; 10 Uhr in Hof, wo
mir sehr übel wurde, wir ausstiegen, frische Luft schöpf-
ten und uns dann hinlegten. Samstag morgens 8 1/2 Uhr in
München. In den „Vier Jahreszeiten" etwas geruht, umgezogen, Kaffee getrunken und zur Gemäldeausstellung gefahren, wo (wir) von 88 Sälen die ersten 12 besahen, dort
Mittag aßen (ungünstig angelegte Klosetts). Einige Stunden
Ruhe, Gärtnertheater „Gundl vom Königssee" in bayr. Dialekt. Café Maximilian, zu Bett. Sonntag, d. 26., mit Pferdebahn zur Gewerbeausstellung an der Isar gefahren; 12 Uhr
gefrühstückt. Dann zur Gemäldeausstellung, wo bis zum
35sten Saal weiterbesehen und dann Besorgungen machten.
Abends Hofoper „Siegfried" – ich glaube, Vogl. Abends Café
Maximilian. Montag: Gemäldeausstellung bis 2 oder 3, dann
im Hotel gegessen, Gewerbeausstell., wo Militärkonzert,
Bier tranken, elektr. Beleuchtung der Fontänen und der

ganzen Umgebung. Dienstag 10 Uhr über Schaftlach, Gmund, dann mit Postomnibus über Tegernsee, wo Mittagessen, 4 Uhr in Kreuth F. Nielsen, J. Nielsen, Dr. Meyers, Stachows, Sanitätsrat Schultze, Justizr. Meyersburger u. andere, die uns vorgestellt wurden durch Nielsen. – Kaffee getrunken, Spaziergang. Mittwoch, d. 29sten, herrliches Wetter (was wir bisher immer gehabt), Molken getrunken, in Grüneck Dreyfus besucht. 1 Uhr Table d'hôte in Kreuth. Nach Tische zu den „7 Hütten", früh zu Bette. Das österr. Kaiserpaar mit Familie vom Dienstag bis Samstag dort. – Donnerstag, 30sten, Regen. Molke, Kräutersaft, Spaziergang. Freitag, Samstag Regen. Montag, d. 3ten, schönes Wetter, aber naß. Gingen in die Langenau. Abends Spiele, und nachher kam Dreyfus. Dienstag früh bei herrlichem Wetter mit Einspänner nach Ebensee, wo bei Rainen, Seehof, aßen u. Vösslauer tranken. Nach Jenbach – schmutziger Ort. Abends 7 Uhr in Innsbruck – Tiroler Hof; schönes Hotel, diniert, dann umhergegangen und zur Ruhe. Mittwoch morgens Läden besehen u. Wagen genommen. Hofkirche mit Hofers Denkmal u. Bronzestatuen der alten Kaiser besehen. Museum mit Bildergalerie. Defregger-Saal, Hofer-Reliquien, Boxbacher und andere seiner Genossen, Waffensammlung, Kaisergalerie, Fahrt um den Inn, Lunch im Hotel, halb 2 Uhr nach Schloß Ambras; zurück über den Iselberg (Schießstand der Kaiserjäger), Aussichtstempel mit herrlichem Blick über die Berge mit Martinswand. Viele Korallen und wertvolle Gegenstände. Restaurant, Bier; zurück, ausgeruht; zu Abend gegessen; Tiroler Sänger – schlecht, etwas Regen. – Donnerstag, d. 6ten, ca. 9 1/2 Uhr aus Innsbruck fort, Fahrt mit der Arlbergbahn. Bei Zirl die Martinswand, viele Berge mit frischem Schnee, Ötztal, Imst, großartige Natur, in Landeck Diner im Coupé, konnten vor lauter Schauen nicht ordentlich essen. Scesaplana; diese Bahn hat besonders viele Viadukte, die wir passieren mußten, u. einen 14 Minuten Fahrt langen Tunnel bei St. Anton. Man stieg über herrliche Wasserfälle und rauschende Bäche; bei Strängen bis zu 86 Mtr. hoch über die 230 Mtr. breite Talschlucht der Trisanna. Die Herstellung dieser Brücke hat 320 000 fl. gekostet. Unausgesetzt schöne Fahrt bis Bludenz. Nach dieser Station etwas abschwächend, aber bis Feldkirch immer noch großartig. Dort schönes Obst. Weiter durch das Rheintal bis Bregenz. Dort mit der Bahn dicht an den See. Steuerkontrolle, Dampfschiff „Kaiser Wilhelm" – herrlicher Rückblick auf die Tiroler Alpen. Sehr schöne Fahrt über den Bodensee bei immer günstiger Witterung – vorüber an Lindau, Friedrichshafen, Rohrschach, Mainau, nach Konstanz. Von dort per Bahn über Schaffhausen nach Neuhausen, „Schweizerhof", weibliche Bedienung in Schweizer Tracht. Schönes Zimmer, Aussicht auf Rheinfall. Großes Diner in herrl. Saal. Schweizer Wein. Halb 10 Uhr bengalische und elektr. Beleuchtung des Falles. Mitten aus ihm heraus stiegen Raketen und Leuchtkugeln. Freitag, d. 7ten, früh bei schwüler Luft Spaziergang über Rheinbrücke nach Schloß Laufen; durchs Haus, Ansichten gekauft; Känzli am Fall, bald zurück; kochend heiß ins Hotel, eingepackt, 1 Uhr Rückfahrt nach Konstanz; Insel-Hotel; ehemal. Dominikanerkloster, wo Hus gefangensaß, bis er dort vor dem Tore mit Hieronymus von Prag verbrannt wurde. Wir suchten die Stätte auf, an der nun ein efeu- und moosbewachsener Stein liegt. Konziliumssaal; dort 1417 Papstwahl. Museum (von Kaiser Wilhelm I. 1870 eröffnet). Rathaus mit schönen Fresken. Spaziergang am See, aufziehendes Gewitter, Regen. Abends Bierlokal „Barbarossa" am Obermarkt. Sonnabend, d. 8ten, früh 9 Uhr fort mit Schwarzwaldbahn über Singen, Donaueschingen u. Villingen; zwischen diesen und Triberg recht imposant; weit drunten sieht man die Straße, welche die Bahn später nimmt, so stark und plötzlich fällt sie; weiter über Hornberg, Hausach, Offenburg und Appenweier. 1 Stunde Aufenthalt, Mittagessen, über Kehl n. Straßburg, Ankunft 8 Uhr, „Hotel de la ville de Paris". Ins Sommertheater „Eden" – kalt. „Lumpazivagabundus", Lokal ähnlich wie das Tivoli in Lübeck. Sonntag, d. 9ten, Stadt besehen; Läden alle auf; Kaiserpalast im Werden; Universität, Münster herrlich, Gutenbergplatz, Kléber, Marnesia (Präfekt) – Obst und Karamellen gekauft. 1 Uhr ausgezeichnetes Diner. 3 Uhr Abfahrt über Achern, Bühl, Oos (Baden-Baden), Rastatt, Karlsruhe, Heidelberg nach Mannheim. Hotel „Pfälzer Hof". Herr Max Loeb (Geschäftsverbindung)

Julia Mann, 1894

kam. 10 Uhr andern Morgens mit Herrn und Frau Loeb Ausfahrt. Karte vom Hause. Hafenanlagen, Speichergebäude, Fahrt durch den Stadtpark. Großherzogl. Schloß, von Carl Theodor gebaut; ins Hotel, Heinrich zur Börse; Diner. 3 Uhr zur Bahn. Über Darmstadt und Frankfurt, „Frankfurter Hof", schwierig, Zimmer zu bekommen. Abends Konzert Palmgarten; schönes Etablissement. Ich trank Glühwein. Mit Pferdebahn zurück. Dienstag, d. 11ten, 8 Uhr 14 nach Mainz. Regenwetter. 11 1/2 per Dampfer nach Rüdesheim. Wetter aufklärend. Bei Ankunft in Rüdesheim blaue Luft. Zahnradbahn; sonst bequem; kurze Strecke sehr steil, oben Standbild der Germania; 84 von Kaiser Wilhelm I. u. deutschen Fürsten eingeweiht; großartiger Eindruck; Reliefbild Kaiser Friedrichs bekränzt. Wunderschöner Blick über den Rhein auf Rüdesheim, Bingen u. weiter. Hinabfahrt, Spaziergang. Mann für Carla gekauft (war 7 Jahre alt). „Deutsche Weinstube" zu Mittag gegessen. Starke Hitze. Am Rhein entlang z. Bahnhof. Rückfahrt über Geisenheim u. andere Weinplätze, Kastel – Mainz n. Frankfurt. Toilette gemacht. Ins Opernhaus, „Don Juan". Schöne Vorstellung. Prachtvolles Gebäude mit imposantem Treppenhaus. Donna Anna: Fr. Schröder-Hanfstängl, Zerline: Frl. Plewny, waren hervorragend. Im Foyer heißer Tee. Später „Frankenbräu", elektr. Beleuchtung, draußen gesessen. Mittwoch, d. 12ten, Commissionen. Hut bei Rahlf-Beyer, Andenken, einige Häuser, davon den „Römer" mit Kaisersaal, Goethehaus!!! an der Ecke gekauft: Zeil. – 1 Uhr große Table d'hôte. Ich war nicht wohl, etwas gelegen. Heinrich an Ida geschrieben, dann Toilette, in die „Meistersinger". Der 1. Rang ist höher als unser 2. in Lübeck – schwindelnde Höhe, so schien es mir. Hans Sachs – Herr Heine, schöne Vorstellung. Nach dem Theater „Frankenbräu", aber nun im Wintergarten. Donnerst., d. 13ten, um 8 Uhr fort. In unserem Coupé 2. Klasse ein sehr trauriger Bauer mit seiner todkranken Tochter u. eine Dame aus Hannover, die des Stöhnens halber ausstieg. Hübsche Fahrt, mittags in Kassel Table d'hôte. In Kreiensen trafen wir Fr. Dr. Meyer aus Bremen. 5 Uhr Hannover: „Hotel Royal". Schönes Zimmer mit roten Atlasbetten, umgekleidet, etwas gegangen u. im Königl. Theater „Die goldene Spinne" von Schönthan gesehen. Kein Foyer. Nachher Ballett „Der Blumen Rache". Restaurant „Continental" mit Münchner Hofbräu – warmes Essen. In Lübeck aßen wir abends gewöhnlich kalte Sachen, auch mit freundschaftlichen Gästen. Freitag, d. 14ten, für Lula besorgt. Läden besehen. Frau Gen.Major Mehns besucht. Heinrich machte 2 Geschäftsbesuche. 1 1/2 Uhr Table d'hôte, 5 1/2 Uhr Abfahrt, 8 Uhr Lüneburg Abendessen, 10 Uhr 35 in Lübeck, von Heinrich am Bahnhof empfangen, von unserem lieben 17jährigen Ältesten!

3 Jahre nach dieser Reise traf mich der harte Verlust meines lieben Mannes, und meine geliebten Kinder verloren ihren unersetzlichen Vater.

Vergeltung

Oberst Maximilian von Arras war mittelgroßer stattlicher Figur. Haupt- und Barthaar, stark mit Grau untermischt, war blond. Daß er durch die Strapazen des Feldzuges, wo er überdies gefährlich verwundet wurde, härtere und etwas verwitterte Züge gewonnen hatte und durch den Kummer um den Verlust seiner Gattin, der treuen Mutter seiner drei Kinder, ihm ein Schimmer von trotziger Schwermut im Auge lag, das ließ ihn nicht schön, aber Interesse weckend erscheinen. Am Schlusse jedes Sommers litt Arras an den schmerzhaften Folgen seiner Wunde in der rechten Schulter, aus welchem Anlaß er weder die Herbstübungen noch irgendeinen anderen anstrengenden Dienst aushielt. So schwer es ihm wurde, mußte sein Ehrgeiz, mit den Kameraden gemeinschaftlich höhere Chargenstufen zu erklimmen, der Notwendigkeit weichen, den Dienst zu quittieren. Im Regiment gab es kaum einen, der den pflichttreuen Offizier nicht mit Leidwesen scheiden sah. Bei seiner Entlassung war er zum Obersten befördert.

Es waren fünf Jahre seit dem Tode seiner Gattin verstrichen, als der Oberst, wie alljährlich, seine Kinder für mehrere Wochen der Obhut ihrer Erzieherin überließ und sich Ende Juli zum Besuch des Moorbades aufmachte. Der sonst stille Gebirgsort sieht im Sommer die verschiedensten, immer wiederkehrenden Gäste. Die einen suchen in seiner frischen würzigen Bergluft Genesung und Kräftigung nach erschöpfender Krankheit. Die Mehrzahl besucht mit Erfolg die wirksamen Moor- und Stahlbäder; und alle erfreuen sich an den herrlichen Nadel- und Buchenwäldern und einem Teil des hoch aufragenden Gebirges.

Am Waldbach drunten herrscht große Stille. An einem sonnenhellen Frühmorgen hatte, seiner langjährigen Gewohnheit folgend, in diesem Jahre zum ersten Male, der Oberst sein Lieblingsplätzchen zur Rast ausersehen. Leise rauschte der damals wasserarme Bach über die Steine hin; über ihm blaute durch die Nadeln und Blätter der Bäume die Hochsommerluft, und nur das Zirpen einer Feldgrille gab Kunde davon, daß außer dem dort ruhenden Menschen auch kleine unscheinbare Geschöpfe hier unter den Fittichen der stillen Abgeschiedenheit Schutz suchten. Den Blick seitwärts wendend, bemerkte Arras nach längerer Zeit, von der Fahrstraße kommend, eine jugendliche, schlanke Frauengestalt, hellgekleidet, den dunklen Kopf von breitrandigem weißem Strohhut bedeckt. In den Händen trug sie Malgerätschaften, Sessel und Schirm. Als sie den Platz, welchen sie in den vorigen Tagen sich als den schönsten im Walde erwählt, besetzt sah, wollte sie weitergehen. Der Oberst hatte sie beobachtet und an dem enttäuschten Blick aus ihren lebhaften dunklen Augen leisen Unwillen erkannt. Er erhob sich eilig, lüftete den Hut, und ohne das Auge von der lieblichen Gestalt abzuwenden, sagte er: „Verzeihung, ich sehe, daß Gnädigste mit der Absicht kamen, sich an diesem schönen Fleckchen niederzulassen, um das Bild der reizenden Umgebung im Skizzenbuch aufzunehmen – ich räume der Kunst sehr gern das Feld." Darauf verbeugte er sich ehrerbietig und wendete sich zum Gehen. – Seine straffe Gestalt, die energischen Züge des gebräunten Gesichtes und der mit seinem schmerzlichen Ernst die ganze Erscheinung mildernde Blick – das alles beobachtete sie unbewußt, und alles andere darüber vergessend, konnte das junge Mädchen nur noch kurz und beinahe verlegen danken. Sie hatte den Sprechenden unverwandt angesehen, bis sich das Bild dieses Mannes ihrem Inneren eingeprägt und sie dann, erschreckt über ihr Benehmen, die Augen senkte. Als sie sich besann, war er, ruhig den Waldpfad verfolgend, durch hohe, dicht belaubte Bäume ihrem Blicke entzogen.

Das Skizzenbuch wurde aufgeschlagen; der Waldbach, die moosbewachsenen Steine, die herabgefallenen, quer über den Bach liegenden Stämme, das in vergoldenden Flecken durchs Geäst und auf das ernste Tannengrün fallende Sonnenlicht, der Durchblick auf ein weiter hin leuchtendes

Weizenfeld – das nahm sie auf in klarster Zeichnung; und wie mitten in diese Umgebung hineingezaubert war das Bild einer kraftvoll männlichen Erscheinung, aus deren Auge ein eigenartiges Gemisch von Festigkeit und Wohlwollen blickt, während der rechte Arm zum Hute geführt ist. Wie im Traum hat sie es hingeworfen und erwachte erst, als sie das wunderbar getroffene Bild vollendet vor sich sah. Fast heftig nahm sie gleich darauf den gepreßten Schwamm, vernichtete das Bild und füllte seine Stelle aus mit einem dunklen Fichtenbaum, dem zartgrüne, junge Zweige entsprießen. Während die Malerin aquarellierte, hielten Gedanken sie gefangen. Hatte sie sich denn nicht schon übermäßig lange mit der Erinnerung an eine so flüchtige Begegnung beschäftigt?! Das war doch sonst nicht ihre Art. Dieser Fremde war ja auch nicht einmal schön! – doch der melancholische Zug seines Wesens zwang sie zur Sympathie. Begegnete man denn sonst nicht dergleichen Gesichtern? Warum hatte bisher kein anderer Mann sie in dieser Weise gefesselt? Welch einen Ausdruck diese Augen haben! Als hätten sie immer nur die ernste Seite unserer schönen Welt geschaut und sähen getrübten Blickes auch in das heitere Licht. Sie hatte die Utensilien gesammelt, die Hände überm Knie gefaltet und sah wie in wachem Traum lange auf einen Punkt, ohne sich zu rühren. Ein Vorübergehender hätte sie jetzt mit einer lieblichen Waldnymphe vergleichen können, die, aus den grünen Bäumen getaucht, sich an einer Lichtung ausruht; die schlanke Figur in lässiger Haltung, die dunklen ringelnden Haare leicht über das Oval ihrer Wangen gleitend und die träumerischen, ins Blaue spielenden, schwarzbewimperten Augen, über denen sich schmale schwarze Brauen wölben. Was aber dies Bild am reizvollsten macht, ist die Grazie, die Bewegung in der Ruhe und der Hauch der Unberührtheit. Sich einen Ruck gebend und lachend: Was fällt mir denn ein! Werde ich hier in dieser schönen Waldeinsamkeit durch die Erscheinung eines mir wildfremden Menschen zur willenlosen Grüblerin? Fort! – und auf die Uhr schauend: Wie spät es geworden ist! Ich kann mich kaum mehr zu Tische umkleiden. – Leise singend schlug sie den Weg zum Kurhause ein, während ihre Gedanken anderen Flug nahmen.

Warum lächelte sie jetzt, als ihr in den Sinn kam, daß Kasanow, der junge Russe, sie liebe? Und ich? Hatte ich ihn gern? Ja, doch, ich glaube es; geistvoll anregend ist er, taktvoll und fein ist sein Betragen gegen mich; aber dennoch – Es wurde Alice plötzlich, ohne dem Gefühle wehren zu können, zumute wie dem Wanderer, der, an eine Lichtung gekommen, bemerkt, daß er bisher nur auf Umwegen war, um nun erstaunt den klar vor ihm liegenden Weg zu erkennen. Jetzt war sie beschleunigten Schrittes an die Schwelle ihres Zimmers gelangt. „Was ziehe ich nun rasch heute an? Ein weißes? – Ach nein, warum denn, ich bleibe so, man hat mir oft gesagt, daß mich Hellblau nicht weniger gut kleide als Weiß."

In dem Speisesaal des gut besuchten Gasthauses waren täglich mindestens zwei lange Tafeln besetzt. An der Spitze der zweiten saß Oberst von Arras. Er hatte die eingelaufenen Briefe seiner Kinder gelesen, die ihm die Sehnsucht nach dem Vater ausdrückten und ihre kleinen Erlebnisse treulich meldeten; dabei hatte man ihn zum ersten Male frohlaunig gesehen.

Als man bereits den Braten servierte, erschien in der Türe zum Saale die schlanke Gestalt der Französin, welche direkt auf ihren Platz am ersten Tische zuschritt, ohne umzuschauen. Arras erkannte sie und wartete auf die erste Gelegenheit, sie begrüßen zu können. Aber erst als er sich erhob, um den Kaffee auf der Terrasse zu nehmen, blickte sie, wie zufällig, auf ihn; er verneigte sich, ihren Gegengruß empfangend. – Nachdem der Oberst eine halbe Stunde auf der Gartenterrasse die Zeitungen durchgesehen hatte, begab er sich zur Nachmittagsruhe auf sein Zimmer. Seinen Wunsch, dem jungen Mädchen draußen zu begegnen, sah er nicht erfüllt, denn sie hatte sich unmittelbar nach Tische auf ihren Balkon begeben, von dem aus sie einen weiten Blick auf Wald und Gebirge hatte. – Um vier Uhr nachmittags machte Oberst von Arras seinen Spaziergang, meistens allein, zuweilen aber in Begleitung seiner Tischnachbarn, ein paar älterer Herren, die seine Gesellschaft schätzten, der liebenswürdigen Art halber, wie er die Konversation zu führen wußte und sich oft rechtzeitig ins Mittel zu legen verstand, wenn seine beiden lebhaft disputierenden Begleiter, sich in polemisierenden Debatten verwickelnd, allzu hitzig wurden.

Als der Oberst heute zur Zimmertüre heraustrat, schritt die Stiege vom oberen Stockwerk herab die Französin, mit dem Schal überm Arm und einem Buch in der Hand. Sie sah, sichtbar erfreut über die Begegnung, den Obersten an, welcher nach der Begrüßung sie anredete: „Gestatten, meine Gnädigste, daß ich an die flüchtige Begegnung von heute Vormittag anknüpfe, um Ihnen zu sagen, wie angenehm ich berührt bin, Sie in demselben Hotel zu wissen; bin zunächst so frei, mich vorzustellen – Oberst außer Dienst von Arras aus München. Störe ich, wenn ich mich Ihnen auf Ihrem Spaziergange anschließe? Nein, sagen Sie mir, wenn ich lästig falle, ich gedulde mich dann bis zum nächsten Male – " – „Nein, Herr Oberst, ich nehme Ihre freundliche Begleitung mit Dank an." Sie sprach mit sehr merklich fremdem Akzent und die Silben ineinanderziehend, wenn auch sonst fehlerfrei. Sich verneigend, fügte sie fast noch leiser und hastig hinzu: „Mein Name ist Alice Lorrain aus Rouen." Darauf, schon in die Gartenanlagen gekommen, fuhr sie fort: „Ich habe überdies hier gar keine Bekannten mehr. Mit Tante Anne, die mich vor einigen Tagen verließ, sind auch ein paar uns befreundete Damen nach München zurückgereist, und ich schließe mich an keine weiteren an. Auch Sie, Herr Oberst, sind gewiß gewohnt, um diese Stunde Ihren Spaziergang zu machen?" – „Ja, gnädiges Fräulein, ich glaube, daß jedem hier die Stunden sehr gleichmäßig durch die vorgeschriebene Kur verlaufen; und dabei kann es dann vorkommen, daß zwei Menschen dieselben Liebhabereien haben und sich damit in die Quere geraten, wie es zum Beispiel mir heut früh erging, als ich Ihr Waldplätzchen unwissentlich geraubt hatte." Alice erwiderte lachend: „Ich habe Ihnen aber noch zu danken, Herr Oberst, für Ihre Gefälligkeit, mir den Platz für meine Studien zu überlassen; Sie, als der früher Gekommene, haben mehr Anrecht darauf." Arras hatte unverwandt ihrer Stimme gelauscht; es lag ein Wohlklang und eine Ruhe darin, die auf ihn einen benehmenden Zauber ausübte; und die ihr eigene natürliche Einfachheit im Wesen fesselte ihn.

Sie waren an einen Kreuzweg gelangt, wo am Rande des Waldes, unter dem Madonnenbilde, eine Ruhebank stand. Auf diese schritten sie zu, um zu rasten.

„Wenn es erlaubt ist zu fragen," begann der Oberst, „aus welchem Antriebe, mein Fräulein, kamen *Sie* in die *deutsche* Kunststadt, wo Ihnen Paris so nahe lag?" – „Tante Anne Lorrain, die Schwester meines seligen Vaters, wollte ungern mit mir nach Paris gehen. So gingen wir vor drei Jahren, als ich das Institut verließ, nach Florenz und kamen vorigen Herbst, damit ich mich im Malen vervollkommne, nach München, wo wir im Norden der Stadt eine kleine behagliche Wohnung fanden." Arras konnte kaum erwarten, daß das junge Mädchen vollendete, und fiel ihr gleichsam ins Wort: „Lorrain, gnädiges Fräulein?! Verzeihung, Sie werden bald hören, warum ich frage; ich habe, offen gesagt, jetzt erst Ihren Namen richtig verstanden – sind Sie verwandt mit dem am 4. August 1870 unter General Douay bei Weißenburg *gefallenen* Capitain Lorrain vom 74ten Linienregiment?!" Er hatte stockend und fast ungeduldig und hastig gesprochen. „Es war mein Vater", antwortete Alice leise und senkte den Kopf. Wie dazu getrieben, erhob sich Arras rasch, ergriff ihre beiden Hände und küßte diese ehrerbietig; dann sprach er: „Hat es die Vorsehung so gewollt, daß ich Ihren Lebensweg durchkreuze! Oh, Fräulein Alice, dann sollen Sie auch alles aus meinem Munde erfahren: Wolle der Geist des Tapferen, der den Tod auf dem Felde der Ehre fand, nicht zürnen, daß sein Kind hier in *meiner* Nähe weilt! – denn *ich* bin es, der es zur Waise machte. Capitain Lorrain und ich sind uns in der tobenden Leidenschaft des Kampfes mit Feindesblicken begegnet – ich sah, wie er den Säbel über mir schwang, ich fühlte die Wucht seines Streiches, und fast schon fallend, stürzte ich mich, alle wütende Kraft zusammenraffend, blindlings auf ihn. Ich muß ihn *mitten* in die Brust getroffen haben – dann schwand mir das Bewußtsein. – Im Lazarett erfuhr ich durch meinen ebenfalls verwundeten Feldwebel den Namen dessen, der mich *kampfunfähig* gemacht und der durch meine Hand den Todesstreich empfing – den Namen Ihres Vaters." – Fast atemlos, in äußerster Erregung, hatte Arras gesprochen, die letzten Worte aber immer leiser und tief bewegt geflüstert. Alice schwieg, keines Wortes mächtig, und Tränen fielen auf ihre gefalteten Hände herab. So verharrte sie minutenlang, während Arras' ganzes Herz von Teilnahme erfüllt war, die in seinem auf sie gerichteten Blick zum Ausdruck kam. Tief aufseufzend schaute sie zu ihm auf und sagte mit leise bebender Stimme: „Herr Oberst, mir blieb der Trost, daß meines Vaters Wunsch, den Tod des tapferen Soldaten zu sterben, erfüllt ist." Arras rief tief ergriffen: „Und mir, Fräulein Alice, mischt sich in das Gefühl der unsäglichen Trauer um Ihren Schmerz das einer innigen Dankbarkeit für das Schicksal, das mich den Weg *seines* Kindes kreuzen ließ – denn es hat mich damit zu Ihrem treuesten Freunde ausersehen, der Ihnen mit Rat und Tat dienen möchte, wann immer Sie deren bedürfen." Alice reichte ihm ihre Hand und sagte mit Herzlichkeit: „Ich danke Ihnen, Herr Oberst." Er führte ihre Hand an seine Lippen. Darauf erhob sie sich; sie fühlte, daß sie einige Stunden des Alleinseins benötigte, in denen sie sich all das Neue des eben Erlebten noch einmal durch Sinn und Gemüt gehen lassen könne. Jetzt erst hatte sie über den Tod ihres geliebten Vaters Genaueres erfahren! Den Tod durch *ihn*! – Der Oberst erhob sich gleichzeitig. Sie gingen schweigend nebeneinander den Heimweg dahin.

Anderen Tages beim Morgenspaziergang begann Arras: „Fräulein Lorrain, ich hörte so gerne noch etwas über Ihre Kinderjahre und Ihr Elternhaus erzählt, wenn Sie einmal dazu geneigt wären?" Alice erwiderte rasch: „Oh, das tue ich mit Freuden, Herr Oberst, so gut, wie ich es noch erinnere." Hatte sie doch gesehen, wie schwer er daran trug, der Urheber ihres frühen Kummers gewesen zu sein. So erzählte sie, ihr Vater sei lothringischer Abstammung, ihre Mutter sei Französin gewesen. „Ich habe sie nicht gekannt; man sagte mir oft, sie sei schön gewesen; und das bestätigt ein Porträt, welches ich besitze. Mein Vater überließ die Pflege für mich, die ich bei meiner Geburt mutterlos wurde, der Tante Anne, seiner einzigen Schwester. Bei dieser wuchs ich heran, bis ich zur geistigen Ausbildung in ein Pensionat gebracht wurde. Solange ich bei der Tante war, kam mein Vater, sooft er konnte, von der nahen Garnison herüber, mich zu sehen. Jeder dieser Wiedersehenstage ist mir von meinem fünften Lebensjahre an unvergeßlich geblieben! Er wußte sich in mein Kinderherz hineinzufinden, sowohl durch Ernst und Strenge als durch zärtliche Liebe –" plötzlich brach Alice ab und senkte den Kopf, Tränen kamen ihr aufs neue. Arras legte sanft ihre Hand in seinen Arm und führte das junge Mädchen, ohne zu sprechen, bis sie nach wenigen Minuten kurz vor dem Gasthause anlangten. Dort ließ sie langsam ihren Arm fallen und dankte dem Obersten freundlich mit einem: „Auf Morgen, Herr von Arras!"

Die Sonne war hinter den Bergen versunken; nur einen purpurgoldenen Rest ihrer belebenden Strahlen sandte sie noch in die Herzen der beiden, die sich soeben trennten.

Als Alice allein war, fragte sie sich: „Wie hätte ich je glauben können, daß ich *den* nicht fliehen würde, der mich meines Vaters beraubte, auch wenn es in ehrlichem Kampfe geschah! Mir fehlt nicht nur die Kraft dazu, sondern mit aller Macht fühle ich mich zu diesem Manne hingezogen!"

Anderntags sah sie den Obersten nicht, bis sie um die verabredete Zeit hinunterging. Da traf sie ihn schon, sie erwartend, am Wege. Arras bemerkte, wie blaß sie war, trotzdem sie ihm mit heiterer Ruhe entgegenkam; und auch das junge Mädchen hatte, ihn flüchtig betrachtend, gesehen, daß die Trauer nicht ganz aus seinen Zügen gewichen war. Doch in hellem Glanz leuchtete die Frühsonne und ließ ihnen alles wieder in freundlicherem Licht erscheinen. Als das Ziel ihres Spazierganges bestimmt war, sagte Alice: „Wenn es Sie interessiert, Herr Oberst, erzähle ich zu Ende." Sie ließ ihm keine Zeit zur Antwort. Er blickte freudig überrascht auf, als sie anfing: „Im Institut zu Rouen bildete sich bei mir schon die Lust zur Malerei und der Wunsch, bald eine Malschule zu besuchen. Auf Rat meines Zeichenlehrers ging die Tante darauf mit mir auf drei Jahre nach Italien, um die berühmtesten Museen kennenzulernen, und dann kamen wir nach München, wo wir abgeschlossener leben als die meisten meiner Berufsgenossinnen. Zwei derselben, mit denen ich sympathisierte, haben leider kürzlich München wieder verlassen –" Dann berichtete sie, daß sie mit Tante Anne einigemal Theater und Konzerte besucht habe, doch sei dieselbe oft leidend und pflegebedürftig. Auf dem einzigen und ersten Maskenfest, das sie in Begleitung ihres Lehrers besuchte, habe sie die Bekanntschaft eines jungen Russen gemacht, der in höheren Semestern Medizin studiere und sie jetzt zuweilen besuche, da er sich für alles, was Kunst heißt, interessiere. „So sucht er mich auf, wenn ich bei der Arbeit bin; dann kommt Tante Anne dazu, und wir hören Kasanow erzählen. Er ist viel gereist und weiß von dem Gesehenen sehr lebhaft und anschaulich mitzuteilen." Sie brach plötzlich ab. Arras hatte bei dieser Erzählung kein Auge von ihr gewendet. Alice wunderte sich, daß sie nun, seit sie Arras kannte, plötzlich so frei und gleichmütig über den Russen sprechen konnte, während sie früher niemals, selbst nicht zur Tante, sich über ihn geäußert hatte. Und Arras legte noch mehr Gewicht auf diese Mitteilung, als sie erwartet hatte. Er schwieg, als sie geendet, schob heftig mit der Spitze seines Stockes zwei weglagernde schwarze Schnecken zur Seite und sagte, ruhiger geworden: „Ich danke Ihnen, Fräulein Alice. Und jetzt gestatten Sie mir, Ihnen eine knappe Skizze meines Lebens zu geben." Er erwähnte, daß er als jüngerer Lieutenant öfter die Garnisonen gewechselt habe, mehrere Jahre in seiner Vaterstadt Speyer gedient, später eine Münchnerin geheiratet habe und als höherer Offizier in München geblieben sei. Im Nordwesten der Stadt wohne er, und der geräumige dazugehörige Garten böte seinen drei Kindern, einem Knaben und zwei Mädchen, einen guten Tummelplatz. Sie ständen unter der Aufsicht einer älteren Erzieherin, die ihnen in mancher Hinsicht die Mutter ersetze: „Denn diese ist uns vor fünf Jahren durch den Tod genommen", sagte Arras langsamer. „Großes Glück währt selten lange – und solche Schicksalsschläge sind danach angetan, dem Betroffenen alle Hoffnung auf Glück zu nehmen." Alice schaute ihn an und bemerkte denselben Ausdruck in seinem Gesicht wie am ersten Tage – dann sah sie vor sich nieder. Nach einer Pause fragte sie nach Namen und Alter der Kinder. Arras fügte der Beantwortung eine Beschreibung der verschiedenen Charaktere der Kleinen hinzu.

Die Tage kamen und gingen; es wurden Wochen, in denen Oberst von Arras und Alice Lorrain sich so aneinanderschlossen, als wollten sie sich nie mehr trennen. Ernste und heitere Momente wechselten, auf weiteren Spaziergängen und Bergpartien, mit oder ohne größere Gesellschaft. Ging sie allein oder mit dem Obersten, so nahm sie oft ihr Skizzenbuch mit; sie lagerten dann auf sonnenbeschienenen Höhen, wo die liebliche Aussicht auf das Dorf, auf den kleinen waldumschlossenen See, auf die Felder mit den aufgestellten Korngarben, ferner auf die Kirche mit kleiner Kapelle sie zum Zeichnen anregte. Der Oberst hielt ihr den Schirm, sie gegen das blendende Sonnenlicht schützend, und blickte schweigend in die Landschaft.

An sehr warmen Tagen, wenn man nach Tische vorzog, im kühlen Musiksalon zu bleiben, setzte sich der Oberst wohl an den Flügel und spielte aus Chopins e-Moll-Konzert oder Präludien von demselben; ferner aus Beethovens Sonatenschatz; und mit Vorliebe interpretierte er Schumann. Alice blieb dann nicht lange einzige Zuhörerin, denn der schöne Vortrag des Obersten lockte bald jeden Musikfreund unter den Gästen herbei, und der Saal füllte sich mit leise Eintretenden. Da Arras aber ungern vor größerem Auditorium spielte, setzte er es meist nur noch so lange fort, bis sich ein passender Abschluß fand, und begab sich dann zu Alice an den Büchertisch. Er hatte einmal den Wunsch geäußert, das Rousseausche Buch, welches er anfangs bei ihr gesehen, zu lesen. Alice gab's ihm und sagte: „Es sind nur seine Gedichte, die mir die Tante schenkte. In diese besonders hat Rousseau echte Empfindung gelegt und die Natur wundervoll beschrieben." Auf ihre Bitte gab der Oberst ihr Marc Aurelius' „Selbstbetrachtungen". „Zu ernst für ein so junges Mädchen", sagte er. „Im Gegenteil, Herr von Arras, sogar viel Jüngere als ich müssen doch lernen, Selbstkritik zu üben." – „Ganz recht, aber lesen Sie nur nicht andauernd in diesem Buche – jeden Tag *eine* Seite; mehr auf einmal vermindert den Nutzen." –

Es kamen auch trübe, regnerische Stunden, wo der Oberst nach dem Bade auf seinem Zimmer bleiben mußte, zur Vermeidung der mehr rheumatisch gewordenen Schmerzen.

Dann sahen sie sich wenig, und dennoch, durch die gegenseitig fast beständig aufeinander gerichteten Gedanken waren sie sich geistig nahe.

Wer von den Badegästen dieses Paar oft miteinander sah, bemerkte wohl, daß [sie] am liebsten unter sich blieben; daß es aber ein reineres Verhältnis als dieses nicht geben konnte, davon war jeder ohne Ausnahme überzeugt durch ihr tadelloses Benehmen, auch wenn sie sich unbeobachtet glaubten.

Bei einem ihrer Spaziergänge ereignete es sich, daß sie – nach wolkenbruchartigem Regen, den sie in einer Meierhütte abgewartet hatten, den Heimweg antretend – an eine querüber völlig überwässerte Wegstelle kamen, vor welcher Alice wie ratlos und lachend stehenblieb. – Arras, ohne ein Wort, nahm sie, kurzentschlossen, hoch auf seinen linken Arm und trug sie bis hinüber auf das Trockne. Das geschah wie selbstverständlich – doch war das Mädchen so überrascht, daß sie, keines Wortes fähig, teils verlegen, teils etwas ungehalten, in die leuchtend untergehende Sonne blickte. „Welch herrliche Farben Frau Sonne uns zum Abschied spendet!" rief Arras und tat, als sähe er nicht, daß das Gesicht des jungen Mädchens mit tiefem Rot übergossen war. Er war berauscht von ihrer lieblichen Schönheit. –

Nach Ablauf der vierten Woche erhielt Alice von ihrer alten Dienerin ein eiliges Schreiben mit der Nachricht von einer Indisposition der Tante, die sich sehne, ihre Nichte wiederzusehen. Eine böse Ahnung trieb sie, sich sofort reisefertig zu machen. Sie teilte dem Obersten die Nachricht mit, worauf er ihr sein tiefstes Bedauern über die Veranlassung ihrer Abreise ausdrückte. – In der Frühe gab sie dem Zimmermädchen ein Kuvert mit der Adresse des Obersten und bat sie, es in seiner Abwesenheit auf sein Zimmer zu legen. An diesem Nachmittag begleitete Arras das junge Mädchen an die Bahnstation.

Er hatte für die Fahrt einen geräumigen Zweispänner gewählt, der ihr Gepäck barg, und hatte ihr gegenüber auf dem Rücksitz Platz genommen. Es wurde wenig gesprochen, denn jeder war mit Gedanken beschäftigt, deren Ernst sich auf den Gesichtern aussprach. Als dann alles zur Abfahrt bereit war und Alice ins Coupé stieg, reichte Arras ihr ein Feldblumensträußchen. Sie nahm es mit dankendem Blick und gab ihm, als der Zug sich bereits in Bewegung setzte, ihre Hand, ein fragendes „Auf Wiedersehen" rufend. – Lange schaute Arras dem Zuge nach: Oh, könnte er ihn doch aufhalten! Entführte er ihm nicht gewaltsam ein Stück seines Herzens?! *Jetzt* erkannte er, wie unbezwinglich er das Mädchen *liebte*! Nicht wie ein um fünfundzwanzig Jahre älterer Mann, nein, wie ein Jüngling, der zum *ersten* Male liebt! Und wiederum – liebte er in ihr nicht das Kind, dem er den Vater ersetzen möchte?! –

In das Hotel zurückgekehrt, fiel ihm sofort das große Kuvert auf, das auf seinem Tische lag. Er öffnete es, es enthielt eine Skizze: der Platz am Waldessaum, mit dem Bildstock, der Zeuge ihrer ersten, für beider Leben so bedeutsamen, Gespräche war. Darunter nur ihr Name. – Arras war es nun, als wollten ihn Freude und Rührung übermannen! Nein, er hatte ja Aussicht, sie in kurzer Zeit wiederzusehn und ihr zu danken. Er überdachte die ganze Zeit, die durch des lieben Mädchens Nähe ihm unvergeßlich geworden. Alle Plätze, an denen er mit ihr geweilt, besuchte er in der letzten Kurwoche nochmal; aber die ganze Natur schien ihm jetzt abzusterben; bemerkte er doch *nun* erst, wie kahl die abgemähten Felder dastanden und wie endeverheißend die mattfarbigen Herbstzeitlosen erschienen! – Auch Arras wollte heimreisen. Seine Kinder hatten schon wiederholt ihrer Sehnsucht Ausdruck gegeben.

Als der Oberst nach etwa vierzehn Tagen Alices Wohnung zum ersten Male betrat, um sie gleichzeitig nach dem Befinden des Fräuleins Anne Lorrain zu fragen, kam ihm die Dienerin sehr verstört und erregt entgegen – sie wolle den Herrn melden. Dann erschien das junge Mädchen, sichtlich blässer geworden, aber merklich erfreut, den Obersten wiederzusehen. Er erschrak über ihre schwarze Kleidung und erfuhr auf seine Frage von ihr den Verlauf der Krankheit ihrer Tante; ein Herzleiden, dem ihr Alter nicht länger hätte standhalten können – und wie sie nach vielen schlimmen Tagen und Nächten gestern vormittag entschlafen sei. –

Arras nahm sich der Beerdigungsangelegenheiten an und war dem jungen Mädchen beständig mit Rat zur Seite.

Auch Kasanow, der junge Russe, erschien, um seine Teilnahme zu bezeugen, begegnete bei der Gelegenheit dem Obersten und stellte sich ihm vor. –

Nach der Begräbnisfeier, als der kleine teilnehmende Kreis sowie der Geistliche der Trauernden auf ihre Bitte, sie allein zu lassen, ihr mit Trostesworten die Hand gereicht und aus dem Friedhofe gegangen waren, kniete Alice am Grabe nieder und ließ nun ihren Tränen freien Lauf. Ihrem seligen Vater gleich an herzlichster Liebe zu seinem Kinde, vertrat die Tante Anne Elternstelle bei demselben. Nun diese nicht mehr war, trat Alice der Gedanke an ihre Verlassenheit schwer entgegen; mit ihren 21 Jahren war sie noch zu sehr auf den erprobten Rat älterer Menschen angewiesen; sie fürchtete sich, so schutzlos dem Tyrannen, Welt genannt, Trotz zu bieten. –

Arras, um ihr einige Minuten der Andacht am eben geschlossenen Grabe nicht zu stören, war früher in die Kapelle eingetreten, ohne von Alice bemerkt zu sein; nun sah er sie sich erheben, trat langsam zu ihr hin, nahm ihre Hand und küßte sie tief ergriffen. Sie ließ ihm ihre Hand und hörte ihn sagen: „Teure Alice! Sie müssen seit dem Anfang unserer Bekanntschaft empfunden haben, wie innig ich Sie *liebe;* und ich weiß, daß ein Leben ohne Sie mir Tod bedeuten würde. Könnten Sie meine Liebe so weit erwidern, um mir Gattin und Freundin sein zu können, dann zöge das Glück wieder bei mir ein, und ich würde Ihnen mein Leben weihen als Gatte und wollte auch die Liebe Ihres *Vaters* Ihnen mit aller Herzenskraft ersetzen!" Alice schaute nicht auf – ihre Augen waren tränenschwer, und um ihre Mundwinkel zuckte es. Arras fuhr fort: „Geben Sie mir, ich bitte, heute noch keine Antwort, Fräulein Alice; ich werde mich gedulden, bis die Tage über Ihren ersten herben Schmerz vorübergegangen; und auch so lange, bis Sie sich ganz klar darüber geworden, welche Antwort Sie mir erteilen können und dürfen." –

Alice hatte noch immer den schönen Kopf gesenkt und ihm ihre Hand nicht entzogen. Als er geendet, schaute sie zu ihm auf, ohne ein Wort zu sagen; doch aus ihren noch tränenumflorten Augen drang ein Schimmer von Glück und neuer Lebenshoffnung. Das war ihre Antwort. –

Nach Ablauf zweier Tage tauschten Oberst von Arras und Alice Lorrain die Ringe, von denen jeder die Eingravierung trug: „Dein im Leben und im Tode". Darunter die Anfangsbuchstaben A. L. und M. v. A. Sie machten aus, daß diese Verbindung bis über die ersten Trauermonate ihr Geheimnis bleiben solle, so schwer es Alice auch fiel, Arras' Kindern noch nicht näher treten zu dürfen. – Drei Wochen vergingen. Es war nach Mitte Oktober – noch wußte außer dem Paare niemand als Alices alte Magd von der Verlobung –, da trat eines Vormittags Arras in das Atelier seiner Braut, um den Entwurf zu einem großen Gemälde zu besichtigen. Sie war unten durch einen Besuch aufgehalten und wollte ihm baldmöglichst folgen. Gleich anfangs fiel Arras eine schöne Kopie nach Raffaels „Madonna della tenda" auf, dann eine Gruppe Amoretten auf Goldgrund und verschiedne Studien und Skizzen. Dann betrachtete er die Porträts nach den Photographien der Eltern seiner Braut, die sie ihm schon am ersten Tage ihrer Verlobung unten in der Wohnung gezeigt hatte. Es war ein schönes, stattliches Paar. Arras war es, als erkenne er den energischen Zug im Antlitz des Toten wieder, und sprach leise: „Du, der Tapfersten einer, hast mich gewürdigt, dir den schönsten Tod des Soldaten zu geben! Wüßtest du, was mir das Leben noch bringen würde, und ließest es mir? Wie danke ich dir!" – Dann blieb er lange im Anschauen der neuen Komposition versunken: „Die Muse." Eine wunderschöne blühende Frauengestalt in wallendem Gewande, von Scharen geflügelter Kinder hoch über die Wolken getragen; eine Gruppe hält die Insignien der Malerei, andere die der Skulptur, der Architektur, wieder andre die Maske der Schauspielkunst; eine Gruppe Musizierender, davor ein Reigen tanzender Amoretten – und über allem, zu Häupten der Muse, erheben sich Poesie, ein frühlingsgleiches Mädchenbild, und Wissenschaft, eine sinnend niederschauende Figur, in den Händen Pergamentrolle und Stift – bei sich eng umschlungen haltend. Alice trat ein, und die Verlobten begrüßten sich herzlich; darauf sagte Arras: „Ich war im Geiste weit fort, *so* hatte ich mich in deine Idee vertieft! Du hast dir da eine gewaltige Aufgabe gestellt und die Sache großartig angelegt; über die Ausführung darf ich mir kein Urteil erlauben, weil ich darin durchaus inkompetent bin." – „Ja, die Ausführung! Ich fürchte oft, ihr nicht gewachsen zu sein. Trotzdem die Arbeit schon weit vorgeschritten scheint, fehlt an der Vollendung noch zuviel. Mein Können hält nicht Schritt mit meinem Wollen!" Noch ehe sie ausgesprochen, pochte es, und auf ihr „Herein" trat der junge Kasanow ein. Nach kurzer Begrüßung, die seitens des Obersten sehr steif ausfiel, begann der Russe, zur Französin gewendet, im Überschwange seines lebhaften Temperaments sich über das Bild zu äußern. Die Worte der Bewunderung entströmten seinem, übrigens aufrichtigen, Gefühl, so daß der Oberst unangenehm berührt wurde und sich schweigend verhielt. Alice gab sich höflich-liebenswürdig wie sonst. Es entging Kasanow aber nicht, daß seine Anwesenheit dem Obersten lästig sei. Auch empfand er die Überlegenheit im Benehmen des anderen, wurde wortkarg und empfahl sich bald darauf, nachdem er dem jungen Mädchen die Hand geküßt und sich gegen Arras, seinerseits kälter als vorhin, verneigt hatte. – Als nach einigen Tagen der Russe wieder im Atelier erschien, stand die Malerin in ihre Arbeit vertieft. Schon von der Türe aus machte er ihr das Zeichen der Aufforderung, ihren Platz nicht zu verlassen, er komme nicht zu stören. Das junge Mädchen hatte ihn freundlich begrüßt, dann arbeitete sie weiter, und Kasanow sah ihr zu. Heute war sein Auftreten sicherer und gemessener. Der Begegnung mit Arras erwähnte er während seines viertelstündigen Besuches mit keinem Worte. Als er auch beim nächsten Male, zu *anders* gewählter Zeit, den Obersten nicht dort traf, äußerte er zögernd die Befürchtung, den Herrn Obersten vertrieben zu haben, das würde er um so mehr bedauern, als er vermute, daß Frl. Lorrain den Herrn als *väterlichen* Freund *hochschätze* und seine Gesellschaft liebe. Alice erwiderte, ruhig lächelnd, daß der Oberst sie gewöhnlich *unten* in ihrer Wohnung aufsuche, doch käme er überhaupt nicht so oft, als Herr Kasanow vermutet habe, und seine Besuche seien ihr allerdings eine ganz besondere Freude. Kasanow verstand: er war also aus ihrem Interesse verdrängt, war aber keineswegs gesonnen, das ruhig hinzunehmen.

Nach einer Woche pochte er an die Ateliertüre, um das Fräulein zu einem Spaziergange aufzufordern, wie sie solche im letzten Frühjahre ein paarmal gemacht – aber alles blieb still. Die Türe war unverschlossen, er ging hinein. Alice hatte, in der Absicht, sofort zurückzukommen, sich hinunterbegeben, dort aber eine alte Freundin der Tante getroffen, von der sie in längere Unterhaltung gezogen wurde. Der Russe, ärgerlich, das Fräulein nicht zu treffen, wollte ihr Kommen einfach abwarten. Er betrachtete die umherliegenden Photographien und Mappen. Eine der letzteren, welche Alice bisher vor fremden Blicken ängstlich verborgen gehalten, lag heute, als ob noch kurz vorher darin geblättert sei, *offen* auf dem Diwan. Kasanow enthielt sich nicht, sie eingehend durchzusehen. Immer bestürzter wurde seine Miene, bis sie Spott und eifersüchtige Wut zeigte. Plötzlich, jeder besseren Eingebung trotzend und von wahnsinnigem Haßgefühl getrieben, nahm er einige der Aquarelle heraus, rollte sie hastig zusammen und schob sie in die Tasche. Darauf legte er die Mappen an dieselbe Stelle zurück und eilte hinaus. –

An einem Stammtische des Café Maximilian saß diesen Abend Kasanow mit einer Anzahl junger Leute, meist Studierende, welche den Russen hauptsächlich seiner allzeit hilfsbereiten Kasse halber hochschätzten, in besonders lebhafter Unterhaltung. Diese bezog sich auf etwas, das, in Zeitungen und illustrierten Blättern verborgen, umhergereicht wurde. Einige junge Kaufleute, welche bisher am selben Tische anwesend waren, blickten sich bedeutungsvoll an, worauf der älteste von ihnen sagte: „Ja, Pardon, meine Herren, im Torggelstüberl werden wir um neun Uhr zum Skat erwartet, Sie werden uns gütigst entschuldigen – guten Abend!" Nun flüsterte, witzelte und erstaunte man sich noch zwangloser! – Da, gegen neun Uhr, trat Oberst von Arras ein, ging auf einen Tisch zu, auf die andere Seite des Saales, einige bekannte Herren aufzusuchen, mit denen er eine Jagd verabreden wollte. Höflich grüßend ging er an Kasanow vorüber. Dieser fuhr sichtlich erschrocken auf, verstummte, und mit ihm schwiegen jetzt alle, die mit ihm saßen. Kurz darauf entfernte sich der Russe, allmählich gefolgt von seinen Tischgenossen. Auf dem Wege legte er ihnen unverbrüchliches Schweigen auf, war im übrigen aber einsilbig. Komme, was da mag, ich trage die Konsequenzen, dachte er bei sich. Aber Teufel noch mal! Es war doch ein dummer Streich! Und das alles wegen meiner verschmähten Liebe! Und um ihn, den Eindringling, zu kompromittieren. War ich denn etwa *betrunken*? Nein, *schlimmer* war's. – „Also auf morgen, Kasanow!" hörte er sagen, „heute ist doch nichts mehr mit Ihnen anzufangen!" – „Ja, gut Nacht, meine Herren, ich muß noch arbeiten!" Er war bei seiner Türe angelangt und entließ, gegen seine sonstige Gewohnheit, sofort die jungen Leute. – „Alle Wetter!" sagte der eine im Fortgehen, „wer möchte jetzt in seiner Haut stecken?!" – „Totschweigen wollen wir's", flüsterte ein anderer.

Oberst von Arras bemerkte, nach dem verlassenen Tische blickend, daß unter demselben ein kleines Carton lag. Er ging darauf zu und hob es auf. Todblaß, sich die Lippe beißend, verbarg er es im Rock. Darauf ging er, sichtbar mit seiner Aufregung kämpfend, zurück und las, um Aufsehen zu vermeiden, noch einige Augenblicke in den in- und ausländischen Blättern, ohne mehr als notwendig mit den Herren zu sprechen. Sein ungewohnt aufgeregtes Gebaren war indessen schon aufgefallen, und rücksichtsvoll erwiderte man seinen Gutenachtgruß, ohne ihn weiter anzureden. – Daheim angelangt, betrachtete Arras nochmals die Skizze, eine meisterhaft aus der Erinnerung hingeworfene Szene: Arras selber, der kraftvoll das junge Mädchen hoch über den überschwemmten Weg trägt, während sie ihre beiden Arme um seinen Nacken gelegt hat! Durch Hinzufügung von Datum und Nummer des Cartons wurde es ihm klar, daß Alice zum Andenken an ihre gemeinsamen Spaziergänge noch weitere Momente mit dem Stift festgehalten haben müsse. –

Als Kasanow andern Morgens seine Zigarette für den Gang zur Klinik angezündet hatte, pochte es, und herein trat der Oberst. Nach gegenseitiger steifer Begrüßung ging

Kasanow, erschreckt und von schlechtem Gewissen gepeinigt, einige Schritte ins Zimmer zurück, bot dem Obersten Platz an und begann: „Was verschafft mir die Ehre, Herr Oberst?" Arras blieb inmitten des Raumes stehen, zog langsam aus der Tasche des Überziehers das im Caféhause verlorne und unberufnen Augen ausgesetzte Bild hervor und sagte vollkommen ruhig, aber den Russen nicht aus den Augen lassend: „Herr Kasanow! Geben Sie mir vorerst die übrigen Cartons zurück und erklären mir dann, *wie* Sie in den Besitz dieser Bilder gelangt sind!" Der Russe war entsetzt und jetzt kreidebleich geworden. Er dachte bei sich: Wie konnte ich die erbärmliche Tat auch noch mit Ungeschicktheit zu Ende führen! und stampfte mit dem Fuß auf. Wütend auf sich selber, erwiderte er trotzig: „Ich bin nicht in der Lage, Herr Oberst, Ihrem Befehl ohne weiteres nachzukommen, solange ich nicht weiß, welches *Recht* Sie dazu ermächtigt." – Darauf Arras: „Und wäre ich nur der väterliche Freund des Fräuleins Lorrain, so läge mir dann schon die Pflicht ob, sie vor *Bubenstreichen* zu schützen! Nun aber sehe ich den Moment gekommen, Ihnen mitzuteilen, daß Fräulein Lorrain meine *Braut* ist!" – Kasanow stutzte – „und daß es, um die Ehre des jungen Mädchens zu wahren und die *mir* zugefügte Beleidigung auszumerzen, meine Aufgabe ist, von Ihnen *Genugtuung* zu fordern und Ihr offenes Geständnis, *auf welche Weise* Sie zu den Cartons gelangt sind!"

Kasanow war inzwischen rückwärts bis an seinen Schreibtisch gelangt. Mit der einen Hand eine Schublade öffnend, entnahm er rasch derselben einen Revolver. Arras hatte ihn im Auge behalten. Als sich Kasanow, nach einer Wendung, den Lauf an die Stirne führte, stürzte sich Arras auf ihn, packte ihn an den Schultern und entwand ihm die Waffe. „Elender Feigling!" rief er außer sich vor Zorn, „auf *die* Weise wollen Sie sich aus der Affäre ziehen!? Ist das die Art, die ruchlos angetastete Ehre einer Dame zu retten, indem Sie dadurch den Verdacht des Mordes auf *mich* lenken?"

Kasanow stand mit gesenktem Kopf und geballter Faust. Arras fuhr fort: „Geben Sie Erklärung ab – und Ihr Ehrenwort, daß Sie den Kampf Auge in Auge mit mir nicht schuldig bleiben wollen!" Hierauf übergab Kasanow dem Obersten die Cartons und sagte, während er seinem Gegner finster in die Augen sah: „Eine Aufklärung darüber, wie ich mich zu meiner Tat, die mir nachträglich unfaßlich erscheint, hinreißen ließ, werde ich *nur* Fräulein Lorrain selber versuchen zu geben, und zwar in einem Schreiben, welches – "

– „Welches durch *meine* Hände in die meiner Braut gehen wird!" vollendete Arras. Kasanow, nach kurzem Besinnen: „Nun wohl, Herr Oberst!", und während er einen Schritt vortrat, mit unverhohlenem Zornesausdruck: „Und mein *Ehrenwort*, daß ich Ihnen zur Verfügung stehe!" – In kurzen Worten wurde Zeit und Platz des Duells bestimmt; dann ging Arras, aufatmend und wie von einem Alp befreit, nach Hause. Nun schrieb er seinem ältesten Freunde, dem Major von Omtal, einen längeren Brief, in welchem er ihn u.a. ersuchte, für den Fall seines Todes *sofort* seine Braut zu benachrichtigen; früher solle sie nichts vom Zweikampf erfahren. Ferner erbat er von einem anderen langjährigen Bekannten den Sekundantendienst und ersuchte einen Arzt, zugegen zu sein. Nachmittags traf Kasanows Schreiben an Alice beim Obersten ein. Nach Durchsicht sprach er zu sich: Meine Geliebte! Wußte ich es doch, daß er dich hintergangen haben müsse! Ja, dein Ruf soll rein und makellos hervorgehen!

Den Abend verbrachte Arras mit einem langen Schreiben an seine Braut, welches er sogleich nach Beendigung zusammen mit dem Briefe Kasanows zur Post gab, und einem Briefe an seine Kinder und deren Erzieherin. Was konnte und durfte er den Kleinen anderes sagen, als daß er vielleicht für sehr lange Zeit verreisen müsse, und um ihre Herzchen und das seine nicht vor der Zeit zu sehr zu kränken, wolle er sie nicht mehr sehen, er *wisse*, daß sie nicht verlassen bleiben würden, und das erleichtere ihm den Abschied.

Dann legte er sich für eine Stunde Schlafes nieder.

Früh sechs Uhr ging Arras noch einmal fast geräuschlos an den Türen vorüber, hinter welchen seine geliebten Kinder, nichtsahnend, noch fest schliefen. Ein leises: „Gott befohlen!" und ein Moment seelischer Schwäche – dann ging er festen Schrittes hinaus in den kühlen Herbstmorgen.

Am Droschkenstand erwarteten den Obersten bereits die drei Herren, und nach kurzer Begrüßung stiegen der Oberst und seine Begleiter rasch in zwei Wagen. Im Dahinfahren gab sich Arras Gedanken hin, die der ganzen trüben Landschaft entsprachen. Es rieselte fein und kalt herab. Die alte Cathérine hatte, als die Wagen in so früher Stunde ungewöhnlich rasch vorüberfuhren und aus dem einen der Oberst zu Alices Fenstern heraufgeschaut, dies voller Erstaunen ihrem Fräulein mitgeteilt. Diese hatte gestutzt, denn schon tags zuvor hatte sie ihren Verlobten vergeblich erwartet – doch besann sie sich darauf, daß die Herren ihn sicher zu den für diese Tage verabredeten Jagden aufgefordert haben werden; sie wolle heute zu seinen Kindern gehen, um sich dort bestimmte Nachricht zu holen, wenn er ihr inzwischen nicht geschrieben habe. Nach einer Stunde traf ein Schreiben ein! –

Auf dem Platze waren Kasanow, dessen Sekundanten und Arzt schon anwesend, als Oberst von Arras mit den Herren eintraf. Die Vorbereitungen waren möglichst rasch getroffen und die Distanz gemessen. Währenddessen durchzogen Arras' Geist im Fluge Vergangenheit und Gegenwart. Vor sein inneres Auge traten seine Kinder, die geliebte Tote, seine Soldatenzeit – der Krieg – er sah den Capitain Lorrain fallen, das brechende Auge auf seinen Besieger gerichtet! – dann weilte er bei Alice – da belebte ein glücklicher Ausdruck seine Züge – nun hörte er zählen! Er hob mechanisch, und wie geistesabwesend auf seinen Gegner starrend, die Waffe – Schüsse fielen – – –

Aus einer linksseitigen Wunde blutend, sank Arras lautlos in die Knie und dann zur Seite auf den Boden. Die Ärzte eilten hinzu – *ein* Blick genügte, ihnen den tiefsten Ernst auf die Mienen zu prägen. Der Bote wurde zu der Braut entsandt. Kasanow, nur leicht am linken Arm verletzt, stand wie erstarrt! In seinen Augen lag Entsetzen – solchen Ausgang hatte er schon heute nicht mehr gewünscht!? Oder verrauchte der Haß erst mit dem Sieg?! Der Groll war ausgelöscht. Sobald er gesehen, wie tödlich er getroffen hatte, wies er seinen Arzt mit stummer Handbewegung von sich fort zum Obersten hinüber und verfiel in ein krampfartiges

Schluchzen, das seine Umgebung zwang, ihn schonend fortzuführen. Als dem Obersten der Verband angelegt war, fuhr in rasendem Lauf ein Wagen daher. Kaum hielt derselbe, als ihm atemlos, todesbleich die Braut entstieg. Laut aufschluchzend eilte sie auf den Schreckensplatz, warf sich über den Sterbenden, aus dessen Körper leise, fast unmerklich, die Seele schwand. Leidenschaftlich rief sie immer wieder seinen Namen in gedämpftem Halblaut und beschwor ihn, sie nicht zu verlassen! Da schlug Arras die Augen auf, und sie weiteten sich, wie um das Bild der Heißgeliebten in die Ewigkeit hinüberzunehmen. Abgebrochen und tonlos entrangen sich seine letzten Worte: „Meine Braut! Mein Kind! Den Vater wollte ich dir ersetzen – Alice! Wo sind deine wunderschönen Augen? – Weine nicht – ach, meine Kinder! – Bringe ihnen letzte – – – " Er verfiel in Bewußtlosigkeit, und nach wenigen heftigen Zuckungen hatte der Oberst von Arras den letzten Atemzug getan. Seine Braut hielt fest in ihren Händen die seinigen; schloß sanft seine beiden Augen, die, ach, so oft, ihr Liebe gesprochen und den letzten Blick, bevor sie brachen, auf sie geheftet hatten; und berührte mit den Lippen seine erkaltende Stirne. Dann erhob sie sich in völliger Fassung; ein fester Entschluß war in ihr gereift und prägte sich nun ihren Zügen ein. Während man sich jetzt um den Gefallnen scharte, um ihn vom Platze zu tragen, trat der alte Vertraute des Obersten, einer der Sekundanten, zu Alice, bot ihr den Arm, um sie an den Wagen zu geleiten, und versprach ihr, für alles Weitere ihrem Wunsche gemäß Sorge tragen zu wollen. Da wendete sie noch einmal das Haupt zum Toten hinüber und flüsterte: „Jetzt gehöre ich deinen Kindern!"

Durch Vermittlung des Herrn von Omtal trug sie nun den Namen des Geliebten und ging fortan auf Wegen des Glücks, das sie in dem Bewußtsein fand, den verlassenen Kindern die treueste Mutter zu sein.

Sonne draussen
und drinnen

1900, in Garmisch, wo ich mit Vicco acht Tage weilte, auf dem Wege nach dem Eibsee, vom oberen Sitz des Postwagens, beim Halten an der Poststation, in mich aufgenommen.

Unser Postomnibus macht vor dem kleinen Amtsgebäude halt. Er erwartet den von entgegengesetzter Seite kommenden Wagen und ladet Sendungen aus und ein, was etwa zwanzig Minuten dauert.

Nach hoffnungslos langem Regen ist's der erste warmsonnige Tag. – Aus dem Tore des gegenüberliegenden Gottesackers tritt ein alter Mann heraus, gebrechlichen Schrittes, aber munter und hellaugig zu unserem Wagen herüberlugend. Er ist der Totengräber. Seine Gewohnheit ist, auf dem Friedhofe sein Morgenpfeifchen zu rauchen, während er sich umschaut, ob man irgendwo sein neues Werk zerstört habe. Ist der Schaden ausgebessert und etwa noch, ein Vaterunser murmelnd, ein frisches Grab gegraben, dann ist seine Arbeit getan, und heute ist sie ihm offenbar leicht geworden. – Ihm nach aus der Pforte jagt ein fröhlicher weißer Spitz, alles anbellend, was ihm begegnet; diesmal sind es zwei Knaben, scheinbar Sommerfrischler, die mit Pfeil und Bogen in den Friedhof laufen, über die Hügel springen, die Pfeile abschnellend und sie wieder suchend. Sie beabsichtigen, skrupellos, und da niemand zur Abwehr vorhanden, sich hinter den Gräbern zu verschanzen, um auf die Weise dem Kampfe mehr Charakter zu geben; doch treten sie bald enttäuscht wieder heraus und rufen: „Ne, zum Kriegspielen sind sie nicht hoch genug; *zwei übereinander* wär grade recht!" –

Ein kleines Pärchen springt daher; das Madel etwa neun

105

Jahre alt, der Bub wohl sechs. Sie sagt: „Geh, Franzl, i mecht e bissel auf d' Leit in dera Post schaugn; geh, giaß *du* d' Bleamerln auf 'm Vatta sei'm Grab; gell, aba sag's net der Muatter! I geb d'r a Guatsl!" – „J-ja, Kuni, dees tu i scho, aba d' Guatsln, wann s' mer net giabst, nah wart!", und fürchterlich mit dem Finger drohend, geht Franzl, „Wer will unter die Soldaten" auf der Gießkanne blasend, durchs Tor, um Vattas Grab zu suchen. –

Auch zwei Berliner Schuljören kommen eiligen Schrittes; Grete schaut in den Friedhof und macht voll Freude einen kleinen Sprung: „Hör doch, Fritze, *hier* jeht's ja!" Hier können wir mal Theseus und Ariadne spielen, wie Wilhelm es in seinem Aufsatz jeschrieben hat, nich? In unserm Jarten war's nischt!" Ruft's und ist schon bei der Arbeit. Als Fritz sich orientiert, ruft er enthusiastisch: „O ja, man zu, Grete, hier jeht's fein!" „Sieh", sagt Grete, „ich halte 's Bindfadenknäul von meinem Drachen hier am Ausgange fest; du jehst ins Labyrinth und wickelst im Weiterjehn den Faden immer länger ab; und da janz oben bei der Statue, siehste? Da tust de so, als ob du ihr den Kopp abhautest, nich? Das is denn det Unjeheuer, weißt de? Das bewußte, Jott, wie hat 's Jespinst man noch jehießen?" Aber Fritz war bereits voller Tatkraft im „Labyrinth" verschwunden.

Da bog um die Straßenecke der Ministrant mit Weihrauchfaß und Wedel, und hinter ihm der Vikar. Beide wurden Gretens und ihres Treibens gewahr, und es schien, als ob jetzt Wedel und Kessel noch eifriger geschwungen wurden; und als ob der Geistliche sich eines Lächelns nicht erwehren könne. Grete hatte immer in den Friedhof hinein Fritzen nachgeschaut und rief noch: „Theseus! Theseus! Denk an dein Versprechen, und hau nur zu!", als sie plötzlich bemerkte, daß sie ganz in Weihrauch gehüllt und ihre Wangen besprengt waren; denn die Geistlichkeit war auffallend nahe an ihr vorüber in den Gottesacker getreten. Einen erschreckten *leisen* Ruf ließ Ariadne noch an Theseus ergehen, ließ die Garnrolle, welche sie mit ihrem Helden verband, fallen und ging, rot vor Zorn und Beschämung, ihres Weges, indem sie sich das Gesicht, energisch reibend, trocknete. „So was Freches!" sagte sie plötzlich, ihrem Ärger

Luft machend, als sie an unserem Wagen vorüberging. Gleich darauf aber stimmte sie in unser Lachen ein. Wie „Theseus'" Heldenmut angesichts des Christentums bestanden hat, erfuhren wir aus seiner verstörten Miene; er hatte augenscheinlich mit voller Berechtigung die schwarze Flagge aufgesteckt. „Na!" sagte eine der mitfahrenden Damen zum Kutscher, „auf eurem Kirchhof geht's ja recht heiter zu!" – „Gell'n S' ja, mei, Madam, i moan halt, wenn mer ocht Schuach tief drunten liagt, hat mer a so sei Ruah, meina S' net aa? Do wacht ma nimma aaf, dös war g'föhlt! Und nacha schaugn S', Kinder san Kinder, un d' Sunn lacht heit zu allin!" Während dieser milden Rede beobachteten mein Nachbar und ich stillschweigend, wie ein junges Mädchen, in tiefe Trauer gekleidet, mit rotgeweinten Augenlidern, beständig vor sich niederblickend, auf den Friedhof zugeht und kurz vor dem Eingange dem zurückkehrenden jungen Geistlichen begegnet. Dieser bemerkt sie gerade, als sie ihre schönen traurigen Augen aufschlägt und ihm ruhig in die seinen schaut, während sie ihm die übliche Reverenz macht. Ein Moment nur, dann senken sich beider Blicke; sie weichen einander mit merklicher Hast aus und beschleunigen ihre Schritte. Er faßt mit leisem Ruck sein heiliges Buch fester und bewegt die Lippen. Sie aber wendet, an der Pforte angelangt, das Köpfchen halb herum, nach ihm – der wieder still und besonnen seinen Weg durch Weihrauchdunst dahinwallt. – Wir schauten uns an, mein Nachbar und ich; seinem Gesichtsausdruck nach hatte ihn das gleiche Mitleid erfaßt wie mich. – Sobald der Geistliche um die Ecke der Friedhofsmauer verschwunden war, setzte unser alter Wagenlenker sein Horn an den Mund und trug sein schönstes Stück vor: „Aaf der O-lm, do giabt's koa Sind!" Und von den Bergen her hallte die bestätigende Antwort in lang hinziehender Wiederholung. Unter fröhlichem Wiehern unserer Gäule begann von neuem die Fahrt, und die Sonne leuchtete über Seen und Berge in unsere Stimmung hinein.

Der fahrende Sänger

Prolog

Mein Freund Monescu trägt mir aus verschiedenen Gründen auf, in flüchtigen Umrissen seine Geschichte zu erzählen. „Versuche aber nicht", schreibt er, „in Deiner wohlwollenden Gesinnung mich zu entschuldigen und meinen Leichtsinn zu beschönigen; denn mir liegt daran, daß der kleine *von Harems* sich rechtzeitig an den Kopf schlägt und kehrtmacht. Ob ich einmal wieder zu Euch komme, fragst Du; ja, hat denn unsres ‚Thersites'' Lästerzunge keine Nahrung mehr? Nein, Scherz beiseite, lieber Kamerad, das wäre mir unmöglich – ich lebe *hier* leidlich zufrieden im Lichte meines neuen Daseins und habe mir vom alten Leben auf Eurem Kontinent nur den Trost herübergerettet, mit Dir, meinem ersten und letzten dortigen Freunde, in geistigem Konnex zu bleiben. Man kennt hier meinen Namen nicht. Auf der Police würde ich einfach ‚Darnom' heißen, wenn es hier Sitte wäre, sich anzumelden; und an meiner Türe steht, wie ich Dir schon angab: Der fahrende Sänger."

Eine Anekdote, anspruchslos erzählt

1

Baron Monrad von Monescu war einziger Sohn eines reichen rumänischen Gutsbesitzers, der nebenher mehrere große Landgüter besaß. Monrad hatte nicht nur, wie auch sein Vater zugab, eine sympathische Stimme – sondern man übertrieb nicht, wenn man, seiner reichen stimmlichen Be-

gabung halber, ihm eine glänzende Künstlerlaufbahn pro-
phezeite. Was konnte ihm das aber nützen, da seit dem
Tode der Mutter ihm die Fürbitterin fehlte – er mußte dem
väterlichen Wunsch nachkommen und in den Dienst der
österreichischen Armee treten, so schwer es ihm auch wurde, seiner Lieblingsneigung zu entsagen. Mit seinem herrlichen Tenor erntete er also nur gelegentlich privater Festlichkeiten und in weiteren Offizierskreisen, in denen er ein
Liebling war, laute und aufrichtige Bewunderung. Es hätte mancher Theaterdirektor viel darum gegeben, solchen
Wagner-Interpret vorführen zu dürfen.

Monrad ermangelte nicht der tadellosesten Haltung gegenüber seinen Vorgesetzten, aber es fehlten ihm Lust und
Freudigkeit und daher der rechte Eifer zu seinem ihm *auf-
erlegten* Berufe. Ein ganz andrer Mensch war er, sobald er
den Mund öffnete zum Vortrag des Meisterliedes oder
des Tannhäuserliedes an die Venus; und wenn er, alles
um sich her vergessend, Siegmunds „Vereint sind Liebe
und Lenz!" den entzückten Hörern entgegengejubelt, dann
konnte man bemerken, wie er, gleichsam aus seiner Sphäre zurückgekehrt, einen enttäuschten Blick über seine Uni-
form gleiten ließ. Auch der betäubendste Beifall konnte ihm
die Melancholie nicht nehmen, die dann in seinen Zügen
lag. – Monrad war bereits sechs Jahre Unterlieutenant.
Und *wie* war er ins *Spiel* hineingeraten? Als Knabe hatte
er niemals eine Karte berührt, und er ergriff sie noch als
Jüngling mit Gleichmut. Sowenig ihn damals Verlust wie
Gewinnst anfocht, so trieb ihn *nun* eine Art von Trotz dazu, das Glück erzwingen zu wollen, bis das Spiel zur Leidenschaft wurde! –

Und die Liebe? Er nahm, wenn auch oft zu Unrecht, ihren
Enthusiasmus und ihre Gunstbezeigungen als etwas Vor-
übergehendes entgegen; ein verwöhnter Liebling, wie Monrad war, neigte er bald hier-, bald dorthin. Seine Leidenschaft für das Spiel, welches ohnehin seine dienstfreie Zeit
fast ausfüllte, ließ ihn die Liebe nicht so ernst nehmen, als
sie oft von ihm genommen werden wollte. Liebte ihn ein lie-
benswürdiges Wesen, so nahm er es auf wie einen reifen
Pfirsich, der ihm vor die Füße fällt und den er fraglos ver-

zehrt, den *Kern* fortwerfend, weil er mit ihm nichts anzufangen weiß.

Monrad hat den Oberlieutenant angezogen, ohne viel Wesens davon zu machen. Seine Börse hielt die Waage bislang beständig im Gleichgewicht zwischen leer und voll; denn der Vater hatte ihm, unter Hinweis auf sein großes Vermögen, alle möglichen Freiheiten gestattet, als Monrad damals schweren Herzens dem väterlichen Wunsche nachkam. Nun aber hatte der Herr Baron seit Jahren schlechte Ernten verzeichnet, die er dem Sohne aus verschiednen Ursachen – unter denen die, daß er seiner musikalischen großen Begabung keine Beachtung gezollt hatte – verschwieg. So kam es, daß Monrads immer zügelloser werdende Lebensweise die Freigebigkeit des Vaters schließlich zu stark angriff und dessen Unwillen erregte, in einer Weise, die Monrad so neu war, daß sie ihm nur als Altersmarotte erschien. –

Als sein jüdischer Gläubiger abermals eines Tages dem Herrn Vater den Spielschuldschein von nahezu 200 000 fl. präsentierte, geriet derselbe dermaßen in Wut, daß er nun zum *aller*letzten Male die Schuld seines Sohnes beglich und sich kurzerhand öffentlich von ihm lossagte. Weder des jungen Mannes briefliche Bitte, ihm *diesmal* noch zu verzeihen, noch seine Versuche, den Vater zu sehen, brachten ihm Erfolg. Mittellos geworden, mußte Monrad den Dienst quittieren. Er setzte noch Hoffnung auf seine Stimme, aber bei Prüfung derselben fand man, daß sie an Frische *stark* eingebüßt habe, und konnte ihm keine glänzende Zukunft mehr garantieren, zumal es ihm nun unmöglich war , aus eignen Mitteln sich gesanglich ausbilden zu lassen.

Nun war Krieg in Sicht zwischen England und Transvaal. Er sympathisierte mit ersterem, da seine geliebte Mutter Engländerin gewesen war – und so schiffte er sich nach Afrika ein. – Ein neues Leben sollte beginnen – wenn auch vielleicht nur, um es bald auf ehrenvolle Weise ganz zu verlieren; denn ein verzweifelter Kämpfer wollte Monrad sein! – Als man ihn bald darauf, am Tage nach der Schlacht am Tugela, mit zerschoßnem Bein und fast verdurstet auffand, wußten die Kampfgenossen von seiner todesverachtenden Kaltblütigkeit im Vordringen gegen den Feind zu berichten. Zwei Monate lang lag er im Lazarett; dann kam er, als kampfunfähig entlassen, nach London.

2

In Southwark vegetierte in einer der zahllosen Fabriken kurze Zeit als Handlanger ein in den besten Jahren stehender Mann. Er zog mühselig seinen Holzfuß nach, im hübschen Gesicht den melancholischen Zug, aber immer singend, sooft man ihn sah. Man litt den armen Fremden gern; und wenn man ihn wegen seines nicht ganz dialektfreien, aber fließenden Englisch und seiner distinguierten Erscheinung halber erstaunt nach seiner Herkunft fragte, antwortete er lächelnd nur: „Oh, man kann einziger Sohn eines *reichen* Vaters sein und doch Schulden machen, die einem Enterbung eintragen."
– Wenn er nicht arbeitete, ersang er sich täglich wohl an zwei Schilling. Er zog anfangs mit einer wertlosen Geige umher, die er von seinem Invalidensold erstand und auf der er seinen Gesang notdürftig begleitete; dann folgte eine Zither, dann eine Harfe und dazu ein Hocker, der ihm zum Ausrasten diente. Kleine Mädchen brachten ihm Suppe und anderes für den Magen und schauten dem *armen* Musikanten traurig zu; *große* Mädchen kamen mit Blumen und schauten dem *hübschen* Sänger verliebt in die Augen. „Wenn er singt, ist er am schönsten!" meinten sie untereinander.

Ja, der Fremde findet viel Sympathie. Mit dem tiefen Ernst, der nur flüchtig einem etwas herben Lächeln Platz macht, gewinnt er aller Teilnahme. – So fand ihn der Besitzer eines großen Südfruchtgeschäftes. Von diesem wurde er für die Hälfte des täglichen Reingewinnes gedungen, in den Straßen von Southwark und Eastend, auf den abseits liegenden Steigen für Handwägen, einen hübschen, mit allen erdenklichen exotischen Früchten beladenen Karren zu schieben und *singend* die Waren feilzubieten, dabei nur seine *ihm* gefälligen Stücke zu wählen. Hätte man von ihm verlangt, er solle *ausrufen*, so wäre er wirklich beleidigt gewesen. *Dies* Anerbieten aber nahm er, dem Reste seiner noch immer wunderbaren Stimme zulieb, an. Und sein Brotherr hatte sich nicht verrechnet, denn der invalide Tenorist trug ihm täglich mindestens 3 Pfd. Sterl. heim. Er geht in stolzer Haltung, gut gekleidet, mit dem blasiert weltmännischen Ausdruck in den hübschen Zügen, begleitet von einer Schar zuhörender Kinder, junger Mädchen, Frauen und Männer. Mühselig seinen Holzfuß schleppend, schiebt er den fruchtbeladenen blattgrünen Tabulettwagen und singt – und singt. Selten sind es heitere Stücke, sie stehen ihm schlecht, das weiß er; er ist auf Weisen melancholischer Art, wie rumänische, ungarische, russische, italienische und deutsche Volkslieder, gestimmt. An *andere* Musik rührt er nicht mehr, trotzdem er sie schwerer entbehrt als den amputierten Fuß! Es hat ein Impresario ihn einmal aufgefordert, „trotzdem" er Invalide sei, seiner schönen volkstümlichen Vorträge halber, mit ihm auf Gastspielreisen zu gehen; man stelle ihm die Mittel zur Verfügung, ein Jahr lang seine Stimme möglichst tadellos bilden zu lassen. Der Sänger entgegnete: Nicht „trotzdem", sondern *weil* „der arme Sänger" ein Krüppel sei und über seiner Vergangenheit ein geheimnisvoller Schleier läge, wolle man, um namentlich sich *selber* damit zu bereichern, ihn sich produzieren lassen; er zöge aber vor, sein eigener Herr zu bleiben und „zu singen, wie der Vogel singt", ungelehrt, wie Natur es ihm gab.

Von Bitterkeit, wie sie in dieser Antwort liegt, ist jetzt ein Wesensteil dieses Mannes durchsetzt. Er selber sagt in einem Briefe an mich: „Den einen *knickt* das Unglück, den anderen aber *härtet* es, wenn er es auch teils selbst verschuldete." – Man nennt ihn, einige im Ernst, andre scherzend: „Der *fahrende* Sänger." Die Käufer kommen heran, er gibt ihnen das Gewünschte; sie legen den Betrag in die kupferne Schale, und er singt weiter, mit wundervollem Tonansatz, an- und abschwellend, trillernd, variierend. Vorüberfahrende Kutschen halten an, um dem „fahrenden Sänger" zu lauschen; und aus Damenhand empfängt er nicht selten vom Wagenschlag aus namhafte Geldgeschenke, die ihm neuerdings dazu verhalfen, seinem Chef den Karren abzukaufen und sich selbständig zu machen. –

Er läßt von seiner ihm liebgewordenen Tätigkeit nicht ab, wenn er auch allen *kleineren* Händlern seiner Art ausweicht, um ihnen den Erwerb nicht zu stören. Er hat ja längst genug – nur vom Singen nicht, denn er meint lächelnd, daß er noch viel „Versäumtes" nachzuholen habe, andernfalls er sich an der Natur versündige, die ihn so reich beschenkte.

(1901 fiel mir dies ein, als ich in der Herzogstr. einen Mann mit schönem singenden Ton etwas ausrufen hörte.)

Musik

(Anfang Augusts 1889 im Musikzimmer des „Quellenhof" zu Ragaz)

Aufrecht, an den großen Konzertflügel gelehnt, steht der junge Abbé, dessen Kopf mit dem streng geschnittenen Profil auffällt, versunken in die Tonwellen, den warmen Blick auf die Spielerin geheftet. Es ist sein Zögling, dessen Wiedergabe des e-Moll-Konzertes von Chopin die ganze Seele des Komponisten atmet. Ein Mädchen von elf Jahren, mit frei hängendem, hellblondem Haar, tiefblauen Augen und zarten Wangen, ist es, welches nicht nur mit unglaublicher Fertigkeit den Flügel meistert, sondern die lauschende Versammlung durch die suggestive Auffassung dieser Musik, durch die Tiefe und Reife des Gefühles, bewegt. Wir erleben ein Wunder, das uns überwältigt und manchem der Anwesenden das Auge feuchtet. Hinreißend ertönen die melodischen Motive, in jeder neuen Tonart wieder neu ergreifend. Aus dem Gedächtnis spielend, flicht das Kind auch die Orchesterpartie ein, wie diese im Klavierauszug angegeben ist; ihr Empfinden läßt das Abgerissene, Unvollständige nicht zu. Sie vertieft sich immer mehr, und immer durchgeistigter blicken ihre Augen mit wechselndem Ausdruck über den Flügel hinweg, an dem jungen Geistlichen vorüber, ins Leben – dort schaut ihr Geist.

Wir können uns der Gedanken nicht erwehren: Was wird aus diesem Kinde? Wird dieser zarte Körper gleichen Schritt halten mit seinem führenden Genius? Oder zieht hier ein Überirdisches nur allzu flüchtig an uns vorüber?! – Und der junge Erzieher?! Gleich dem kleinen Mädchen flößt er unbedingte Sympathie ein und erregt tiefstes Interesse aller, die ihn beobachten und verstehen. Verhehlt er doch nicht, daß er dies wundervolle Geschöpf *liebt*; doch schwelgt er bei seinem Anblick in Höherem, verehrt die Gottheit in ihm, ist lautere Andacht.

Der herrliche, parkartige Garten, welcher an den Salon grenzt, die anmutigen Mädchen und Frauen, die den Saal, durch diese Musik angezogen, allmählich gefüllt haben; die große elegante Gesellschaft entzückter Hörer – diese äußere Welt entreißt ihn nicht derjenigen, die sich da vor seinem Inneren auftut. Das unter dem schwarzen Haar kontrastierend blaß hervortretende ernste Antlitz gewinnt an Milde; das dunkle Auge ruht, gleichsam losgelöst vom Irdischen, in dem des Kindes, und beider Sinne schweifen fernab.

Dann geschieht, was auf aller Mienen freudige Überraschung prägt: Die Kleine hört aus der Tiefe des Gartens her ihren Namen, den eine Gespielin ruft; da eilt sie, wie verwandelt, mit dem Spiel zu dem C-Dur-Akkord, wo das Orchester den Schluß des ersten Teiles einzusetzen hat, und zum Erzieher gewendet, lachend und bittend die Händchen aneinanderlegend, verläßt sie, ehe er sich besinnt, den Flügel, und an allen vorüber springt sie mit den halbbekleideten Beinchen in den Garten zu einer Schar von Kindern verschiedensten Alters. Sichtlich schwer fällt es dem jungen Abbé, ihr nicht zu folgen; er streicht sich, wie erwachend, das Haar aus der Stirn und tritt langsam an den Tisch, an welchem „Monsieur et Madame", die Eltern seines Zöglings, sitzen; der Herr mit Zeitungslektüre, die Frau mit feiner Handarbeit beschäftigt. Fragen einiger Zuhörer, ob das Kind künstlerisch ausgebildet werden solle, verneinen sie mit abwehrender Handbewegung: „Warum? Wer garantiert uns, daß in dem Falle sie und die Musik dieselben blieben?! Ihr eigener Musiklehrer rät davon ab; abgesehen davon, daß ihre zarte Konstitution den Anstrengungen, die das Konservatorium erfordert, nicht gewachsen wäre, würde es auch schade um ihre *Persönlichkeit* sein." Der Blick des jungen Geistlichen leuchtete dankbar auf, und der Gedanke aller war der: diesem wundervollen Wesen wird also die Kindheit nicht vor der Zeit verlorengehen; sie darf, ohne künstlerischen Zwang, leicht und unbewußt, ihrem Genius folgen, wie er es ihr eingibt, ihrem warmem Empfinden; dann wird sie jeden bezaubern, der ihr zuhören und das Wunderbare miterleben darf; ihr Inneres und Äußeres wird wachsen, ihre Musik in Harmonie mit der Seele gedeihen und noch größer werden. Dann kommt vielleicht die Zeit, wo sie sich von ihrem Erzieher, den auch sie dankbar liebgewonnen, trennen muß und sich zwei Welten in die beiden Menschenkinder teilen. Es werden ihr die Augen darüber aufgehen, daß er nicht nur ihren Geist und ihre Schritte förderte, sondern auch ihre Seele bewachte. Denn er betet „den Gott in ihr" an und ringt in heißen Gebeten um ihr Heil. Er wird in ihrer Welt nicht bleiben, sondern das liebliche Bild dieses höchst begnadeten Kindes mit hinüber nehmen in das Leben zwischen Klostermauern. Er hält es fest, es bleibt ihm ungetrübt, und er glaubt an seine Unwandelbarkeit. Aus dem Rahmen seines Zellenfensters sendet er viel Segen in die vorige Welt, die ihm einst das gab, was ihn festigte und reif machte.

Kleine Bilder
mitten im Getriebe

Wie zwei kräftige schöne junge Gäule, vor einen Geschäftswagen gespannt, an einer dampfenden Straßenwalze nicht vorüber wollen; sie bäumen auf, sie schnauben, ihre lange krause Mähne fliegt, die Hufe dröhnen auf dem Pflaster; es ist etwas Überwältigendes, was ihnen da begegnet, sie müssen von ihrem Führer am Zaum vorübergeleitet werden an dem schwarzen rauchenden Ungetüm, bis es ihren Augen entrückt ist. Darauf legt das eine der beiden prustenden aufgeregten Tiere, nur für einen Moment, seinen Kopf auf den Hals seines Gefährten – als hätte es ihm zugeflüstert: „Wir armen Gefesselten! Aber beruhigen wir uns, auch diesmal ging es noch gut." –

An mir vorüber gehen in sieghaften Schritten zwei etwa sechzehn- oder siebzehnjährige Mädchen, in eifriger lauter Unterhaltung, von der die Passanten profitieren: „Ja, wia *der* in mi *verliabt* is, dees kon i der goar nit sogn!" Und andere junge Leute standen und schauten lange dem Gegenstande „*seiner* Verliabtheit" nach! –

Du lieber kleiner Spatz, du! Einen ellenlangen Strohhalm hast du erwischt? Was nun damit?! Er schaut mich mit einem Auge vorsichtig an, ob ich nicht bald weitergehen möchte? Nein, ich warte. Er fliegt, wie schlau! auf den nächsten Baum – aber da ist kein Nest zu sehen; auch ist es ja ein Spatz! – Nein, er will mich narren, damit ich nicht erfahre, *wo* er seine Heimstätte hat. Ich bleibe – zu lange währt's ihm: husch! Über meinem Kopf fort auf das Dach! – Also dort, gerade das Dach über der Wohnung meines lieben Vicco hat er sich ausersehen. –

Wie oft *sehe* ich und möchte es gleich aufschreiben, welchen Eindruck es auf mich gemacht; dann ging Zeit darüber hin, dies Blatt war nicht zur Hand, und in der Erinnerung verblaßte das Geschaute. –

Mai 1915

Was ich *jetzt*, seit Sommer 1914, sehe – das läßt sich nicht meinem Gefühl entsprechend niederschreiben – es geht nicht in Worte hinein! – Wenn auch wieder Friede sein wird, Schreckliches bleibt.

BRIEFWECHSEL ZWISCHEN JULIA UND HEINRICH MANN

St. Petersburg, d. 21. Juli
84.

Liebe Mama!

Vor einer Woche sind wir
hierher nach Pargola zu-
rückgekehrt. Wir waren
von Sonnabend Abend in
Pavelosk bei Herrn u.
Frau Pollitz. Ich habe dort
tüchtig mit den jungen
zusammen gespielt, nach-
dem ich mir eine Augel
für 15 Cop. gekauft hatte.
Auch den Abend hierher
gab Onkel Gustav mir
einen Kurren. Ich hatte den
ersten Tag, an welchen

St. Petersburg,
d. 9./21. Juli [18]84

Liebe Mama!
Vor einer Stunde sind wir hierher nach Pargola zurückgekehrt. Wir waren von Sonnabend Abend an in Pawelosk bei
Herrn u. Frau Pollitz. Ich habe dort tüchtig mit den Jungens
zusammen geangelt, nachdem ich mir eine Angel für 15 cp.
gekauft hatte. Auf dem Wege hierher gab Onkel Gustaf
mir Deine Karte. Ich hatte den ersten Tag, an welchem ich
hier war, Freitag, *leider* vergessen, an Tante Th. zu schreiben,
habe aber gleich den nächsten Tag, Sonnabend, geschrieben.
Sonntags fährt Onkel Gustaf nicht zur Stadt, also konnte der
Brief erst Montag expediert werden. Daher ist er wohl etwas verspätet. Bitte entschuldige, daß ich nicht gleich Freitag daran dachte. Wenn es Dir lieber ist, daß ich meine Briefe nach Travemünde adressie[re], so will ich das von jetzt
ab gerne tun.
 In treuer Liebe, mit vielen Grüßen an Papa, Tomy, Lula,
Carla und Ida Dein Dich liebender Sohn

 Heinrich

Kinderzeit, heitre, die hinter mir lieget, an dich
  gerne denk ich,
Ruf die Erinnrung zurück mir oft
  an fröhliche Stunden;
Ernst dieses Lebens, jetzt dir zu gehorchen
  sei heilige Pflicht mir,
Nimmer vergeß ich doch, Eltern, in Liebe,
  euch „Kind" stets zu bleiben.

 d. 28. Sept. [18]89 von Mama

Wegrast

Meiner Mutter

In diesen Tagen hab ich mildre Luft,
Scheint mir, in meine Lungen aufgenommen.
Die Mittagssonne überm leisen Kräuseln
Der See – das Bild hat mir mit sanftem Streicheln
Die Nerven eingelullt. Die große Stille
Hat meinem Geist für Wochen Rast gegeben.

Ich bin kein Freund sonst von der geistigen Ruhe.
Es scheint auch mir, wie manchem Jungen, einzig
Das Werden Leben, alles „Reifsein" Tod,
Und Ringen um Entwickelung ist mir das,
Was du wohl Gottesdienst benennen würdest.

Nun aber hatte sich der Weg gebogen,
Den ich im Schatten, einsam, fortgegangen,
Und eine Lichtung lud mit Sonnenblicken
Zum Ausruhn mich, und mit der Hand die Stirn
Beschattet, war mir's eigenes, stilles Glück,
Das Stück zu überschaun, das ich geschritten.

An jedem dieser Abende, die rückwärts
Gerichtet, ließ Erinnerung jede Spur,
Die ich betreten, wieder mich erkennen,
Wenn mir, in meinem Dämmern, deine Stimme
Fouqués und Arnims Wunderzeit zurückrief.

Ich sah der Schwestern Staunen ob der ihnen
Noch fremden Welt, die ich vorzeit durchmessen.
Nach immer Neuen spannte mein Verlangen
Die Flügel aus. Es wuchs mein Mut ... das ist's,
Weshalb ich diese Tage nicht vergesse.

[Geschrieben 11. August 1891]

Heinrich, Thomas, Carla und Julia (Lula), um 1887

[Lübeck,] d. 4. Okt. [18]91

Mein Lieber Heinrich,
Dein guter Vater ist *sehr* krank. Nach meiner Ansicht ist es
geraten, daß Du *recht* bald kommst, um, *falls es nötig ist*, ihm
noch die Hand zu reichen u. ihm, mit uns allen, nahe zu sein.
Nimm Dir von Fischer die Erlaubnis vorläufig auf einige
Tage.

Mit herzl. Gruß
Deine Mama

[München,] d. 22. III. 1903

Lieber Heinrich,
von Ackermann geht Dir das gewünschte Buch so bald als
möglich zu. Es verzögerte sich in Folge davon, daß ich erst
nachträglich die Bestellung auf „gebunden" machte; denn
ich meine, daß Dir es so mehr Freude macht. Zugleich möchte ich Dir im voraus zu Deinem Geburtstage meine innigsten
Wünsche aussprechen; so wie ich sie fühle, geht nicht auf ein
Blatt Papier, aber mög es Dir so gehen, wie ich's wünsche.
Wann kommst Du nach München? Karte folgt noch.

D. M.

Polling, 4. 3. 04

Lieber Heinrich,
ich danke Dir herzlich für die liebe Karte u. verstehe Dich
insofern, als Du die zu große Abhängigkeit von anderen
fürchtest. Das wird sich in meinem Falle aber etwas milder gestalten; denn ich möchte ja, um *bedeutend* fernerhin
sparen zu können, keine ganze Wohnung u. keine Köchin

Thomas Mann

haben; und aus Gründen der Vorsicht, wo in jetziger Zeit so viele Untaten u. Greuel an allein wohnenden Leuten verübt werden. Ich habe am Nicol[ai]-Pl[atz] nie ruhig schlafen können! Ich möchte ja auch darum kein Mädchen und Wohnung haben, um ungebundener zu sein u. mal mit einem von Euch nach Lübeck und die Ostsee reisen zu können; und so wie wieder Löhrs, u. Th[oma]s, geplant haben, nächsten Sommer n. Polling zu kommen, u. Viccos Lieblingsaufenthalt dies auch geworden ist, so müßte ich ja zu oft Meubles u. Mädchen allein lassen u. umsonst zahlen, namentlich wenn ich noch überdies ein beständiges übriges Fremdenzimmer dazu hielte. Und die Köchin immerfort wechseln hieße sich selbst in d. Ruf bringen, keinen Dienstboten halten zu können. – Also ich kam gestern von Augsburg zurück, wohin ich vorgestern fuhr, um erst mal mit d. Rektor zu sprechen; der war wieder sehr freundlich und entgegenkommend u. sagte, Vicco würde dann erst mal geprüft, riet mir aber, als ich ihm erzählte, daß die Mathematik dem Vicco so sehr leicht würde (er mußte bei Oskar Schr. die Mathematik hier *schon* anfangen, da er sie in Erfurt schon in 3. Kl. gehabt haben würde), entschieden, ihn in das Realgymnasium zu tun, da könne er, außer Jurist, alles werden; zumal er bisher Lust zum Landwirt hätte, habe ja das human. Gymnasium mit den größeren Anforderungen zu wenig Zweck für V. Ich holte mir Wohnungsanzeiger und ging auch zu einem Büro, das mir Verschiedenes aufschrieb. Am besten in Lage und Inhaberin gefielen mir die meublierten geräum. Zimmer einer Lehrerswitwe Müller in der Klingenbergstraße, die mir, wenn es sich realisiert, Mittagessen geben wird. Das übrige besorge ich selbst; das ist ebenso, wie ich es *hier* habe. Es sind dort 2 große u. 1 kleines Zimmer, die ich, wo es fehlen sollte, mit ein paar eignen Sachen ganz gerne komplettieren würde; das sehe ich, wenn ich Anf. April hinfahre, u. schreibe dann an Herlitz, der die Meubles in Verwahrung hat. Solltest Du, lieber Heinrich, lieber ein Zimmer *allein* haben wollen (nicht mit Vicco zusammen schlafen), so kann ich für die Zeit, die Du mich besuchen wirst, in der Nähe ganz leicht ein Zimmer haben, denn das kleine Zimmer wäre Dir wahrscheinlich nicht genügend; obgleich jetzt auch ein j.

Herr darin schläft. Sonst aber würde *ich* so lange das kleine nehmen, Du und Vicco das große, u. das andere größere bliebe zum Wohnen. – Da ich meine Lage so richtete, daß ich mit Euch teile, aber selbst nicht meinen Etat durch Erwerb bereichern kann, muß ich mich einschränken, um für anderes als nur Hausstand auch etwas übrig zu haben. Aber ich muß viell. auch auf diese Wohnung verzichten u. mich nach anderer umschauen. Von hier gehe ich also ca. am 31. März nach München, bleibe bis 5ten bei Löhrs und fahre dann m. V. n. A[ugsburg] wo wir vermutlich erst einige Tage provis. wohnen werden. – Auf D[eine] Nov[elle] freue ich mich furchtbar, denn Löhrs sagten mir gestern, sie habe ihnen *ausnehmend gut* gefallen; Tommy traf ich nicht. Für heute herzlich Lebewohl

Deine Mama

Carla ist ja n. Kassel engagiert, für wieviel, ist mir unbekannt. Wann wirst Du n. Augsb. kommen? Schreibe mir ganz offen, welche Meubles ich Dir ins Zimmer stellen soll, damit Du es recht gemütlich findest.

Eingedenk dessen, daß ich Dich im Laufe d. Jahres sonst nicht bei mir habe und an Weihn[achten] u. Geb[urtstag] Dir etwas schenken möchte, lade ich Dich auf* 6 bis 8 Wochen ein, entweder vor der großen Vakanz oder nach derselben, wie es Dir paßt.

Ich rechnete soeben nach, wieviel mir eine 4-Zimmer-Wohn. zu 500 M in Augsb. mit Mädchen zu 12 M Lohn, deren Kost etc. kosten würde, u. siehe, das würde mir 150 M *mehr* kosten, mindestens, ich vermute aber, mit Betteleien u. Diebereien noch viel mehr. Und außerdem wiegen die obigen Gründe gegen das Alleinwohnen *viel* auf.

Kannst Du diesen Typ gebrauchen? Ich lernte ihn vori[ge] Ostern in München kennen in dem Besitzer der Pension Kosmos. Früher Millionär durch Erbe. Äußerst cholerisch u. immer laut redend u. scheltend, ob er mit dem Dienstmädchen oder seinem Jüngsten spricht. Hat in allen Welt-

* Es kommt dar. an, ob Du bei uns oder außerhalb logierst.

teilen gelebt u. aus allen Reminiszenzen mitgebracht. Ist jetzt Inhaber des Fremdenpensionates, einer großen Sammlung von Altertümern, Autographen, Bildern, 1 großen Serie alter Napoleons-Bilder, ethnographischem Museum (im Souterrain) u. 3 Mill. Briefmarken, Münzen. Seine Frau sehr tüchtige Mutter u. Wirtschafterin, von untergeordneter Abstammung; sie muß ihm allabendlich einen steifen Grog sowie alte kräftige Weine geben, Sherry, Punsch, Equador-Zigarren etc. Er kann es eigentlich nicht mehr, kann aber schwer von seinen noblen Passionen absehen. Seine Bilder-Liebhaberei geht so weit, daß er auch das Klosett mit 50 Stück schmückt. Dem Spiel scheint er vormals sehr gehuldigt zu haben, u. als Reminiszenz daran hält er allabendliche Spiele mit seiner Kinderschar aufrecht, die denn auch schon recht gewandt ist im Hasardieren: Bakkarat-Karten hat er von Frankreich, eigene Lotteriekarten, eigene Schwarze-Peter-Karten, Damebrett aus Amerika, 1 Domino aus England, 1 Domino aus Holland; dann wird eins nach d. anderen geholt, u. er schreit fortwährend, denn er ist *immer* erregt, über den geringsten Irrtum gerät er in solche lärmende Ekstase, daß mir angst und bang wurde, aber die Kinder u. Mutter sind's gewöhnt. Viele Pflanzen u. viele alte Bücher besitzt er; u. aus Monaco, Menton, Nizza, London, Paris etc. zeigte er ganze Alben voller Konzert- u. Theaterprogramme u. von Varietés. Einmal spricht er englisch, einmal französisch, oder beides zusammen. Er hat schon 2 Buben; als aber eines Nachts ein Mädel geboren wurde u. ich ihm anderen Tages gratulierte, schrie er, das sei keines Glückwunsches wert, sondern man solle es lieber gleich ins Wasser werfen. Um Ostern stand ein ganzer Tisch voller Weinflaschen, Osterhasen und Eier in allen Größen u. großen Haufen.

Dabei zieht er sich an! Er sieht aus wie einer, der nichts zu leben hat. –

Einer anderen Figur könntest Du den *Rest* geben: Er wurde durch die fixe Idee, sein Bett (es war ein sehr hohes Bett) nicht mehr besteigen zu können, wahnsinnig (dies hat mir Fr. Schweighart erzählt).

Polling, 10. III. 1904

Lieber Heinrich,

ich danke Dir für Deinen lieben Brief, aus welchem ich dem, hier seit vorgestern bis heut Abend sich aufhaltenden, Tommy mitteilte. Was ich Dir irgend leihen kann, werde ich also, im Falle der Ausführung Deines Planes, tun. Allerdings habe ich in München, nachdem Carla fortzog u. ich vorhatte, meine Wohnung u. Hausstand vorl. ganz aufzugeben, Carlas Bett u. Waschtisch fortgegeben; u. den Mahagoniwaschtisch von Papa hat Tommy; aber *vorläufig* würde ich Dir Viccos Bett u. meinen Waschtisch leihen können u. was ich sonst noch irgend entbehren kann. Vom früheren *zweiten* Wohnzimmer hatte ich schon lange nichts mehr; aber aus dem Salon würdest Du einen Lehnsessel, 2 oder 4 lederbezogene Stühle, den Tisch u. die Chaiselongue bekommen können; einen Kleiderschrank, Spiegeltoilette etc. Du müßtest dann ja nicht lange fortreisen, weil Du ja die Wohnung immer weiter zahlen müßtest. Auch würde ich in einigen Jahren, wenn Vicco aus der Schule ist, die Sachen zurückhaben. Denn Tommy u. ich haben uns schon so nett ausgedacht, wie Du, T. u. ich uns Wohnung in Ludwigshöhe, Soll, Gern oder Nymphenb[urg] zusammen nehmen könnten, etwa 7 Zimmer, er 2, Du 2, ich 3 (für Viccos Besuche), u. uns in die Kosten teilen könnten. Inzwischen kommst Du dann auch so weit, Dir einiges selbst kaufen zu können. T. rät Dir übrigens, doch im Juni, wo Dr. von H[artungen] schon in Mitterbad sei, dann erst dorthin u. dann nach Augsb. usw. zu gehen; um Reisen zu sparen. Er würde in d. Fall auch zur selben Zeit n. Mitterbad, wenn sich seine Absichten realisieren. Aber am 15. Juli beginnen V.s Vakanzen, wo er dann nach Polling geht. Bist Du dann bei mir in Augsb., so brächte ich V. bis München an d. Zug n. Polling u. kehrte n. Augsb. zurück, bis ich nach – Aibling ginge, um Moorbäder zu nehmen. So ist mein Plan; aber wir müssen sehen. Ich weiß auch nicht, ob nicht *Frau* Schw[eighart] im stillen dieses Jahr nicht einmal wieder auf *Maler* reflektiert. Tommy hat ja auch den

Wunsch, daß wir alle wieder hier uns vereinigen. Evele kommt auch. Evtl. könnten wir ja 3 Wochen zus. in Aibling, 8 Tage hier verleben. T. brachte Deine Novelle, die ich, wie wir alle, mit *großer* Freude gelesen habe u. zu welcher ich Dir gratuliere, lieber Heinrich; ich schicke sie nun an Carla. Schreibe nur von Riva aus bald.

Deine Mama

Eben sagt Tommy, er meine, er wolle gern Mitte April mit Dir in *Riva*, nicht in Mitterbad, sein, aber Du solltest dann doch zuerst n. Mitterb., dann n. Augsb. gehen.

Augsb[urg,] Alexanderstr. 22
20. XI. [1904]

Lieber Heinrich,
für Deinen Rat, zu Dir nach d. Süden zu kommen, herzlich Dank, u. doppelten Dank, weil der Rat freundlich gemeint ist. Aber so ein Junggesell wie Du, der kommt u. geht, wann u. wohin er mag, meint, es müsse jeder so machen können. Ich habe Wohnung, Möbeltransport gehabt, habe Vicco, Weihnachtssorgen u. Hochzeit vor, was alles mit Kosten verbunden ist; würde ich dann auch noch 1 Monat Vicco 100 M Pension u. für mich 200 M kosten lassen, netto 170 M extra, so würde ich meinen Katarrh wohl los, hätte hier aber darauf noch die kalte Zeit von teils Febr. bis Mai, in der mir nach dem milden Klima der Katarrh wiederkäme. Auch kann ich über Husten nicht mehr klagen, er quält mich nicht mehr arg, nur das Rheuma ist lästig; das wird mir nun aber wohl treu bleiben, wenn ich nicht 1 ganzen Winter lang an die Riviera gehe, u. so weit reicht die Decke nicht. –
Nun mein lieber Heinrich zum anderen Thema, über welches Du mir in dankenswerter Weise aufrichtig schreibst. (Nebenher gesagt habe ich wieder Deinen famosen Stil des Briefes bewundert, um so mehr, da Du Dich doch ganz Deiner

130

Stimmung hingabst.) Aber Heinrich, mich betrübt eben diese Stimmung, die doch sicher auf Dein Gemüt wirken muß. Wenn es noch dabei sein Bewenden hätte, daß T[ommy] u. L[öhr]s wie ein großer Teil des lesenden Publikums Deine letzten Romane scharf verurteilen – aber daß Du Dich von den Geschwistern abwendest, tut mir für Dich *sehr* leid. Halte Dich zu ihnen, mein lieber Heinrich, schicke ihnen ab und zu einige freundliche Zeilen und Kritiken, u. zeige ihnen nicht, daß Du Dich von der literarischen Welt nicht so anerkannt fühlst, als es T. momentan ist – oder *wenn*, dann daß Dich das Gefühl nicht verstimmt. Du hast der Welt einen Spiegel vorhalten wollen, hast stellenweise Undank u. Unwillen geerntet (zugegeben: weil sie sich zu sehr getroffen fühlt) – zugleich aber auch Dich in dieser Weise jetzt genügend ausgesprochen (nach *meiner* Meinung) u. gehst auf ein anderes Geleise, nicht wahr? Doch ich fühle, lieber Heinrich, daß es anmaßend von mir ist, Dir in Deiner Kunst Vorschriften machen zu wollen, möchte nur offen Dir gegenüber sein. Auf voriges zurückkommend: ich finde, solange die *persönliche* Fühlung unter Geschwistern u. Freunden, Mutter u. Kindern nicht gestört ist, hält das Band; ich habe solche Erfahrungen gemacht u. zu solchen Zeiten alles getan, was einer Mutter möglich ist, um das Band nicht reißen zu lassen, u. es hat sich bewährt. Bitte, bitte, lieber Heinrich, befolge meinen Rat und ziehe Dich nicht von T. u. L.s zurück; behalte persönliche Liebenswürdigkeit bei, u. zeige von nun an wieder, daß Du auch der sensibleren Klasse von Lesern gerecht zu werden befähigt bist. Man darf nicht zu sehr Idealist sein, denn man wird ja vom kleinsten Teil der Mitmenschen verstanden. Und auch Tommy weiß ja, daß nicht jeder ihn unbedingt rühmt u. nicht alles, was er schreibt, seinen Anhängern gefällt. Übrigens bei meiner Mitteilung an ihn, daß Du mir gute Kritiken geschickt habest, antwortete er ungefähr: „Sei nur stolz, daß H. Dir sie schickt, ich u. auch L.s bekommen nichts dergl. von ihm mehr – H. muß doch am besten wissen, wie hoch *ich* ihn einschätze, trotzdem ich vieles in seinen letzten Romanen nicht goutiere." – Das ist nun doch nicht unbillig, nicht wahr? – Daß Du in der „Jagd n. Liebe" in zu gewagter Weise Münchener bekannte Persönlichkeiten hineinzogst, ist *Löhr* in seiner Stellung etwas unangenehm; u. der Bierb[aum] war ja wütend; aber was wird nicht alles geschrieben, u. wie wird nicht auch mit der *Feder* herausgefordert u. Krieg gespielt, da stehst Du nicht vereinzelt da. Doch nochmals, mein lieber Heinrich, das *andere*, was Du nach dieser Übersetzung schreibst, soll wieder weniger starke Unsittlichkeiten aufdecken, nicht wahr? Ich wünschte *so von ganzer Seele*, daß auch Dir die äußerliche Anerkennung zuteil würde, denn leider kann der Schriftsteller nicht ohne sie fertig werden, u. *mir* persönlich als Eure[r] Mutter gehen abfällige Urteile über einen von Euch jedesmal durch und durch, so wie mich anerkennende Kritiken, wie die mir gesendete, u. mündliche Lobeserwähnungen, u. pekuniäre Fortschritte bei Euch, jedesmal hoch erfreuen. Mit den Übersetzungen stehst Du Dich ja auch recht gut, nicht? Und das ist etwas, was auch nicht jeder kann. Ihr seid *beide* gottbegnadete Menschen, lieber Heinrich – laß das persönliche Verhältnis zu T. u. L.s nicht getrübt werden; wie konnten 1 1/2 Jahre es so ändern, bloß weil Deine letzten Arbeiten nicht durchwegs gefielen. Das hat doch mit dem geschwisterl. Verhältnis *nichts* zu *tun*! *Ich* schweige ihnen gegenüber von Deinem Briefe an mich, denn *Du selber* kannst alles wieder ins Geleise bringen – d. h. nur wenn Du mich bittest, T. zu unterbreiten, *warum Du* den ganzen Winter fernbleibst, oder Löhrs zu sagen, daß Du Dich innerlich Tommy entfremdet fühlest – dann vielleicht täte ich es; aber ich finde, das würde wieder nichts Offenes Deinerseits ihnen gegenüber sein, daher es besser ist, was ich oben riet.

Nun bitte ich Dich, lieber Heinrich, mir zu schreiben, ob Dir ein Petschaft mit Mannschem Wappen Freude machen würde oder mehr 15 M? Ich gab schon voraus an T. *Papier* mit Mannschem Wappen, was ihn sehr erfreute, nun habe ich noch ein Petschaft u. dachte, wenn ich es Dir gäbe, hättet Ihr beide das Wappen; oder hast Du lieber Papier mit Wappen?

Hörst Du zuweilen von Carla? Ich fürchte immer für ihre Gesundheit; sie irrt seit September von einem Ort zum anderen, was mich traurig macht; überhaupt wegen Carla entfliehen mir unzählige kleine Seufzer, die vom Herzen kommen. Hoffentlich geht sie wirkli[ch] im Frühjahr zu Hartungen?

Hier ist es kalt, Heinrich, 1–2 Grad minus Réaumur mit nebliger Luft; Du bist zu beneiden, der Du warme Sonne atmest; hier lacht sie ironisch kalt auf uns eingemummelte Zweifüßer herab; wie wäre es schön, wenn ich mit Vicco einpackte u. südwärts reisen könnte! – Nun leb wohl, u. antworte mir auf die Fragen; und bitte, schreibe mir nur immer, lieber Heinrich, wie es Dir mit Deinen Arbeiten geht; korrespondierst Du noch mit Ewers? Schreibt er Dir immer offen seine Meinung? Ich finde das unter Freunden so schön u. finde das in Goethes Leben so herrlich, wie er Leuten, die ihm ihre Sachen schicken, so offenbar vom Herzen kommend seinen Rat gibt u. wie dieser Rat jedem als der beste einleuchten muß. Er lobt und tadelt, wie es die Sache will. –

Lebe ferner ruhig, lieber Heinrich, u. suche angenehmen, feinen Verkehr auf, damit Du nicht zu einsam bist u. womöglich recht feinen *weiblichen* Verkehr hast. Ich bin mir bewußt, daß ich nicht zu einem rede, der grade erst als Neuling in die Welt gegangen, sondern zu einem, der noch Idealist genug ist, um sich in der Wahl des Verkehrs irren zu können. Suche, in Florenz in einen Kreis zu kommen, der Dir Anregung bringt und zugleich hochangesehen ist, das halte ich für einen Schriftsteller so notwendig; u. nebenbei gesagt, verursacht Dir das keine weiteren Kosten als einen *guten* Gesellschaftsanzug u. eventuell einige kleine Blumensträuße.

Du wirst mich eitel finden, Heinrich – ach ja, es datiert daher, das ist recht, aber Du wirst doch mir recht geben, u. ich komme viell. ohnehin zu spät mit meinem Rat, da Du schon in solchen Kreisen verkehrst. –

Jetzt endlich genug.

Herzlich

Deine Mama

Natürlich noch eins: In meinem wohlgeordneten Bücherschrank, in welchem nun H. u. T. Mann schon ein halbes Bord fassen, fehlt mir Dein Novellenband: „Ein Verbrechen u. andere Nov." – woher kann ich den beziehen? Und dann möchte ich in meiner Fürsorge nicht unerwähnt lassen, daß mir Deine Handschrift verrät, *wie* fleißig Du bist, lieber Heinrich, *übertreibe* es nicht, mache Dir viel Bewegung in frischer Luft. Verzeih eine Frage: wie machst Du es mit der Hochz.-Gabe? Vereinigst Du Dich dazu mit Carla? Ich bin evtl. gern bereit, nach Angabe d. Preises Euch etwas zu besorgen.

[Augsburg,] Alexanderstr.,
d. 4. 1. 05

Lieber Heinrich,
Du hast lange nichts hören lassen! Hast Du den schönen Brief von Tegtm[eier] erhalten? Der Dummkopf fungierte sicher als Handlanger, u. es war berechnet, daß ich diese Freundlichkeiten erfahren sollte, denn z. B. Alfred weiß ja, daß Du in Riva bist. Nun, die Lübecker rachespuckenden Esel quälen mich weniger als (unter *uns*, bitte) *T.s Heirat!* Könnte man mir garantieren, daß *nach* der Hochzeit alles gut würde, daß man von T. nicht allzuviel Rücksichten verlangt u. ihn nicht allzu *gnädig* aufnimmt – aber ich habe durchaus in d. Weihnachtstagen nicht den Eindruck bekommen, wie ich ihn wünschte. Am liebsten wäre mir z. B., wenn T. *aufträte* und sagte: „Nein, so lieb, wie ich Katia habe, der Tradition und dem Sinne meiner Eltern und Voreltern will ich treu bleiben u. verlange eine kirchliche Trauung!" Es ist ja *vielleicht* nur symbolistisch zu nehmen die kirchliche Feier, und unsere vereinigten Wünsche begleiten ja T. in seine Ehe, aber doch – ich finde, wenn Pr[ingsheim]s Protestanten sind, sollten sie bei solchem Wendepunkt in Katias Leben es auch beweisen; aber das schlimme ist: die Braut *selbst*, im Einverständnis mit d. Vater, der religionslos ist, besteht nicht auf kirchl. Trauung. Ach, Heinrich, ich war ja *nie* mit dieser Wahl einverstanden; wenn auch Katia in meiner Anwesenheit sehr lieb mit mir ist, aber sollte es bei hypermodernen Leuten z. B. nicht mehr modern sein, Neu-

jahrswünsche zu schicken, auch der zukünftigen Schwiegermama nicht? Oder wenigstens die ihnen von derselben geschickten Glückwünsche u. Brief zu beantworten?! – Mir hat es den Anschein, als ob man *provoziert*, verzeih, daß ich so schwarz sehe, *wenn* Tommy aber wieder frei wäre (NB. auch sein Herz!), so glaube ich, wäre mir ein Stein von der Seele. Mein lieber guter Tommy, ich muß soviel an ihn denken. *Ein* auffälliges Benehmen will ich Dir noch außerdem erzählen: Nach dem Diner b. Pr[ingsheim]s zog mich d. Mutter in ihr fürstliches Boudoir u. fragte mich wegen der bloßen Ziviltrauung, ob *ich* darauf bestehen würde, daß auch *kirchl.* Feier stattfände; ihr Mann würde dazu *nicht* erscheinen. Ich meinte, der Vater *müsse* dabeisein, aber ich überließe den Ausschlag in erster Linie dem Brautpaare. Dann fing sie an, sich über T.s *Rücksichtslosigkeit* zu beklagen, ganz freundlich u. bedauernd, daß T. schon so früh meinem Umgang sich entzogen dadurch, daß er so bald ins Ausland gegangen; die *innere* Rücksichtnahme fehle ihm, z. B. habe er bei Bernus' z. Silvesterabend ohne Katia eine Einladung angenommen, u. *K.* wäre so betrübt darüber; als T. nachher kam, fragte ich ihn, wo er am Silvester sei, doch bei Katia? Darauf T.: er wisse noch nicht, ob Katia mitginge, sie habe ja auch Einladung; Katia aber, ganz still u. verschämt, sagte: sie wolle doch d. letzten Silvesterabend bei d. Eltern verleben. – Später, auf dem Heimweg, sprach ich mit Grautoff darüber, der auch bei Pringsh.s war; da antwortet mir *der*, daß er selber dabeigewesen sei, als Thomas die Einladung von Bernus' *abgelehnt* habe, weil er bei d. Braut bleiben wolle. Dann ist Katia auch gebeten worden, nun mochte sie wohl die Einladung nicht annehmen, u. ich weiß nur, daß T. wahrscheinl. nach 12 Uhr vielleicht noch etwas zu Bernus' gegangen ist. Die Frau des Herrn von Bernus ist Adelh. von Sybel, Lulas Pensionsfreundin, die den Tommy öfter schon eingeladen hatten. Grautoff fand es auch nicht nett, daß Pringsh. nicht genügend einsehen, daß Th. arbeiten muß; er geht, wie fest bestimmt war, jetzt nach Polling, um sein Drama zu vollenden; aber mir ist so weh und gespannt ums Herz, weil ich von Th. so lange keine Nachricht; nur eine Neujahrskarte, dann nichts mehr. Sage nur niemandem,

lieber Heinrich, daß ich Dir meine Schwarzseherei aus-
kramte, auch *Carla* nicht; fällt alles dennoch zu Th. Glück
aus, wohl uns allen, andernfalls aber bin *ich* gefaßt und
nicht überrascht. Das viele Geld macht doch kalt u. an-
spruchsvoll, macht harte Köpfe und verlangt Rücksichten
von andern, wo sie ihm selber mangelt. Ich denke so oft jetzt,
wie Papa sich verhalten haben würde. Lula wurde etwas erregt, als ich ihnen meine Zweifel darlegte u. meine Sorge
um Th., u. sie glaubt an Katias Liebe f. Th., ach Gott, wolle
es doch so! Wie viele andere, liebe und weniger verwöhn-
te Mädchen hätten ihn wahr und treu geliebt u. für ihn gesorgt! – Wie geht es *Dir*, lieber Heinrich? Gibst Du etwas
Schönes heraus? Ist die Übersetzung fertig? Wenn nur Th.s
Drama auch dem größeren Publikum gemeinverständlicher
werden wollte; was ich davon hörte, war nur für ein erle-
senes. Schreibe mir bald etwas Tröstliches. Herzlich

Deine Mama

NS. Und grade die Mutter hat Tommy stark herangezo-
gen; ich merkte das in Utting, wo sie so oft ihm schrieb, wenn
er schwieg. Hat sie es in K.s Namen getan, ist es um so besser. *Hier* erzählte sie, Katia habe in Kissingen, wo sie im Sommer waren, immer aus d. Türe geschaut, ob noch kein Brief
von Th. komme, sie hätte eigentlich erwartet, daß er hin-
reisen würde! usw.

Jetzt aber *scheint mir* die Sache so anders, Gott verzeih mir,
wenn ich mich versündige, aber dies resultiert nur aus meiner Mutterliebe.

Wenn's z. Hochzeit kommt, so zeige Dich doch dabei!
T. zu Gefallen!

L.H., einen akzeptablen Brief von Mm. Pr[ingsheim] erhielt ich soeben, freilich ohne Glückw.-Erwider[ung]. Doch ist das in dem Hause wohl abgeschafft, u. ich will ja nicht kleinlich sein. Elle écrit u.a., Hochz. auf 8. od. 10. Febr. verschoben! S'il m'était donné de *prier* (zu beten), je prierais qu'ils deviendraient si heureux que possible! Ainsi je ne peux que l'espérer! Sie schreibt im übrigen sehr nett und liebenswürdig, aber mich, als eine aus grundverschiedener Sphäre, mutet es alles noch zu neu an. Ich *hoffe u. bete*, daß alles für meinen T. gut werde u. daß das Frauchen dann auch recht glücklich sei. Sei Du auch recht lieb und freundschaftlich zu Th. Es berührte ihn, glaube ich, schmerzlich, als ich ihm neulich antwortete, Du glaubest, Th. habe sich verändert. Herzl. grüßt

D. M.

[Augsburg,] Alexanderstr. 22,
7. 1. 05

Lieber Heinrich,
sei herzlich bedankt für Deinen so lieben als hübschen Brief, ich könnte jeden beneiden, der sich in soviel weniger Worten, als ich mache, so präzis und vollständig ausdrückt. Ich bin auch mit Th. ganz offen und habe mit Lula gemeinsam ihm vorgestellt, daß er der neuen Familie u. namentlich seiner lieben Katia alle Rücksichten erzeigen müsse, die man von einem wohlerzogenen Menschen fordern dürfe. Nun berührten *mich* diese, allerdings nur einmal u. unter 4 Augen geäußerten, Klagen seitens der mère unangenehm (die *inneren* Rücksichten verflicht sie mit allgemeiner Rücksichtnahme), weil ich selber schon kleine Rücksichtslosigkeiten seitens K. erfahren hatte (die sie freilich nicht böse gemeint hatte; Näheres einmal mündlich). Aber sie heiratet

ja meinen Sohn, nicht mich, u. ich werde mich immer in gewisser bescheidener Entfernung zu halten wissen, ebenso wie ich das bei Löhrs auch tue. Nur so gewinne ich, oder habe viell. schon gewonnen, Löhrs Sympathie; denn er beträgt sich wirklich immer sehr lieb und gut gegen mich – u. Katia ist im *persönlichen* Verkehr mit mir ganz zutulich u. niedlich, darüber freue ich mich ja auch sehr. – Auch die Brüder waren neulich ausnehmend bescheiden u. höflich, der jüngste, Klaus, Zwilli[ngs]bruder der Katia, Komponist, schickte mir seine Lieder, die meiner Meinung nach berechtigt sind, einen großen Weg zu machen; u. neulich ist von ihm in Berlin unter seiner Ägide, oder wenigstens in seiner Anwesenheit, ein Konzert aufgeführt; der Junge ist erst 21 Jahre alt und nebenbei bildhübsch; er u. Katia sind die hübschesten, u. die Mutter ist schön. Der Vater sehr zierlich, kleiner als Löhr, u. rasch mit Sarkasmen bei der Hand, Fr. Prof. meint aber, *innerlich* wäre er gutmütig.

Die Einrichtung müßtest Du sehen, Heinrich; ich bin nicht fertig geworden damit, denn Fr. Pr[ingsheim] beanspruchte mich vollständig. Es wäre freilich *uns allen*, u. wie ich weiß auch Pr.s, sehr erwünscht, wenn Du und C. kämst; Carla aber wird leider nicht abkommen können. Um so mehr solltest *Du* doch anwesend sein, wenn Th. zivil getraut wird, denn nur das Paar und Trauzeugen sind dabei, wir anderen nicht! *Das* geht mir so zu Herzen! Zu nichts weiterem gehen wir hin, als mit d. j. Paare zu frühstücken oder zu dinieren! Dann fährt das Paar gleich fort auf 8–14-täg. Reise. Und dazu muß Vicco einen nagelneuen Anzug haben u. hier Schule versäumen! Aber daß er dabei ist, tue ich Th. zuliebe. Und Th. wünscht ja so *sehr* Deine Anwesenheit, da brauche ich ihn nicht mehr zu fragen. Die Hochzeit ist auf 8.–10. Febr. verschoben, u. Lula besorgt etwas als Geschenk von Dir u. C. Bisher hatte man noch nichts gewußt, Th. hält sich momentan in Polling bei Schweigharts auf, um sein Drama zu Rande kommen zu lassen. Er telephon. u. korrespond. mit K. – hat aber scheußliches Wetter. Von den 15° Frost, die wir noch Montag hatten, ist das Barometer auf einige ° Wärme mit Sturm und Regen gestürzt. – Ja, ich denke, es war nur dies *eine Mal*, daß die mère klagte, denn eine feine Frau

Katia Mann, 1905

muß doch alles vermeiden, um sich nicht in den Ruf eines Schwiegerteufels zu bringen, u. wenn die schöne Einrichtung auch von ihrer Seite geliefert wird. *Ich* könnte mich wohl ganz gut mit ihr vertragen, doch wäre es mir schrecklich, wenn man es Th. schwer machen würde, sich in seiner Wohnung „Herr" zu fühlen. *Sie* haben ihn gewollt, das habe ich, wie gesagt, in Utting genau gefühlt u. an d. häufigen Briefen d. Mutter gemerkt; nun soll man ihm meinetwegen mal unter 4 Augen auch kleine Wahrheiten sagen, aber *mir* nichts klagen. Lula sagt doch, daß ihr Jof früher auch oft rücksichtslos war, besonders als Bräutigam. Sie meint, Fr. Pr. sei wohl etwas *derb* und nähme nie ein Blatt vor den Mund, u. da hat L. recht. Wir haben auch T. ermahnt, u. er ist ganz brav. Es wird ca. am 22. Jan. sein, daß ich mit Vicco wegen Anprobe n. M[ünchen] fahre u. dann Th. zum letzten Male als *ledigen* Sohn sehe und spreche; das ist mir ein trauriger Gedanke, denn später gehört er zu 2/3 anderen.

L. H. Deine neuen Sachen würde ich, wie Du weißt, *unendlich* gerne lesen, ich lasse von der „Zeit" kommen u. später von Langen. Also nochmals: es ist gewiß, daß es für *alle* nett wäre, wenn Du kämest; u. *ich* möchte es darum auch gern, damit man Deine Persönlichkeit kennenlerne, um sie Deinen Romanen gegenüberstellen zu können, ich halte das in *diesem* Fall für wichtig. Und hauptsächlich aber, daß Du Deines Bruders *Trauung* beiwohnest! Herzlich

Deine Mama

Ich kann mich wirklich nicht über Rücksichtslosigkeiten seitens Th. beklagen. Er ist seit 2 Jahren so lieb, wie ich's mir gewünscht hatte.

[Augsburg,
den 19. Januar 1905]
Alexanderstr. 22

Lieber Heinrich,
gestern abend schrieb ich diese Karte, u. heute erhielt ich die
Deinige, für die ich schönstens und herzlich danke; die Ansicht ist verlockend. Aber der Fels da im Wasser, der auch
einmal plötzlich herabstürzte!, bestätigt oder rechtfertigt mein
Grauen, in jetziger Winterszeit, wo fortwährend bei Mutter
Erde außergewöhnliche Erscheinungen auftreten, vor dem
Reisen. Aber wie gesagt, um den 11. Febr. herum mag es ja
anders sein. Du teiltest mir gar nichts Diesbezügliches mit!
– Ja, ich lese mit größtem Interesse Deine Novelle und finde
sie so psychologisch fein gehalten, daß man spürt, Du habest
die 3 Hauptfiguren eingehend studiert, auch treten (nicht nur
Leonie!) sie alle 3 recht plastisch mir vors Auge, u. ich bin
überzeugt, daß jeder Leser in diesem Urteil eins mit mir ist.
Individuell beurteilt, ist diese Lektüre für mich manchmal
quälend, weil Du mir im Sommer einmal anvertrautest – wovon ich *niemandem* etwas verriet –, daß C[arla] sich für einen Juden in Düsseldorf interessiere, nur seine Eltern zu or-
thodox seien. So denke ich beim Lesen unwillkürlich an C.,
und seufze alle Augenblicke, im Gedanken, daß sie dennoch
in ähnlicher Weise gelitten habe. Ein schöner Stab und Trost
bildet dann für mich der Kapellmeister, NB. wenn es nicht
Ehrenberg ist! Denn der Aff hat ja seinerzeit eigentlich Carla mit Annäherungen verfolgt u. sie Unannehmlichkeiten
in Polling ausgesetzt; er hält sich doch jetzt nicht in C.s Nähe
auf? Dein Kapellmeister ist mir sympathischer. – Nun eine
Bitte: ich muß versäumt haben, die *14*te Fortsetzung her-
auszuschneiden, u. das Blatt ist zum Heizen verwendet;
kannst Du mir die *14. Fortsetz.* schicken, damit ich sie ab-
schreibe? Heute erhielt ich die 16te, u. am Schluß dieser steht
noch: „Fortsetz. folgt." – Weißt Du, die „Zeit" ist gut, doch
kommt sie zu spät zu mir. Die „M.N.N." bringen natürl. die
politischen u. auch allgemeinen Neuigkeiten früher hierher; u. billiger sind sie auch.

Nun nichts weiter als Grüße von Vicco, der eben wieder aufs Eis geht. Denke Dir, daß er bei 10° Kälte nicht dazu zu bringen ist, beim Schlittschuhfahren einen Überrock anzuziehen! „Es hat keiner einen an", heißt's da immer. Er meint, er würde wohl mal Nordpolfahrer. In der Schule ist man mit ihm zufrieden, u. sein Arbeitsstundenprofessor lobte ihn neulich sehr, als ich ihn auf der Straße sprach: er sagte mir geradezu, Vicco sei hervorragend „begabt"! Nun bitte ich Dich, mit fast 21 Jahren wird er erst mit d. Schule fertig sein! Der Professor sagte, das täte nichts. –

Viele Grüße
von Deiner Mama

[Augsburg, den] 16. 2. [1905]
Alexanderstr. 22

Lieber Heinrich,
vielen Dank für freundliche Karte. Ja, die Hochzeit ist vorüber u. das junge Paar in Zürich (Baur au lac), schicke ihnen doch eine Karte, das würde T. sehr freuen u. mich für ihn. Katia ist zu Hause so sehr von Liebe umgeben gewesen, u. der Vater hat die letzten Tage immer geweint u. die Mutter viel davon gesprochen, wie schwer es sei, ihre einzige Tochter und Freundin fortzugeben – daß ich T. von Herzen gönne, wenn man, u. besonders die Geschwister, ihm viel *äußere* Liebesbeweise erzeigen; innerlich ist es ja selbstverständlich, daß wir alle fühlen, ihn zum größten Teil haben hergeben zu müssen. *Mir* wenigstens ist alle diese Zeit beständig traurig zumute. Wenn ich Dich hier hätte, könnte ich Dir mündlich sagen, warum; schriftlich geht's nicht leicht; vielleicht fühlst Du's mir aber auch ohnehin nach. – Vicco u. ich fuhren am 10ten mit unseren Gaben fort u. wurden um 2 Uhr von meinem lieben Tommy in München am Bahnhof in Empfang genommen, fuhren n. Schwabing hinaus, zum Pensionat Rau, Franz- Jos.[eph]-Str. 4, wo er für

mich u. V. ein größeres Zimmer genommen hatte, da er selber seit dem 1ten infolge Aufgabe seiner Wohnung, die Grautoff jetzt innehat, dort logierte. Dort packten wir aus u. machten uns in Ordnung, besahen meine Gaben, die T. sehr gefielen: Ich hatte vom alten Mannschen Silber 12 Gabeln, 12 Eßl[öffel], 6 Dessertl., 6 Teel., 6 kl. Messer, 6 kl. Gabeln etwas komplettieren lassen u. dazu *neu* anfertigen lassen nach eigener Aufzeichnung im Empirestil 12 neue Messer mit silb. Griffen, graviert mit d. Empire-M. Dazu noch ein rundes, gut versilbertes Tablett ebenfalls mit d. M; dieses Tablett ist in dem Deckel des Kastens postiert, in welchem lange Jahre hindurch die rotsamtene Familienpapiermappe lag, u. da diese Kassette Tommy immer deshalb sehr sympathisch war, ließ ich sie von einem Etuifabrikanten in München zu einer Silberkassette mit grünem Leder u. 2 Einsätzen arrangieren u. oben aufs gelbe runde Schildchen wieder ein Empire-M gravieren. – Weil ich für die Hochzeitsfeierlichkeiten und vorher an Brautfeten mich nicht weiter opferbringend beteiligen konnte, mußte ich – u. tat es gern – noch eine nette Fruchtschale in Alfenid u. Vicco noch einen hübschen Brotkorb in Alfenid schenken; was alles sehr gefiel. Löhrs Kristallgarnitur ist ein feines Geschenk, was weniger repräsentiert, als es wert ist; in *dem* Hause kennt man's aber. Und Euer Kaffeeservice sieht so reizend und einladend aus, Heinrich, mit dem gediegenen Tablett darunter, daß man sich mit dem Paare freut, der täglichen Behaglichkeit halber, die ihnen gerade dies weiße Service mit Kleeblattschmuck bereiten wird. Auch mein Besteck soll zum *täglichen* Gebrauch dienen, denn sie bekamen ja außerdem von den alten Pringsh[eim]s aus Berlin eine *Kommode* mit Silberzeug für *24 Pers.* Darin befinden sich Sachen, die es gar nicht gibt. *Die* Leutchen müssen Geld haben! T. durfte sich ja im Herbst in Berlin, bei ihnen, eine Uhr mit Kette aussuchen – nicht die teuerste! -, die gewählte kostete mit Kette ca. 700 M.

Pr[ofessor] Pringsh. richtet die Wohnung, Franz-Jos[eph]-Str. 2 III sehr hübsch ein u. duldet kaum, daß T., der es doch ganz gut könnte, sich daran beteiligt. Ich habe T. aber gebeten, sich nicht alles geben zu lassen; man fühlt sich ja kaum

Herr im Hause, wenn das wenigste einem durch eignen Kauf gehört. Telephon hat der Vater auch schon anbringen lassen. Ich denke mir, daß er jeden Morgen nach d. Befinden seiner Tochter fragen wird. –

Also, Heinrich, als wir nach Ankunft Tee genommen, kamen Frau Pr. u. Katia (letztere hatte ich gebeten, mich zu besuchen); ihnen gefielen meine Geschenke vorzüglich der alten Vornehmheit halber, u. ich überreichte Katia noch ein hübsches Braut-Taschentuch aus Spitzen, gestickt mit KATIA. Darauf gingen wir auf No. 2 III hinauf, wo Herr Pr. schon tätig war; es ist eine schöne große Wohnung mit – 2 Wasserclosets! – ist das nicht ideal? Tommys Arbeitszimmer – sehr groß, daran K. Zimmer, dann Speisezimmer, dann 2 Schlafzimmer, weißlackierte Meubles; es ist alles noch nicht ganz fertig. In allen Zimmern kreisförmige elektr. Lustres; reizend sind die kleineren im Schlafzimmer, grünes Laub mit roten Beeren, daran hängen die elektr. Birnen. Also nach Besichtigung trennten wir uns, aber T. blieb mit Vicco u. mir; denn K. hatte Freundinnentee (zum Tee), u. abends waren sie unter sich u. wir auch. Löhrs waren im Theater – alles anders, als wir es früher kannten, nicht? Aber *wie war ich froh*, meinen Jungen den letzten Abend u. noch d. anderen Vormittag ganz für mich zu haben! Wir aßen gemütlich und gingen um 10 1/2 zur Ruhe. Geschlafen habe ich dann nicht. Mir ging's in Kopf u. Herzen herum wie ruheloser Spuk. T. gegenüber nahm ich mich natürlich zusammen; früh besorgte ich für ihn ein Myrtensträußchen u. half ihm dann seine mitzunehmenden und zurückbleibenden Sachen packen; bis er zum Standesamt, vorher zum Friseur mußte. Inzwischen ging ich zu Löhrs, Evele hatte etwas Influenza, ist aber jedesmal recht froh, wenn sie mich sieht, ihr Verstand sagt ihr jetzt, daß ihre Großmami ihr näher steht als Hekkele. – Dann ging ich zurück, bestellte Wagen, u. nachdem T. zurückkam – als Ehegatte! –, warfen wir uns in Hochzeitskleider, ich in das lila von Löhrs Hochzeit, jetzt schwarz gefärbt und *sehr* einfach gemacht; es war mir aber alles einerlei, *fein* sah ich ja doch aus. – 1 1/4 Uhr fuhren wir zur Arcisstr. 12, wo außer Eltern und Brüdern nur noch die Patin Katias, Frau Dr. Schäuffelen u. Gatte, eine plötzlich zugereiste Tante der Mutter, Grautoff und eine Freundin K.s anwesend waren. Löhrs kamen zuletzt. Katia hatte weiße Crêpe-de-Chine-Toilette mit Spitzen garniert u. Myrtenkranz – ohne Schleier! –, sie äußerte einmal, mit Schleier käme ihr die Braut wie ein Opfertier vor. – Nun diese Räume u. ihre Einrichtung, Fresken von Thoma, Porträts von Lenbach u. Kaulbach, diese Bibliothek! Diese alten Gobelins. Du wirst doch, trotzdem Du viel gesehen, immer noch Anlaß zur Bewunderung finden. Im großen Saal eine große Tafel voller schönster Blumen und vielen Hochzeitsgaben; erwähnen will ich noch eine Büste, Gotik aus dem Bamberger Dom, von Grautoff; ein *einzelnes* Stück, das schwer nachzuhaben sei. – Man ging zu Tische in den kleineren Saal – 15 Personen, herrlich geschmückte Tafel. Telegramme kamen u. waren schon früher eingetroffen, nur schade, daß sie bei Tische nicht kursierten, es wurden nur die Absender genannt. Ich habe aber nicht alles gehört, weiß nur bestimmt, daß speziell Tommy tel. Glückw. erhielt von Dir, Carla, Tante El[isabeth], Tante Stolterf[oht], P. Ehrenb[erg], Ida Springer u. Alfred Mann. Ich saß natürl. neben dem Professor, den ich, selbst nicht sehr heiter, immer in möglichst guter Laune erhielt; er seinerseits hielt soviel als möglich Katias Hand in der seinen. Rechts von mir der Zwillingsbruder Klaus, Komponist, dem der Abschied von K. natürlich recht nahe geht; ein *Abschied* ja eigentl. bloß illusorisch, da K. in München bleibt u. soviel sie kann u. mag zu ihnen u. sie wiederum zu ihr gehen können; auch *glaube ich*, daß K. immer dieselbe bleiben u. in derselben haustöchterlichen Weise, *ganz ihnen* gehörend, fortleben wird – Tommy aber leicht verübeln wird, wenn er sich auch einmal nach Mutter und Geschwistern sehnt. – Na, dies ist ja schon eine kurze Auslassung dessen, was ich empfinde, Heinrich. –

Also, Reden sollten nicht gehalten werden, jedoch erhob sich der alte Freund Dr. Schäuffelen mit annähernd folgenden Worten: „Verehrte Versamml., ich bin nicht Redner, sondern nur Hörer; in letzter Zeit sprach Prof. Pringsh. in den Vorlesungen über Kongruenz – hier haben wir nun d. schönste Kongruenz, etc. – ich bin nur Hörer u. hege den innigen Wunsch, von diesem Paare immer das Schönste und Beste zu hören!!" – Er sprach's natürl. nicht so abbreviert, sehr herzlich u. nett. *Frau* Professor trank auf das Wohl aller beiderseitigen Geschwister, Tanten u. Onkel. Dann erhob sich Tommy: „Verehrte Gesellschaft, erschrecken Sie nicht, ich will mich kurz fassen, bitte Sie nur, zuzuhören: Mumme, Pumme, Miemchen, Fink u. Fey – hoch!" Dies fand großen Beifall mit Heiterkeit. – Vater Pr. sprach leise zu *mir*, er könne partout nicht reden, ich möge doch seine aufrichtigen Gesinnungen auch so anerkennen u. mit ihm privat auf mein Wohl trinken; das geschah, u. darauf sprach er zur Versammlung, wenn sie jetzt mit mir anstoßen wollten, so hätten wir nichts dagegen, wir hätten die Sache privatissime abgetan. – Und so wurde alles in allem die Sache der Verheiratung meines Tommy so durchaus andersartig vollzogen, auch an Kirche und Pastor gar nicht gedacht; Katia ist ruhig, äußerlich kühl – hoffentlich nicht auch innerlich. Daher, weil ich darüber noch im finstern tappe, ist mir immer, als wenn ich T. nicht genug Liebe erzeigen könne, und ich fühlte in letzter Zeit, daß es *auch ihn* wieder viel mehr zu Mutter u. Geschwistern zog! – Auch mit Grautoff hatte er am 10ten, ehe er V. u. mich vom Bahnhof holte, das letzte Junggesellenmittagessen zusammen gehabt. Grautoff ist auch eigentlich traurig; auch *sie* dürfen nicht verkennen, daß von Tommys Seite ebensowohl ein gewisser Abschied vorliegt, da sie doch so sehr für Rücksichtnahmen seinerseits sprechen. Frau Pr. meinte: *ich* hätte ja schon lange getrennt von T. gelebt, sie aber gäbe ihre einzige Tochter u. Freundin her; nun, das *Äußerliche* spielt bei T. u. mir keine Rede; *innerlich* sind wir nie getrennt gewesen, trotz der unangenehmen Sache vor 2 Jahren – wolle er mir *nun* nur nicht entfremdet werden – das ist meine Sorge. Um 6 fuhr ihr Zug nach Augsburg, wo sie in den „3 Mohren" logierten u. anderntags n. Zürich unter Schneestürmen weitergefahren sind. Die Gäste fuhren ca. 5 Uhr von Pringsheims fort; Grautoff mit V. u. mir. Abends fand er sich bei Löhrs ein, wo wir zusammen einen Teil der Vermähl-l[ungs]anzeigen-Adressen schrieben u. noch alles besprachen. Am Sonntag kehrten V. und ich nach Hause zurück. Gestern hatte ich Karte von Tommy. Deine Kiste ist noch

Heinrich und Thomas Mann, 1905

nicht da, Heinrich. 200 M hatte Carla ja schon im *ersten* Jahre, sie sollte jetzt viel mehr bekommen. Gut, daß sie nach Riva geht. Dann aber doch nach München? Ihr müßt doch Besuch bei Pr.s machen. *Bitte* sei recht herzlich mit T. – schreib ihm.

Vicco grüßt Dich vielmals. Herzlich

Deine Mama

Schreibe mir auch bald wieder!

Kommentar zu T.s Toast

Mumme und Pumme sind die Berliner Großeltern; Miemchen: Frau Pr.s Mutter Hedw. Dohm; Fink u. Fey sind Herr u. Frau Professor.

Dies ist mal ein Brief! – Jetzt bin ich auch atemlos.

[Augsburg, den 18. Dezember 1905]

M. l. H., von V. u. mir herzliche Weihnachtswünsche. Verlebe die Tage nur in *Gesundheit*, dann kommt bestimmt Heiterkeit dazu. Vielen Dank für letzte Karte. – Ich sende also ein kleines Geschenk mit Deinen Zinsen und noch einer Mark von Scheffner, die mir ja erst spät die Summe schickte u. auf meine Bitte eine mehr gab, als vorher gesagt. V. hat Dir einen Streichholzhalter gebrannt, den Du also bekommst, wenn Du hier bist. Das Buch von Dir wird wohl bald kommen, herzl. Dank

D. Mama

L. H., habe Brief von meiner Stiefmutter aus Hannover: Großpapa hatte sich mit 5 Herren in Brazil zusammengetan (das
Unternehmen war *kein* staatliches), jeder mit mehr oder weniger Kapital, was nach Aktien berechnet wurde, um den
Fluß Titié schiffbar zu machen. Großpapa sollte als aktiver
Direktor die Sache in Gang bringen. Das war vor seiner Ver-
heirat. mit *dieser* Frau. Vor *ihrer* Einschiffung (Großp. u.
seine Frau) in Hamburg hatte Großp. dort durch Ge-
schäftsfreunde sich Dynamit zu verschaffen gewußt, von
welchem eine Kiste voll mit ihnen (Großp. u. seiner jetz.
Frau) ging, die in *ihrer Kajüte stand*. Mittelst dieses Dynamits
hat er, mit seinen Schweizer Ingenieuren, die vielen Strom-
schnellen des Flusses gesprengt u. das Flußbett von Piracicaba bis Lencoes geebnet, so daß nach dreijähriger Arbeit
das erste, von eben seinen Leuten zusammengesetzte, Schiff
die Reise glücklich hin und zurück machen konnte. Es wurden dann noch mehrere kl. Dampfschiffe gebaut u. in der
Schweiz weitere bestellt. Von dem Unternehmen hatten sich
die Herren aber mehr versprochen, als sich's herausstell-
te; Großpapa hatte sich bei d. versch. Reisen auf d. unge-
sunden Fluß Malaria geholt, verlor die Lust u. kündigte seinen Direktorposten. Das ging Knall u. Fall, u. ebenso rasch
wurde ihr kleines liebgewordenes Anwesen in Piracicaba
verkauft u. sie auf d. Rückreise n. Europa. Dies wird Dir nun
kaum noch nützen, würde auch wohl nicht in Deinen Rahmen passen.
   Sei herzlich begrüßt

D. M.

[Augsburg, den 25. März 1906]

Lieber Heinrich, weil diese Karte ein so festliches Ansehen hat, wählte ich sie, um Dir meine u. Viccos herzlichsten Glück- und Segenswünsche zum Geburtstage darauf auszusprechen. Ich hoffe von Herzen, daß es Dir gut u. immer besser gehen möge. Am 3ten erwarte ich Dich; wie es später mit Dir wird, ob Du nach München gehst, weiß ich nicht; Carla geht ja nach Nürnberg, bleibt aber wohl vorher noch in München oder hier. Sie ist fortdauernd in pek[uniären] Kalamitäten; *ich biete ihr daher an*, einige Wochen hier zu wohnen; ob sie's annimmt, weiß ich nicht. Mit den Zinsen verrechne ich mein Angebinde. Wähle einen *guten* Tag zur Reise! Herzlich

D. M.

[Augsburg,] d. 30. V. [1906]

Lieber Heinrich,
hier ein Artikel, den die gestrige Abendzeitung enthielt. Neulich, vor ca. 3 Tagen, stand kurz „die Begnadigung", u. heute wird noch mal kurz erwähnt, daß die Gefängnisstrafe aus Gesundheitsrücksichten in einen dreijährigen „Confino" umgewandelt sei. Ich freue mich recht in ihrer u. der Kinder Seele.

Der Hut (4 M, weil die billigen schwerer u. *sehr* gewöhnlich aussehen) ist wieder zu Peter gegangen u. der Betrag mir gutgeschrieben, Porto 50 Pf muß ich wohl tragen. Es war schade, daß Du die genaue Kopfweite nicht angegeben hattest; das wird auch wohl der Grund gewesen sein, warum der Münchner nichts geschickt hat.

Hier ist es schwül und stürmisch, gerade nicht begeisternd. Am 6ten kommt Tante Elisabeth bis 9ten; solange geht Carla zu Löhrs. Ihr Befinden ist sehr wechselnd; sie liegt auch viel u. macht sich nach meiner Meinung zu wenig Bewegung. Dann mangelt es an Appetit. Sonst aber geht es ihr viel besser als damals, als sie aus Flensb[urg] kam; sie hat sich jetzt mehr ausgeruht, in Nürnberg nichts zu tun gehabt als fast allabendlich im „Totentanz" eine „Hemdenrolle", in welcher sie am letzten Abend plötzlich im Parkett wen sitzen sah? – Pringsheims mit 2 Söhnen. Frau Pr. kam zu ihr in die Garderobe und lud sie zum anderen Tage zu Tische ein, u. so war es ein ganz nettes Beisammensein, u. Carla hat ihnen ihren „Reinfall" in Nürnberg so am besten verdeutlichen können. Die Ilm hat 400 M im Monat, ist M.s Geliebte und spielt in *allen* Fächern, was bleibt für andere? Der Agent hatte Carla eben nicht alles gesagt. Jetzt hatte sie ein Anerbieten nach Philadelphia! Aber energisch riet ich ihr ab, an solche Entfernung zu denken, zumal ihr eine für amerikanische *Dienstboten* ausreichende Gage von 100 Dollar (400 M) geboten war. Nun, sie lehnte auch ab u. wartet anderer Dinge. In Amerika kostet ein P[aar] guter Handschuhe ca. 12 M, u. so geht's in größeren Dingen; Hinreise würde ihr gezahlt, aber Rückreise – wovon? Genug, dort käme sie noch mehr auf den Hund als jetzt. Assez für heute. Wir drei grüßen Dich herzlich u. wünschen, daß Du Dich recht gut erholst. Am 6ten Th.s Geburtstag.

Deine Mama

---

16. Nov. 1906
Charlottenburg
Knesebeckstr. 76, Gart. I

Liebe Mama,

mit Deinen Ratschlägen hattest Du ganz recht; in einer kleinen Stadt muß man natürlich vorsichtiger sein als hier. Auch Carla hatte mich gewarnt. Ich mache für Göttingen ein ganz anderes Programm. Z. B. könnte ich die Kindheit der Herzogin von Assy lesen. Willst Du mir den ersten Band schicken? Du bekommst ihn dann mit den anderen Büchern zurück. – Ich denke, bis 6. Dez. in Berlin zu sein. Vielleicht gehe ich auch noch zum Vorlesen nach Königsberg, wenn etwas draus wird. Dann nach München (vielleicht erst am 15. Dez.) und sehr bald weiter, nach Riva oder Italien. – Dies sind meine Pläne. Für Dich ist es schade, daß Du nicht schon Anfang Dezember den neuen Mietern Platz machen kannst. Aber es wäre wohl eine Hetze. Laß Dir nur Zeit! Was heißt das: Du mußt diesen Winter nach Aibling? Um zu baden? Geht es Dir denn schlecht? Wie lebst Du jetzt in Augsburg? Fühlst Du Dich nicht zu sehr allein? Dann fahre doch einmal nach München! Oder gehe wenigstens ins Augsburger Theater oder in ein Konzert, um ein bißchen Anregung zu haben! Also bitte das Buch, und laß es Dir gut ergehen!

Herzlich Dein

Heinrich

---

22. Nov. 1906
Charlottenburg
Knesebeckstr. 76, Gart. I

Liebe Mama,

danke Dir vielmals; ich habe mich sehr gefreut, mein altes Messer heil wiederzusehen. Vielleicht gebe ich dies, oder mein anderes, Vicko.

Tommy hat von mir ein Glückwunschtelegramm bekommen; er ist gewiß froh, daß es ein Junge ist. Denn er wünschte sich einen.

Mit Deiner Gesundheit solltest Du es nun aber ernst nehmen, liebe Mama, und einmal wirklich die Erholungsreise machen, die ich Dir längst angeraten habe und zu der jetzt auch der Arzt Dich mahnt. Wenn im Januar Deine Wohnung vermietet ist, dann hält Dich wirklich nichts mehr und Du könntest zu mir nach Italien kommen: vielleicht zuerst Riva, dann Florenz. Am ersten Ort lebst Du bequem mit 150 M, am zweiten mit 200. Das kannst Du wohl erschwingen. Es braucht nur einen Entschluß: dann geht die Sache ganz

leicht. Wir können hoffentlich in München darüber sprechen. Möglichenfalls komme ich etwas später nach München, bleibe aber dann über Weihnacht dort. – Richte Dich,
bitte, genau nach den Verordnungen des Doktors! Nicht
zu viel im Hause umherlaufen, sondern *draußen*! Herzl.
Grüße und Wünsche.

H.

Bitte, sage mir umgehend nochmals, wo die Scheffner
wohnt! Ich möchte ihr etwas schicken.

[Bremen] Bahnhofshotel
[den 15. Dezember 1906]

Liebe Mama,
Ich weiß nicht, ob Nachrichten von Dir in München, Türkenstr. 35, liegen, wohin ich *Montag* gehen will und wohin
ich schon seit 8 Tagen meine Briefe schicken lasse. Ich war
in Worpswede und wußte nicht den Tag meiner Abreise,
weshalb ich bisher nicht schrieb. Hoffentlich geht es Dir gut
und wir sehen uns bald glücklich in München wieder. Herzlichen Gruß Deines

H.

------

30. Dez. 1906
Mchn
Türkenstr. 35

Liebe Mama,
die Tasche habe ich von der Polizei abgeholt, also war kein
Trinkgeld nötig; auch keine Spesen.
Gegen Frost hilft mir mein Mittel ganz gut. Für den Not-
fall danke ich Dir für Deine Ratschläge.

Mit Frau Pr[ingsheim] werde ich wohl morgen, Silvesterabend, bei Tommy zusammen sein. Das genügt am Ende.

Nein, für die Ewigkeit sind wir nicht. Ich glaube überhaupt nicht an die Ewigkeit dieser Zeit und dessen, was sie hervorbringt.

Wenn ich wieder an Carla schreibe, will ich versuchen, einzuflechten, was Du wünschest.

Bitte, strenge Dich bei meinen Kisten nicht an. Laß doch den Hausmeister die Nägel herausziehen! Ich bin Dir für alle Bemühungen sehr dankbar! Einen großen Teil der Bände hast Du also schon heraus: auf „Salammbô" und „Bouvard et Pécuchet" verzichte ich. Wichtig sind noch: die „Education sentimentale", die, glaube ich, in der kleinen, zuletzt aus Florenz gekommenen Kiste ist, und die „Corréspondance", *in 4 Bänden*. Bitte, schicke mir „Trois contes" *gleich jetzt* hierher!

Das Märchenbuch hätte ich lieber gelegentlich auf deutsch. Die Bilder sind darin besser wiedergegeben.

Du läßt sogar den Bücherkorb reparieren: das ist rührend!

Ich werde sehr gern Deine Bücher und Noten verkaufen. Vor Neujahr ist aber keine Zeit mehr. Und wenn ich noch länger hierbleibe, gehe ich am 2. gern nach Polling. Ich möchte es. Auch täte ich dem Verleger Langen einen Gefallen, wenn ich bis zum 10. bliebe: wegen einer Übersetzung, die er rasch von mir wünscht.

Willst Du für alle Fälle die Schneeschuhe mit nach Polling nehmen?

Anzug und Decke möchte ich nicht verkaufen, sondern aufbewahren für Wintermonate auf dem Lande (wenn ich noch einmal welche durchmache).

Also schicke mir den Korb lieber erst *nach* Polling, falls ich dann noch da bin: was nicht unwahrscheinlich ist. Ich möchte Dir und auch Langen gefällig sein, mit dem ich gestern einen günstigen Vertrag geschlossen habe. Im Laufe dieses Jahres bekomme ich (für alle noch vorhandenen Exemplare meiner bisherigen Bücher) 6000 M ausbezahlt; dazu 1500 für den neuen Roman (wenn er erst ganz fertig ist). Ich werde das alles bei einer Bank einzahlen lassen.

Nun: Dies waren eine Menge Angelegenheiten.

Heinrich Mann, 1906

Zufriedenes Neujahr, möglichst frei von Aufregungen und Ängsten!

Und hoffentlich auf Wiedersehen in Polling!

Herzlich

H.

---

9. Febr. 1907, Mchn
Türkenstr. 35

Liebe Mama,

Jof liegt in der Dr. Deckerschen Klinik, Seestr. 4, verläßt sie aber schon am Montag. Ich habe sogleich Rosen und Flieder, sehr schön, für 3 M hingeschickt, in Deinem Namen, mit Gruß und Wunsch für gute Besserung.

In Eile, herzlich Dein

H.

---

23. Febr. 1907
Mchn

Liebe Mama,

Dank für die Karten. – Ja, dann muß es wohl vorläufig so bleiben. Nimm Dir nur fest vor, Dir nichts draus zu machen!

Die Kritik von Luis (über Mascagni, vermute ich) habe ich nicht gelesen. Wozu auch? Ich habe ja selbst meine Eindrücke, und die Kritiken sind ganz überflüssig.

Bei dem Sturm ist es vielleicht auch Dir nicht sehr wohl gewesen? Mir war es herzlich schlecht. Hoffentlich wird es jetzt wieder besser; der Roman muß fertig werden. Der Anfang wird jetzt schon gedruckt.

Herzlichen Gruß Deines

H.

[Mori,] 9. April 1907

Liebe Mama,
glücklich in Mori gelandet. Jetzt nur noch eine Stunde mit der Dampftram, das ist nicht viel gefährlicher, als wenn Du durch die Ludwigsstraße fährst.
Herzl. Gruß

H

[Riva, den 3. Mai 1907]

Liebe Mama,
dies ist aus Modena; ich war dort und in Parma, auch in Mailand und Verona. Ein ganz schöner Ausflug.

Die Ratschläge, die Dein Brief enthält, will ich beherzigen. Hoffentlich hast Du in Polling einen schönen Frühling. – In Venedig werde ich, sobald ich weiß, wann Carla kommt, Hotelzimmer bestellen. Wohnung suchen und finden wir dann schon. Auf die Ausstellung freue ich mich. – Heft 8 des „März" will ich Dir schicken. Ich kriege ihn umsonst, zahlen würde ich nicht dafür. – Die 2 nachgesandten Bücher habe ich erhalten. Danke. –
Herzl. Grüße

Dein H.

10. Mai 1907, Venedig
Grand Hotel Lido

Liebe Mama,
Danke für Deinen Brief. Carla halte ich zum Gurgeln an. Im übrigen leben wir sehr regelmäßig, und so wird ihre Erkältung wohl bald weggehen. Venedig gefällt ihr sehr.

Mit dem Gelde eilt es, wie gesagt, gar nicht. – Wir sind nun kaum noch 14 Tage hier, da Carla dann ins Engagement muß. Auch Tommy und Katia werden wohl ungefähr so lange hier sein. Sie haben Venedig schließlich doch Frankfurt vorgezogen. Morgen Samstag soll die Premiere sein, kaufe Dir nur die „Frankfurter Zeitung" vom Sonntag. Auch in den „Neuesten" wirst Du natürlich etwas finden. – Hoffentlich befindest Du Dich in Polling wohl. Hier ist bis jetzt ein phantastisch schönes Wetter und Venedig wirklich eine Märchenstadt, an die ich mich niemals gewöhne.

Herzlichen Gruß

H.

An Vicko schreiben wir eine Ansichtskarte.

[vor dem 22. Mai 1907]

Liebe Mama,

vielen Dank.
Gestern sind wir nicht zu einer Ansichtskarte gekommen, haben aber doch zusammen Deiner gedacht. – Ich fahre jetzt nach Bozen.

Herzl. Gruß

H.

---

22. Mai 1907, Bassano (Veneto)
Albergo S. Antonio

Liebe Mama,
gestern habe ich mich von Carla getrennt, die heute in Metz ankommt. Es ging ihr gut. Ich selbst befand mich in Venedig 10 Tage lang befriedigend, dann, bei verändertem Wet-

ter, schlechter. Das Seeklima vertrage ich offenbar nicht und versuche es jetzt hier in den Voralpen. Es ist eine sehr schöne Gegend mit frischerer Luft. Wie lange ich bleibe, weiß ich nicht. Vielleicht ist doch München das beste. Kann sein, daß ich schon sehr bald wieder hinfahre. In dem Fall würde Nachricht von Dir mich hier kaum noch treffen. Wenn Du sie auf gut Glück abschicken willst, wird es mich sehr freuen, wenn ich sie bekomme. Hoffentlich bist Du in Polling wohl und zufrieden. Ist die Baronin dort? Hörst Du Gutes von Vicko? Wenn ich in München bin, denke ich Dich zu besuchen. Venedig war so zauberhaft wie immer; wir waren alle sehr entzückt und nahmen uns vor, dort wieder zusammenzukommen. Der Lido und Venedig, der Seestrand und diese Stadt, das ist mehr, als man sonst beisammen findet. Das nächste Mal solltest Du auch hinkommen.

Laß es Dir gut ergehen! Herzlichen Gruß Deines

H.

---

19. Juni 1907, Nußdorf

Liebe Mama,
es freut mich sehr, daß Du meinen Roman doch gut findest. Jetzt bin ich in dem ersten Teil des neuen, und es geht augenblicklich befriedigend. Die in Possagno geschriebene Novelle ist noch nicht einmal ins Reine gebracht.

Harden finde ich sehr geschickt und freue mich, daß ein Literat in Deutschland solchen politischen Einfluß erlangt hat. Dieser Einfluß eines einzelnen ist aber doch eine Folge aristokratischer, veralteter Zustände. Es wäre zu wünschen, daß die Kenntnisse und die Macht, über die jetzt Harden verfügt, unter viele bürgerliche Politiker verteilt wären.

Was Carla betrifft, mußt Du von dem Irrtum abkommen, daß sich ihr Schicksal (oder das Schicksal irgend jemandes) anders hätte gestalten können, als es geworden ist. Sie war nun einmal hierzu berufen, und im andern Fall wäre sie sicherlich nicht glücklicher geworden, wahrscheinlich unglücklicher. Die Geldkalamitäten werden auch einmal aufhören. Du bist aber rührend gütig, daß Du Ersparnisse machst, um ihr geben zu können. – Sie hat mir schon geschrieben.

Versuche bitte, Dir nicht so viele Sorgen zu machen! Wie wäre es, wenn Du die meterologischen Nachrichten nicht mehr lesen würdest?

Herzlichen Gruß

H.

An Vicko meinen Glückwunsch zu dem Einser!

[Juni/Juli 1907]

Lieber Heinrich, man hat recht, sich über Dein Nomadendasein zu beklagen; Du schneidest dadurch den Kontakt mit wichtigen Mitmenschen ab! Schreibe doch *gleich* an Ewers, er tut doch viel, in seiner Freundschaft u. Begeisterung für Dich. Auf Deine mir angegebene Adresse: Mailand, Albergo Biscione, hin (weißt Du es noch?) schrieb ich 2–3mal dorthin; hole es Dir bitte ab.

Herzl. Gruß

Deine Mama

---

9. Juli 1907, München

Liebe Mama,

zu einem Gebirgsort habe ich mich doch nicht entschlossen: Meine Nerven sind wieder etwas verstimmt; d. h. wenn ich nicht arbeite, befinde ich mich ganz leidlich.

Nur die geistigen Anstrengungen bekommen mir nicht gut; und da dies neuerdings häufiger so ist, möchte ich einmal etwas Energisches dagegen tun und begebe mich morgen in die Kuranstalt Neuwittelsbach, München, Romanstraße. Auf diese Weise bin ich in Deiner Nähe und kann mir einmal einen Tag frei machen, um Dich zu besuchen. Hoffentlich genügt ein Monat zu meiner Erholung; nachher gehe ich dann noch aufs Land. Glücklicherweise habe ich für die Kur genügend verdient. „Zwischen den Rassen" hat schon das dritte Tausend und bringt mir bisher 3000 M ein. Hoffentlich kommt noch mehr. Geht es Dir gut? Vicko wird jetzt gleich zu Dir kommen. Der Weg zu Lula wird jetzt für mich etwas weit sein; ich will einmal sehen.

Herzlichen Gruß

H.

Wie Du Vicko behandelst, ist es, glaube ich, sehr richtig.

---

21. Juli 1907, Mnchn
Romanstr., Kuranstalt
Neuwittelsbach

Liebe Mama,

Du bist nun wohl zurückgekehrt? Mit Lula geht es hoffentlich fortgesetzt gut. Wenn Du ihr schreibst, sage ihr, bitte, meine besten Grüße. Meinen Glückwunsch hattest Du ja schon ausgerichtet. – Mein Befinden ist erträglich. Nach dem Ultental zum Dr. v. Hartungen kann ich noch nicht sofort. Ich werde wohl bis zum 31sten hier bleiben, dann einige Tage mit Ewers in München, bei Dir und in Seeshaupt sein (wenn es mir nicht zu viel wird) und dann nach Südtirol gehen. Bist Du am Mittwoch in der Stadt, dann erwarte ich Dich sehr gern um 5 Uhr. Lasse mich dann doch vorher telephonisch wissen, ob Du kommst. Du kannst mit dem Büro der Kuranstalt sprechen und es mir sagen lassen. Bist Du

aber anderweitig zu sehr in Anspruch genommen, dann hetze Dich nur nicht ab.

Herzlichen Gruß

H.

Laboe, 25. 8. [1907]

Lieber Heinrich,
eine Depesche hätte Euch erschreckt, daher bitte ich Euch
per Expreßbrief (weil wir hier ganz furchtbare Wolken-
brüche haben), daß Ihr doch ja nicht mit dieser unangenehmen elektr. Bahn fahrt, falls gerade auch solche starken Güsse fielen; wie oft sind in Bayern die Bahnen aufge-
rissen, u. Dammrutschungen fanden nach solchen Wettern
statt! Ich hatte lange keine Karte von Euch. Wenn Ihr so kalte Tage hattet wie wir hier, dann hast Du Dich nach Deinen Wintersachen gesehnt; wenigstens las ich neulich, daß
im oberbayr. sowie anderem Gebirge schon Neuschnee fiel.
Nun reisen wir voraussichtl. schon am 30sten, u. so kann
ich hoffentlich am 1sten abends noch von Deinen Sachen etwas heraussuchen u. Dir irgendwohin schicken. Sehr eilig
bin ich natürlich, da wir am 2ten nach Polling fahren wollten.

Hier hatten wir Kriegszustand seit 3 Tagen. Vicco immer bei den Matrosen u. Soldaten, nachts in ihrem Zelt geschlafen, rechts ein Matrose, links ein Matrose; die Leute
wechselten mit der Wache, welche einmal auch Vicco vertrat. Er hat ca. 15 Mann photographiert, oder *18*, 12 auf einem Torpedo, wo er Zutritt bekam. Sie gaben ihm jeder 10
Pf dafür, daß er jedem 1 Bild macht u. es ihnen schickt.
Prinz Heinrich war gestern mit der Dampfjacht „Carmen"
gekommen, um der Nachtübung beizuwohnen. Ich ging
nach 9 Uhr schon vom Strande fort, da Vicco die *ganze* Nacht
blieb u. ich so spät nicht allein nach Hause wollte; so hörte
ich vom Bett aus die ersten Schüsse, die man von allen Seiten auf den Feind gibt, sobald er die Scheinwerfer-Lichtsper-

re passiert. Die Schlacht dauerte von 11 1/4 bis ca. 3 Uhr. Vicco kam um 7 Uhr zum Frühstück heim, frischte seine Toilette etwas auf u. verschwand wieder. Das ist eine Leidenschaft, die mir wahre Leiden schafft; er beharrt dabei, u. ich glaube jetzt, daß es so kommt. Dabei liest er „Seestern 1906", ein Buch, das *mir* schrecklich auf die Nerven geht, da ich Viccos Zukunft bedenke.

Nun gib mir bald Nachricht!

Grüße *alle*.

Deine Mama

[Polling, den 5. November 1907]

Lieber Heinrich,

in Eile nur, und zu eigenem Ärger, die Bitte, statt Donnerstag lieber am Freitag zu kommen, denn der Hafner kam statt heute früh erst halb 1 Uhr u. zweifelt jetzt schon daran, morgen abend fertig werden zu können. Du kannst Dir wohl nicht vorstellen, wie schlimm ein meubliertes Zimmer ausschaut, wenn ein Hafner zwei Tage da war; ich fühle mich heute schon schaurig im Schmutz, u. der Ofen im „Kinderzimmer" muß auch erst nachgesehen werden, damit Du keinen Rauch leiden mußt. Schreib mir, mit welchem Zug Du kommst.

H.

D. M.

[Polling,] d. 6. 11. [1907]

Lieber Heinrich,

um 11 Uhr ist heute der Hafner fertig geworden, u. ich hatte mich sehr gefreut, Dich übermorgen hier sehen zu dürfen; nun trafen aber Deine Karten ein, die Meldung von Dei-

nem *späteren* Kommen enthaltend. Ich komme nicht anders von der Taufe, als wenn ich etwa zu Brubacher müßte, was letzter Tage leider nötig schien, da er noch *zwei* zu plombieren hat u. noch die Arsenikeinlage nicht entfernt ist. Aber gern gehe ich nicht hin, weil, auch wenn man zu einer gewissen Stunde bestellt ist, man entsetzlich lang warten muß; jedenfalls hätte ich zu nichts anderem Zeit, denn ungern bliebe ich die Nacht fort. Vicco fing gestern früh halb 5 Uhr mit Praktizieren an u. kam 6 Uhr abends über u. über *schwarz* heim; er geht in hohen Reiterstiefeln mit vernagelten Sohlen. Überlege doch noch besser, ob Du nicht *vor* Norddeutschland herkommen kannst, wenn auch nur kurz, u. nachher länger. Die Karten sind sehr hübsch gemacht.
H. Gr.

Mama

[Polling, den] 11. 11. 1907

Lieber Heinrich,
ich möchte, hauptsächlich um Dich zu sehen, morgen kommen, sollte es Dir nicht konvenieren, daß ich ca. 12 3/4 Dich abhole (mein Zug kommt 12.18), dann telegraphiere nur. Wir essen dann wohl zusammen, u. ich gehe noch voraussichtlich zu einem Hütegeschäft u. etwa noch in zwei andere Geschäfte u. fahre 4.20 fort. –
Also auf Wiedersehen. Wenn der Berg nicht zu Mohammed kommt, muß Mohammed zum Berge. Allah il allah, was Mohammed resul allah. (Das gehört gar nicht hierher, aber ich freue mich darauf, Dich zu sehen.)

Deine Mutter

19. Nov. 1907, Berlin
Hotel Sanssouci
W. Linkstraße 38

Liebe Mama,
nach einer Fahrt ohne Zwischenfälle bin ich angelangt, fühle mich nicht allzu ermüdet und sitze jetzt in einem italienischen Restaurant. Übermorgen denke ich zu lesen.

Die „Gardasee-Post", ein in Riva erscheinendes Blatt, hat eine Besprechung von „Zw. d. Rassen" gebracht, worin auf jenen Angriff der „M.N.N." erwidert wird. Ich schicke Dir das Blatt.

Herzlichen Gruß

H.

20. Dez. 1907
Mchn Akademiestr. 13[1]

Liebe Mama,
das ist immer dasselbe. Diese Leute hätten von Rechts wegen nur die Stimmung des Publikums auszudrücken (die gut war) – und statt dessen drücken sie ihren eigenen Neid aus. – Die Schauspieler selbst waren neulich abends sehr befriedigt: das ist das beste Zeichen. Von Delius (einem Dramatiker) kommt in einer Düsseldorfer Zeitschrift eine sehr gute Besprechung. Im „Berl[iner] Tagebl[att]" las ich eine vollkommen günstige Notiz. Sonst weiß ich noch nichts, gehe aber heute Abend zu Tommy.

Auf Wiedersehen, wahrscheinlich Sonntag, 6 Uhr.

Herzlich

H.

13. Mai 1908
Venedig G[ran]dhotel Lido

Liebe Mama,
ich wußte schon, Du würdest meine Sommerunterwäsche
dort haben; denn wo sonst sollte sie sein. Ich begreife, daß
Du bei der Menge von Sachen, die ich Dir auflade, nicht
alles mehr weißt. An 2 sehr leichten weißen Unterhosen ist
mir gelegen. Was Du findest, laß, bitte, vorläufig dort. – Aus
Meran wirst Du 1 Paket erhalten haben. Darin sind: 1 Pale-
tot, 1 ganzer Anzug und 1 Jackett, ferner *Winter*-Unterwä-
sche (Hosen, Leibchen, Strümpfe). *Bitte, merke Dir*, daß Du
diese Sachen hast!
    Vielen Dank und Gruß!
    Hier ist vorläufig das schönste Wetter. Auch Inés grüßt
Dich herzlich.
                              Dein H.

Polling, d. 16. VI. [1908]

Lieber Heinrich,
jetzt wirst Du es auch warm haben. Wir haben wieder immer Gewitterluft. Hier mal wieder ein Warnungszettel; be-
herzige ihn, bitte! Setze Dich nirgends alleine hin u. auf
der Reise auch lieber mit vielen zusammen, u. habe Deine
Geldtasche auf der Brust; nur weniges im Portemonnaie, so
viel, daß Du nicht vor anderen das verborgene Geld her-
ausnehmen brauchst.
    Gestern war ich in München, um Tommy zu sehen, er ist
leider wieder in Loebs elektrischer Behandlung wegen
Schmerzen im Kopf, Magen u. allen Gliedern. L. erklärt,
der Lido sei zu stark für Tommy. *Etwas* besser geht es jetzt,
u. Samstag siedeln sie nach Tölz über. Er hatte nämlich nach
Polling kommen wollen und mußte nun abtelegraphie-
ren.

Ich wollte Dir auch von Deinem kleinen Bruder Koff etwas erzählen. Es hält sich hier als Verwalter an der Ziegelei ein junger unverheirateter Münchner auf, der sehr hinter die Frauensleute her ist u. dafür bei allen Burschen schon bekannt ist. Diese können aber die Stadtherren, welche ihren Schönen den Hof machen wollen, nicht leiden, so geschah folgendes: Eines Abends, als der Herr Verwalter einer Dorfschönen nachgehen wollte, es war so im März, wurde er von einem Rudel Burschen „heimgescheitelt". Das geht *so* vor sich: sie holen Holzscheite und werfen sie so lange hinter dem Übeltäter her, bis er zu Hause angelangt ist; u. der Herr Verwalter ist dann auch derartig gelaufen, um von den nachfliegenden Scheiten keinen an den Kopf zu bekommen, daß er *sehr* bald „heim" war. Vicco kennt und duzt sich hier mit allem, was „arbeitet", u. a. auch die Töchter des Ziegelei-*Pächters*, mit denen er sich über Arbeiten unterhält, sie photographiert, wie er alle möglichen anderen auch tut: Mit einer von diesen stand er vor einigen Wochen auf der Straße, nach Feierabend, an der Ecke des Hauses, wo der Verwalter wohnt. Nach längerer Zeit tritt dieser, 2 Stühle in der Hand, zu Vicco u. dem Mädel, stellt ihnen die Stühle hin und bittet, doch Platz zu nehmen. Die Bremauer, so heißt das Mädel, geht lachend davon, u. lachend sagt Vicco, als sie fort ist, zu dem Münchner: Ja, Herr Verwalter, mir genügen noch die Stühle – Ihnen aber muß man gleich das *Bett* holen! – u. ging davon, zu Schweigharts, hat es dort erzählt, u. die sind voller Freud über ihn: „*Dees* hast guat g'macht, Vico", die alte Röck ist entzückt usw. *Ich* habe mir natürlich voller Schrecken gesagt: „Also *so* weit ist mein kleiner Koff schon!!" Als ich mit ihm sprach u. fragte, ob der Verwalter es ihm nicht nachtragen werde, sagte er: Nein, seit der Zeit ist er *sehr* freundlich mit mir.

Die Meubles bleiben noch immer aus.

Herzlichst

Deine Mama

Wie schlägt denn Deine Kur an?

[Polling, den 29. Juni 1908]
Dimanche soir

Cher Henri,
c'était la *troisième* fois que j'avais le plaisir de voir Inés –,
elle me plait toujours chaque fois mieux meilleur, je ne *peux*
dîre autrement. C'était un beau jour avec elle. Elle arrivait à
1 h. 1/2 et partit à 9 h. 25.

Nous nous sommes promenées, avons vu l'église, nous
avons fait la musique; seulement le dîner chez la Schw[eig-
hart] était maigre, *elle* devient toujours plus avare, elle ne se
gêne pas du tout, seulement quand Löhrs sont ici. Je ne peux
pas recevoir une servante, es gibt in dieser Gegend keine.

Herzlich grüßt

Deine Mama

P[olling,] d. 4. 7. 08

Lieber Heinrich,
mit bestem Dank bestätige ich Dir heutigen Empfang der Anweisung auf 79 M 42 Pf zur Tilgung der Meubles-Spesen. –
Diese großen Kollis stehen nun *besser* aufgestellt auf dem
Gang unten, ganz bekleidet mit Tannen- und Lindenzweigen,
u. geben dem Entrée, wie alles hier bei mir, ein originelles Ansehen. Inés meinte, sie wolle Dir schreiben, daß sie bei mir
nicht stehen könnten; ich bat sie, dies nicht zu tun, sie irre sich,
es würde ganz gut gehen. Noch hörte ich nichts wieder von
ihr; sie wollte ja viel reiten u. nach Dachau ziehen; hatte auch
Lust, Dich in St. Nikolaus zu besuchen. Morgen kommen Löhrs,
um mir Evele zu bringen. Du wirst doch hoffentlich bald
kommen?, mit Inés!

H. Grüße!

Mama

L. H.

ich warte schon lange vergeblich auf Nachricht von Inés; schrieb ihr einen Brief u. eine Karte; sie ist viell. schon in Dachau; wollte ja aber viell. noch *Dich* besuchen. Da sie hier den Wunsch äußerte, das Bild von Dir zu besitzen, wo Du mit Th. zusammen bist, weil sie Dich darauf so besonders nett findet, bestellte ich es bei Goudstikker u. möchte es ihr nun schicken; aber wohin? Kannst Du es mir schreiben? Ich armer Stachel bin momentan mit den Nerven gar nicht gut daran; das datiert, seit ich hier wohne; viel Schuld trägt auch die Schmiede. Wollte nur mit Vicco noch zusammen sein, dann, wenn's geht, suche ich mir ein ruhigeres Plätzchen.

H. Gr.

Mama

Polling, d. 12. [September 1908]
abends

Lieber Heinrich,

gleich nach Empfang Deiner lieben Karte gehe ich daran, Dir mütterlichen Trostversuch zu schicken. Da muß ich denn offen sagen, daß es so für Dich *besser* ist, mein lieber Junge, sosehr Du Dich auch auf das stete Zusammensein mit der lieben Inés gefreut haben magst. Aber schau mal, schlimmer wäre es gewesen, wenn Du an Deiner Seite von vornherein eine *so* zarte widerstandslose, nervöse gereizte Frau hättest, deren Anblick Dir in jeder Weise Qual bereitet haben würde. Du wirst ja auch hoffentlich nicht so bald nach Italien gehen, sondern noch in München sein, wenn ich in der Pension bin, wo ich vorgestern im ersten Stock mietete. Auch würde ich mich so *sehr* freuen, wenn Du allein mich hier in Polling noch mal besuchtest. Ich möchte Dich mündlich sprechen; komme nur bald. Inés ist jetzt doch, glaube ich, gerne allein, sie studiert u. denkt an eine Künstlerlaufbahn; das alles nimmt ihre Gedanken ein. Ich schrieb ihr gerade heute noch, sie möge für einige Wochen zu Hartungen gehen, um sich für ihr Bühnenstudium ganz ausheilen zu lassen, da *München* für ihren Zustand gar nichts sei. Und die Mama, die ja auch zart ist, wird sich in München gewiß auch dauernden Katarrh holen, in dieser rauhen Jahreszeit. Ich bleibe hier noch ca. 6 1/2 Wochen; da mußt Du kommen, um vielleicht manches auszusuchen, was Du über Winter brauchst; denn ich denke den ganzen Winter fortzubleiben. Deine Meubles stehen hier ganz gut; ich lasse die meinigen ja auch hier.

Wie wünschte ich Dir eine *gesunde* Frau, mein lieber Heinrich, die Dir ein schönes Heim bereiten könnte. Aber andernfalls lieber ledig sein! Hier in Polling sind diesen Sommer *3 ledige* Maler im Alter zwischen 40 u. 50, die gewiß zehnfach hätten heiraten können, wenn sie gewollt hätten. Es hat sein Für u. Wider in der Welt; u. man muß sich oft resignieren, wo das Wohl berücksichtigt sein will. Komme bald her, mein Heinrich; wir wollen einen gemütlichen Tag zusammen haben, u. wenn Du magst, auch *mehrere*.

Herzlichst

Deine Mama

---

*[Polling,
den 18. September 1908]*

Lieber Heinrich,
ich hoffe, Du bist recht gestärkt nach München gekommen, wo wohl ebenso wie hier eine Art Herbstwetter seit einigen Tagen herrscht. Immerhin scheint heute die Sonne etwas anhaltender u. gibt die Hoffnung, daß ein Nachsommer kommt. Ich freue mich sehr auf Euern Besuch, bitte nur, ihn mir *recht-*

zeitig zu melden u. *darauf keine* Absage zu schicken! Denn ich bestelle bei Winhart u. mag das dann nicht rückgängig machen. Kommt auch nicht am Sonntag, die Werktage sind viel netter hier. Es grüßt Euch herzlichst

la mère

Das „Literarische Echo" hat mir *noch* nicht Dein Bild zurückgeschickt! Kann man mahnen?

M[ünchen,] d. 11. 11. 08

Lieber guter Heinrich,
herzlichen Dank für Deine lieben Zeilen; aber daß Du neuerdings so leicht fieberst, beunruhigt mich doch. Schreibe an Hartungen darüber; weiß er, daß Du in Mentone bist? Gehe vorl[äufig] gar nicht mehr nach Italien; Du solltest *frische* Luft haben, natürlich ohne rauhe Winde, wie wir sie hier jetzt hatten. – Ich finde Frl. Inés ganz gut aussehend. Ich habe soeben wieder in aller Offenheit, aber freundlich mit ihr gesprochen u. bin *wiederum* der Meinung, daß es ein im *Grunde* gutes Herz ist, das nur zuweilen übersprudelt u. sich kompromittiert. Ich *verstehe* das. An Dir, lieber Heinrich, ist es aber, sie zuweilen auf das geziemende Niveau zurückzubringen, Du darfst es nicht *so* weit kommen lassen, daß *andere*, Fremde, einen falschen Eindruck von Eurem Verhältnis bekommen; es darf Dir das *ja* nicht gleichgültig sein, denn Du stehst in Ansehen u. immerhin exponiert. I. sagte mir, daß sie manchmal einen Dämpfer brauche, u. den müßtest Du ihr geben; sie würde dann sofort ruhig. Darauf hoffe ich nun. Sie war erstaunt, als ich ihr sagte, Du habest zu meiner Beruhigung geäußert, daß sie ihre Absicht, Künstlerin zu werden, vielleicht noch aufgäbe: nein, sie habe Dir das in aller Bestimmtheit schon gleich gesagt u. bliebe dabei. Ich stellte ihr vor, daß Du mit der Zeit vielleicht eine geregelte Häuslichkeit sehr wünschen würdest, worauf sie erwiderte, daß Dir Alleinsein u. Ungestört-

sein zur Arbeit Bedingungen blieben. Ich sprach noch manches Offene mit ihr, mußte ihr auch aus Deinem Briefe etwas erzählen (was ihr Freude machen konnte), sie hat sehr lebhaft u. unter munterem Lachen mit mir sich unterhalten u. nahm mit größtem Interesse meine Erzählung auf, daß man in einem Restaurant, od. beim Eintritt, sie habe einmal *sehr* aufgeregt u. unfreundlich diskutierend mit Dir sprechen hören; und findet es *selbst* unpassend, daß sie es tat, da ich ihr sagte, Du seiest ja nicht *irgend jemand*, sondern von vielen hier auch *dem Ansehen nach* bekannt, es wäre für Dich so was nicht vorteilhaft. Ich bin aber mit I. recht zufrieden, daß sie alles so mit Einsicht annimmt; auch daß sie mir offen sagte, die Geschwister hätten ihren *Besuch* nie erwidert; das muß ich allerdings auch rügen u. lasse mal ein Wort darüber fallen.

Ich danke Dir, daß Du auch ein aufklärendes Wort über Euer Verhältnis heute fallenläßt; *meine* Worte waren noch vorgestern: Heinrich ist zu korrekt und taktvoll, als daß er mir jemanden als seine *Braut* eigens vorstellt, der es nicht wert wäre.

Verzeih die Eile; die Wege sind hier so weit, daß man kaum fertig mit Besorgungen wird. V. geht's gut; schreibe ihm mal! Vötting b. Freising, bei Wagner Kässl.

Merkst Du, daß *kein* Fieber mehr eintritt, dann bleibe, sonst gehe doch lieber zum Hartungen!

Herzlichst

Deine Mama

Die Reichstagsverhandlungen!

---

*[München,
den 25. November 1908]*

Lieber Heinrich,
wo denkst Du hin! Wechsel? He receives twenty M for month, only as pocket-money; I must buy *all* things for him. At Polling he had twelve. Es geht ihm gut, sein Zeugnis von

Schweigharts hat dem Inspektor so imponiert, daß er Vicco gleich mehr Vertrauensposten u. Arbeiten gegeben hat; er ist, nach diesen *wirklichen* Arbeitsjahren in Polling, in Weihenstephan schon einer der Tüchtigsten und Fleißigsten – das zu sein, ist auch sein Ehrgeiz.

Ich war nun fast 3 Tage in Freising und sah ihn, weil er zu entfernt von dort wohnt, 2 Tage; es ist ein braver kleiner Mensch; er ließ Euch alle herzlich grüßen. Bitte schreibe ihm mal eine Karte: Vötting b. Freising, Ob. Bayern, bei Wagnermeister Kässl.

Schreibe mir auch, ob Du meinst, daß ich I[nés] eine Kleinigkeit zu Weihn[achten] gebe, etwa einen Marzipan? Oder etwas Nützliches? Sie soll dadurch aber nicht veranlaßt werden, ein Gegengeschenk zu machen.

Sei herzlichst begrüßt von

Deiner Mama

[*München,*
den 29. November 1908]

L. H., verzeih, wenn ich die vorige Karte ungenügend frankiert haben sollte, es schwebt mir so etwas vor. Aber Du schreibst ja so lange nicht?! Bist doch gesund? Tommy sagte mir eben, er habe sehr lange kein Schreiben von Dir, *bitte* schreibe ihm doch; die Geschwister wünschen alle, mit Dir in herzlichstem Verhältnis zu bleiben, u. wünschen mit *mir*, daß Du glücklich werdest. Mit Inés spreche ich in freundschaftlicher Offenheit, u. sie benimmt sich mir gegenüber *sehr* gut. Was soll ich betr. Marzipan tun?

H. Gr.

Mama

Lieber Heinrich,

noch immer haben wir alle (wie mir Frl. Inés sagt, auch *sie* nicht) keine Nachricht von Dir. Ob Krankheit Dich vom Schreiben abhält? Bitte so herzlich nur um einige Zeilen, u. andernfalls sollte doch Herr Herzog schreiben! Wie Dir schon mitteilte, entbehrt Tommy sehr den briefl. Verkehr mit Dir; hoffentlich hast Du nun inzwischen ihm schon Brief geschickt. – Da ich in dieser Zeit gesehen, daß Inés keine Süßigkeiten ißt, wäre es mit dem Marzipan wohl nichts? Ihre Mutter wird am 20ten eintreffen; vielleicht findet *sie* Geschmack daran, aber ich möchte doch für Frl. Inés eine Kleinigkeit wissen, die sie erfreuen würde. – Während sie ja schon lange Deine Geschwister nicht mehr gesehen hat, absichtlich nicht, hat sie mir, auf *vieles* Bitten, heute versprochen, nächstens bei mir zum Tee mit Tommy u. Katia zusammenzukommen. Mein lieber Heinrich: ich habe alles bei Lula versucht, aber sie ist so fest der Meinung, daß Dein geschwisterliches Verhältnis zu ihr noch nie so schlecht war als seit Deiner letzten Anwesenheit, da Du auf alle Aufforderungen hin nicht zu ihr gingst, daß sie mir verboten hatte, sie mit Frl. I. zusammen einzuladen. Nun muß ich doch ab u. zu meine Kinder zu mir bitten u. mußte, so schwer es mir wurde, darüber mit I. sprechen u. ihr die Gründe angeben, warum ich *sie* nicht dazubäte, worauf sie sagte, sie käme ohnehin nicht. Weil sie doch so freundlich ist, mich zuweilen nachmittags zu besuchen u. dabei einmal zufällig die Geschwister treffen würde, die sie ja selber „*seit Tölz*", wie sie mir sagte, nicht gern mehr sah. So ist es gekommen, daß sie bisher mit *mir* ganz freundschaftliche u. offene gegenseitige Aussprachen hatte, die Geschwister aber nicht sah; denn trotzdem mir Tommy u. Katia früher schon sagten, ich solle ihretwegen ganz ruhig Frl I. mit einladen, sie wären gar nicht erbittert auf sie, wollte I. nichts davon wissen, weil sie zu stolz ist u. sich niemandem aufdrängen mag. Wie gesagt aber habe ich heute ihr Versprechen erhalten, das nächstemal dabei zu sein, u. sie will sich bezwingen. Ob Ihr Euch heiraten werdet oder nicht, das muß man der Zeit und Euch überlassen; doch aber ist es freundlicher u. versöhnlicher, wenn man unter sich die Dehors wahrt und sich evtl. nicht im Unfrieden trennt. Ich wollte Du wärest hier, hoffe aber hauptsächlich, daß Du Dich *wohl* fühlst u. Du bald von Dir hören lässest.

Die beiden Bände Keller habe ich schon für Dich.

Adieu, mein lieber Heinrich, sei innigst begrüßt von

Deiner Mama

Schreibe mir, ob Du zufrieden mit mir bist. –

[München,
den 7. Dezember 1908]

Lieber Heinrich,
wie könnte ich nur einem wildfremden Menschen gleich einen Marzipan schenken. Tat ich schon *je* so etwas? Ich meinte ja: falls ich I[nés] einen gäbe u. sie ihn nicht äße, könnte la mère ihn viell. verzehren helfen u. le frère, voilà tout. Aber auf Deinen Rat kaufte ich lieber ein Buch, weil ich im Gespräch mit Frl. I. erfuhr, daß sie sämtliche Keller kenne. Dies wird nun hoffentlich nicht der Fall sein bei Lisbeth Dill: „Die kleine Stadt", was ganz neu heraus ist.

Heute sind T., K. u. Frl. I. bei mir zum Tee, weil ich wenigstens *die* wieder zusammen sehen möchte. Lulas Auffassung billige auch *ich* nicht; wenn sie mir auch sagte: „Von meinem Bruder H. halte ich zu viel, um *ihm* etwas übelzunehmen, sobald es mit seinem Befinden und Stimmung zusammenhängt, aber –" usw. Sei *Du* ihr nun bitte auch nicht böse; sie war ja schon als Kind über Dinge so leicht und sehr erregt, u. ich merke das ja auch *mir* gegenüber *sehr* häufig, was nicht hindert, daß ich mir wirklich Sorge um ihre Stimmung mache u. ihr großes Hauswesen *bedaure*. – Im übrigen aber drehe ich München in 3 Wochen den Rücken, um, wie Du auch vorschlugst, nach Freising zu gehen; dort werde [ich] wohl ein paar Monate bleiben. Es liegt frei, offen, man hat einen weiten Horizont, u. Koff ist mir näher. Werde nur wieder ganz gesund, mein lieber Heinrich, u. behalte lieb

Deine Mama

Verzeih, daß ich zu vermitteln suchte, es geschah nur *Deinet*wegen aber ich werde gar nicht klug; einmal heißt es, „ich werde H. wohl so bald nicht wiedersehen", dann wieder anders.

Tommy ist nicht erbittert.

[*München,
den 7. Dezember 1908*]

Lieber Heinrich,
habe ich Dir geschrieben, daß L[ula] etwas „erbittert" sich äußerte, so teile das bitte *niemandem* mit; es geschah dann ja bestimmt nicht, um noch den Zwiespalt zu vergrößern, sondern nur, damit Du nicht weiter darüber erstaunst, daß T., K., I[nés] u. ich ohne Lula bei mir waren. Rege auch *Du* Dich bitte ja nicht auf; der heutige Tee verlief sehr nett, leider war T. nur wieder etwas magenkrank, der arme Junge; die Köchin hatte heute dumm gekocht; aber die Unterhaltung war trotzdem recht nett. Und Katia hat Dir ja geschrieben; denn T. war die letzten Tage außerdem sehr beschäftigt. Von ihm schrieb ich Dir neulich zweimal, daß er sich nach Brief von Dir sehne; sobald Du Dich besser fühlst, schreibst Du ihm wohl, aber bitte so, daß nichts mehr aufgerührt werde, was sich schon gesetzt hat; sage auch nichts über Lula, es könnte neuen Unfrieden erzeugen.

Herzlich grüßt Dich

Deine Mama

Mein lieber Heinrich,
ich danke Dir herzlichst für Deine lieben Zeilen; darnach
scheint es aber, daß meine Sendung Dir noch nicht zuge-
gangen war. – Ehe ich es vergesse: Tituliere Deinen Roman
doch noch anders, trotzdem er sicher von allen anderen ähnlichen Titels weit abweicht; ich meine nur wegen L. Dills
Buch „Die kleine Stadt", wie ja Deins auch heißen sollte!
Nun komme [ich] auf Deinen Brief zurück; ach, könnte
ich Dir's alles mündlich sagen! – Ich und auch Katia u. Tommy geben Dir recht, daß sie alle hätten Frl. I[nés'] Besuch erwidern können, trotzdem man über Erwiderungen von
Besuchen Fremderer in Pensionen verschieden denkt, man
erledigt es in der Weise, daß man zu *sich einladet*, in Eurem
Fall: da L[oehr]s u. M[ann]s doch nicht annehmen konnten,
daß Frl. I. *sie* einladen würde, solange sie alleine wohnt. Geladen hat Lula Dich u. Frl. I. gleich nach ihrem Umzuge, bei
erneuerter Einladung hat sie zugesagt, dann kurz vorher
abgesagt wegen Krankheit, die sie doch nicht hinderte, tags
darauf ins Theater zu gehen. Euer Verhältnis wurde gleich
durch kleine Übelnehmereien getrübt; Antipathien gegen
Frl. I. entstanden allmählich u. fanden immer größeren Raum
nach ihrem Betragen gegen *Dich* hier u. in Venedig; Du
weißt ja, daß auch mich dies geärgert. Frl. I. sagte mir: es sei
Deine Schuld, daß sie mit n[ach] V. gegangen sei, das sei kein
Ort für Ihren Zustand! – Also, darauf hat sie sich bei L.s nicht
wieder blicken lassen u. war in Tölz leider auch wieder so,
daß die Geschwister für Deine Zukunft etwas Sorge haben
konnten. (Lieber Heinrich, verstehe mich: ich plädiere nicht
für ein Geschenk, sondern für ein herzliches Verhältnis
zwischen Lula u. Dir!)
Bei meiner Dir gemachten Äußerung, daß Frl. I. ein gutes Herz habe, bleibe ich stehen; allein ich muß sie, je mehr
ich sie kennenlerne, für ein schwankes Rohr halten, das der
Wind hin- und herwehet, da ihre Äußerungen sich nie gleich-
bleiben u. sie nicht zu wissen scheint, was sie will, ausgenommen, daß sie Künstlerin werden will; daß Du einen schö-

nen Charakter habest und daß Du ein großer Schriftsteller
seiest. Auch finde ich sie gegen mich stets sehr liebenswürdig u. aufmerksam, u. ich kann nicht anders als freundlich mit ihr sein. – Sonst aber gibt sie Dich einmal *frei* u. will
Dich durchaus nicht halten; sie sei gar nicht für einen eignen Hausstand geschaffen; sie würde Künstlerin, dann müß-
tet Ihr ja doch meist getrennt leben, zumal Du der Gesundheit halber auch kein festes Domizil haben würdest. Ein andermal sagt sie: *Du* ließest nicht von ihr, u. wenn Du sie heiraten *wollest*, Du kenntest ihre Bedingungen, ginge sie darauf ein.

Du hältst ja, lieber Heinrich, viel von Tommys lieben
Frau; – nun, der wäre es schon von Haus aus nicht erlaubt,
als quasi Braut eines bedeutenden Schriftstellers, während
seiner Abwesenheit z. B. häufig *späte* Besuche von Weiblich
u. Männlich, bei Wein u. Bier (in ihren Pensionszimmern)
u. äußerst fröhlicher Laune, zu empfangen; *Deinet*wegen
geht das nicht, solange Du von ihr noch als „Braut" sprichst;
meinem Gefühl entspricht so ein Leben einer Verlobten nicht,
u. sei sie auch 10mal Künstlerin. Solange Du in München
bei ihr warst, lebte Frl. I. doch nicht auf so freiem Fuße. Eine Anklage meinerseits soll es nicht sein, wo ich ohnehin
vermute, daß sie Dir von diesen Zusammenkünften selber
schreibt, damit Du es nicht durch *mich* erfährst; aber weil
Du ihr so viel Sympathie u. Aufmerksamkeit entgegen-
bringst, weiß ich doch nicht, ob Frl. I. nicht allein durch solche Empfänge am späten Abend schon die Grenze des
Schicklichen überschreitet. Zu *niemandem* weiter als zu Dir,
den es am meisten angeht, spreche ich hierüber, *das glaube
mir*! Da sowohl Du als Frl. I. mir einmal erklärt habt, daß die
Verlobung als solche so gut als aufgehoben u. nun Freundschaft fortbesteht, spreche ich so offen zu Dir und bekenne
aufrichtig, daß ich *nicht* hoffe, Du werdest sie heiraten. Willst
Du einmal eine Frau *fürs Leben* lieber haben als Deine Mutter, dann soll es eine sein, die Deiner *ganz* würdig ist u. die
Dich ganz glücklich macht; dann will ich *gerne* verdrängt
werden. – Gestern gab ich Frl. I. Dein Geschenk, da sie mir
sagte, sie werde viell. dieser Tage mit ihrer Freundin nach
Breslau auf einige Tage reisen; zu Silvesterabend, den sie

recht lustig mit ihren Bekannten feiern wolle, würde sie dann zurück sein; nun, das Vergnügen an sich gönne ich ihr ja. Bei Überreichung zeigte sie sich überrascht, daß Du daran gedacht habest, u. bewunderte sehr das schöne Papier u. die Hülle; sagte dann, sie habe Dir einen Spazierstock geschickt.

Gestern Abend waren Löhrs, T. u. K. bei mir (Tommy leider wieder gar nicht wohl), im Gespräch über Deine Übersiedelung, Dein gehabtes Fieber, sagte Lula *recht herzlich*, „ich habe Heinrich auf Weihnacht hin geschrieben" – Du kannst glauben, mich durchzuckte etwas, lieber Heinrich! Wäre es nicht wirklich gut von Dir, ihr diesen Brief eingehend zu beantworten?, auch indem Du ihr Deine Meinung offen aussprächest? Ich spreche mit L., die selbst ja eine so zarte Gesundheit u. erregte Nerven hat, *gar nicht* mehr über Eure Spannung, die *sie* ja gar nicht wünscht, wie Du siehst, sondern nun von Dir auf diese Weise erhalten wird. Ich werde jedesmal recht traurig, wenn ich das geschwisterliche Verhältnis bei Pringsheims sehe u. von anderen ebensolchen höre, daß es bei *uns* nicht so ist. Da sollte doch jeder das Seine zum Besseren tun, u. ich gebe die Hoffnung nicht auf, daß das Zerrissene doch noch wieder heile.

Du weißt das Vorstehende alles bei *Dir alleine* zu behalten, nicht wahr, Heinrich? In diesem Vertrauen beschließe ich diesen langen Brief u. grüße Dich noch herzlichst als

Deine treue Mama

Freising, dn 1. II. 09

Mein lieber Heinrich,
Du arbeitest, daß Du *das* kannst, ist mir ein Trost; solltest Du aber, *trotzdem* es Dir nicht glänzend geht, arbeiten, weil Du etwa mußt, das wäre mir weniger erfreulich. Gewiß, täglich etwas geistige Arbeit soll ja der Gesundheit gut sein,

aber nicht, wenn man psychisch verstimmt ist, da soll man lieber mit guten Bekannten viel u. heiter verkehren, sich Bewegung machen u. seine Einfälle notieren, bis man frisch genug ist, um sie zu verwerten. Du meinst, dies besser beurteilen zu können als ich, und doch *fühle* ich so, wie ich es eben sage. Mir tut es so sehr leid, daß Du so viel und weit fort bist, daß man sich so wenig sieht; doch fühle ich auch dás, daß Dir jetzt an meiner Gesellschaft wenig gelegen ist, weil Du über gewisse Dinge nicht mehr reden magst, wie ich auch z. B. aus heutiger Karte ersehe. Ich werde nun auch nach jener Seite vollständig schweigen und tröste mich nur damit, daß schon *bevor* ich im Herbst nach München kam, die Angelegenheit quasi aufgehoben war.

Ich lese nun in der „Rundschau" „Königl[iche] Hoheit"; es gefällt mir ausgezeichnet, u. weißt Du, wer mir so besonders sympathisch ist? Der „Albrecht", der berührt mich, u. gewisse Saiten in mir machen mich seiner Art verwandt.

Was das künftige *Buch* betrifft, so fürchte ich aber, daß es vielleicht nicht so großen Weg wie „Buddenbrooks" machen wird, weil jetzt die Mehrzahl der Leser es im Monatsheft kennenlernen.

Ich bin gespannt auf „Die kleine Stadt" u. freue mich riesig darauf. Schicke es mir nicht, denn ich möchte es mir selber kaufen.

Hier ist nach langem trockenem staubigem Frostwetter gestern Wind und Schneefall eingetreten, der alle Wege verschneit, wer weiß, ob nicht auch die Eisenbahnen. Und ich fühle, bei dem neurotischen Zustand meines Herzens, solches Wetter immer in der unangenehmen Art des Gefühls, als ob der Herzschlag aussetze; das durchzuckt mich alle Augenblicke, zwar schmerzlos, aber nervös machend; es ist so um Magen und Herz herum. Wenn ich mich lege, wird es gewöhnlich besser.

Vicco geht es soweit gut, gestern war er wieder bei mir; hat mir zwar keinen Gruß aufgetragen, weil er an so was leider nie denkt, doch fragt er mich immer angelegentlich nach dem, was Du mir geschrieben habest, u. ich sehe oft, daß er von seinen Brüdern besonders viel hält. Bei einer Herzensangelegenheit äußerte er neulich: Von *Heinrich* weiß ich es, daß *er* nichts dagegen haben würde. Es wäre verfrüht, sich darüber auszulassen; später einmal mündlich. Sei von Herzen begrüßt von

Deiner Mama

Carla fragte mich neulich, wo ich im Frühling sei, wenn sie käme. Vicco wünscht so sehr, daß ich bis Mai hier bleibe.

Polling, den 22. 11. 1909

Mein lieber Heinrich,
daß ich nur endlich wieder eine Nachricht von Dir habe, Deine Karte vom 18ten kam erst *heute* an! Da T. u. K. schon lange in M[ünchen] waren, glaubte ich, Du seiest viell. auch von Nizza fort, u. wagte nicht, dorthin zu schreiben. Nun weiß ich nicht einmal, ob meine Antwort Dich noch in Nizza trifft oder Du schon wieder anderswo weilst. Aber Dein Unwohlsein, das hoffentlich jetzt geschwunden, wird Dich dort noch gefesselt halten; denn wie ich Dich *dringend bitten* wollte, lieber Heinrich, u. mangels Adresse bisher nicht konnte: *bitte* reise nicht weit jetzt, namentlich nicht nach dem klimatisch gefährlichen Wien. Es gibt jetzt so viele Schneestürme, u. diese Übergangswitterung ist so ungesund, daß Leute von Deiner Konstitution solche Reisen, deren pekuniär guter Erfolg mit Schaden an der Gesundheit quittiert werden muß, weise aufgeben sollten. Daß Tommy *jetzt* nach Halle u. Dresden gereist, ist mir auch gar nicht lieb; ich sehe von diesen Vorlesungen zu wenig Vorteil u. wollte, daß Ihr von nun ab ganz davon absähet; höchstens zu besserer Jahreszeit, aber dann freilich ist niemand in den Städten. Schreibe mir doch bald wieder eine Zeile, lieber Heinrich, über Dein Befinden u. was Du vorhast. Auch einen Weihnachtswunsch von Dir wüßte ich gern.
Ein *70 Pfund* schweres Paket aus Leipzig kam vorgestern an, sollten das lauter Freiexemplare sein? Ich ließ es ins Fremdenzimmer stellen. Ja, lieber Heinrich, ich erhielt vor etwa

8 Tagen Dein hübsches Weihnachtsgeschenk, „Die kleine Stadt", war inzwischen fast 1 Woche, durch Viccos Besuch u. meinen Aufenthalt in München, dann hier durch Schlechtbefinden (Katarrh mit Kopfreißen) vom Lesen verhindert, ich naschte aber schon etwa 20 Seiten u. freue mich auf die weiteren, denn Tommy z. B. lobte mir das Buch schon *sehr*; es scheint mir auch *sehr fein* angelegt; ob Ewers nicht bald eine Besprechung bringt? Soll ich jemandem zu dem Zwecke ein Exemplar senden? Außerdem *kaufte* ich in München selbst ein Exemplar, Du weißt, das ist bei mir so Brauch. Gott, wenn Du nicht so weit fort wärst! Wenn Du etwa länger unwohl wärst und hättest niemanden zur Pflege u. um mich benachrichtigen zu können; der Gedanke ist mir so traurig; wenn ich Dich doch *hier* hätte! Jedenfalls bitte ich Dich nochmals, lieber Heinrich, gib die Reisen zum Vorlesen jetzt auf, es hatte Dir doch schon das vorige Mal schon genügend geschadet, nicht wahr? Wenn Dir die Luft dort guttut u. Du Dich *ganz wohl* dort fühlst, dann nimm Dir doch eine billige Wohnung u. *bleibe*, sonst aber komm zu mir hierher, aber nicht nach München!

Schreibe bitte bald.

Deine Mama

Lieber Heinrich, schließe Dich doch an irgend jemanden Passenden an, damit Du doch nicht *immer* allein mit Deinen Gedanken bist; so hättest Du mehr Ablenkung u. Aussprache, auch Teilnahme u. Pflege, wenn Du Dich nicht wohl fühlst. Wenn Vicco (dem es übrigens gut geht, G[ott] s[ei] D[ank]) mir nicht so viel kostete, würde ich zu Dir auf kurze Zeit kommen. Aber gebe Gott, daß Du Dich bald ganz gestärkt fühlst u. wir uns gesund wiedersehen. Ich konnte Tommy nicht über Dich befragen, ich war bei ihrer Rückkehr schon hierher zurück, u. brieflich ging es noch nicht, weil er sich auf die Reise vorbereitete, u. als ich gestern abend bei Schweigharts telephonierte, war Katia mit den Kindern fort. Ich konnte *nichts* erfahren, das ist ein schrecklicher Zustand.

L. H.,

ausgelesen! *Namentlich* die letzten 20 Seiten sind wunderhübsch; es ist ein ganz eigenartiges Buch; ich bin nun gespannt auf Kritiken; werde es bald von vorn wieder anfangen, denn Dich muß ich immer ein paarmal durchlesen, bis mir manches klarer als beim ersten Male wird. Die Sache ist wie ein Kaleidoskop, rasch gewendet, die bunten Farben schwinden, zuletzt sieht man nur schwarz-weiß. Wie schön ist die Seite mit der Abschiedsfeier Gaddi u. Nello, u. der letzte Gesang Nellos!

Maintenant au lit.

D. Mama

L. H.

vous n'êtes donc pas fâché contre moi?* I want to know your Christmas wish because I'll go very soon again to Munich. In other case I should ask Tommy, to take pains. How are you? Please tell me.

* Peut-être à cause de ce que j'écrivais du caractère italien? Es ist das vielleicht nur *mein* Urteil; die Hauptsache ist ja die Kunst, mit welcher Du schilderst u. Leben in Plastik schaffst, ich bin dabei, das Buch zum zweiten Male durchzulesen, u. bin namentlich von d. 2ten Drittel an *sehr* einverstanden; da ich so ganz allein bin, rede ich an den schönen Stellen avec moi-même et prie Dieu qu'il vous bénisse.

Votre Maman

Bitte melden, *sobald* Du Wohnsitz wechselst.

Polling, d. 9. 12. 1909

Lieber Heinrich,
noch immer nichts von Dir, u. übermorgen werde ich wohl
nach M[ünchen] fahren, um den Rest der Weihn.-Besor-
gungen zu machen. Es ist hier für mich ganz allein in diesem Hause ein trister Aufenthalt; den ich, da V. in M. ist, lieber als je, öfter unterbreche. Man kann in M. doch *spazieren*gehen, hier ist das bei jetzigem windigen Schneewetter
ausgeschlossen, wo überdies nicht im mindesten für gang-
bare Wege gesorgt wird. Ich lese daher auch viel u. gern u.
bin momentan wieder bei Mark Twain angelangt, aus welchem ich mich schon freue Dir hoffentlich im Frühjahr oder
Sommer allerlei Heiteres vorlesen zu können.

In Erwartung baldiger guter Nachricht von Dir grüßt Dich
herzlichst

D. Mama

[Polling,] d. 23. 12. [1909]

L. Heinrich,
soeben wieder in der „Kl. Stadt" gelesen; es ist ein *schönes*
Buch, ich werde mich nicht in meiner Meinung beirren lassen, falls irgendeine Kritik anders lautet. Vicco hat es heute mit großem Genuß ausgelesen, er meint auch, Deine Kunst,
eine große Anzahl von Personen gleichzeitig sprechend und
handelnd zu beschreiben, sei großartig; u. ob das Buch wohl
ins Italienische übersetzt würde; *ich* meine, es eigne sich fürs
Theater. An Holm habe ich es schon geschickt. Ich finde auch
sämtliche Figuren sehr plastisch gezeichnet; selbst die Man-
caféde sehe ich hinter ihrem Fensterladen spähen. Möchte
dies Buch Dir recht großen Erfolg bringen.

Lasse es Dir gut gehen, mein lieber Heinrich, u. gib mir
bald wieder Nachricht über Dein Befinden.

Herzlichst grüßt Dich

D. Mama

M. l. H.

Wie glücklich ich bin, all die freundlichen u. heute die mir
durch Th. gewordene brillante Kritiken zu lesen, weißt Du
ja; man will die Urteile der anderen geringschätzen, doch
stößt man auch auf solche, die richtig lesen, fühlen u. denken, u. man freut sich dann doch. Frau Pr[ofessor] S[auer] in
Prag bespricht Dich auch ganz mir aus der Seele, mich hat,
wie gesagt, das Buch, als ich etwa bei der 20. Seite angelangt
war, total gepackt, u. ich war am Schlusse sicher, daß es allen Gerechten Lob abringen werde. Wie ist bei Euch das
Wetter, wie stehen die Barometer, hier seit einer Woche auf
stürmisch, der neue Komet ist auch hier gesichtet.

Schreibe mir bitte.

H.

D. Mama

München, d. 31. 1. 1910
abends

Lieber Heinrich,

verzeihe den unvollständigen Bogen, ich hatte schon das
meiste meiner Siebensachen eingepackt, um morgen nach
P[olling] zurückzugehen, nun wurde mir gestern, an Pringsheims Mittagstafel, wo ich mit Vicco, Tommy u. Katia war,
durch Herzwallungen schlecht zumute, mußte aufstehen,
die Frau Pr. legte mich auf ihre Chaiselongue u. gab mir
Tropfen, darauf begleitete Vicco mich heim. Du weißt, man
hat bei dieser Erscheinung eines unruhigen Herzens, die bei
mir gestern immerhin etwa 5 Minuten anhielt, keine Atem-
not, aber doch ein arg beängstigendes Gefühl, das mich zum
Weinen brachte. Heute fühlte ich mich mit ziemlichen Kopf-
schmerzen, Husten u. rheumatischem Kreuzweh noch etwas kaputt, aber doch besser. Tommy war aber hier, um mich

zu überreden, so lange zu bleiben, bis mein Befinden wieder sicherer sei, u. ich tue das. Dann, sagt Tommy, wollten er u. Katia zum Herbst eine Wohnung für mich hier in München suchen; das nehme ich gerne an u. sagte, daß *Du vielleicht* ein Zimmer in meiner Wohnung haben wollest, ich würde ihm darüber bis zum Frühjahre Bescheid geben. Nun dachte ich so, lieber Heinrich, daß ich am besten eine 4zimmerige Wohnung nähme, in der ich das vierte geräumige mit Deinen Meubles garnierte u. für welches ich, falls darüber in Deiner Abwesenheit anderweitig verfügt würde, Dir den entsprechenden Mietbetrag zahlen würde, sei es für Carlas Besuch oder Viccos. Reflektierst Du nicht darauf, bei mir zu wohnen, dann werde ich wohl nur 3 Zimmer u. Zubehör nehmen, weil Vicco, solange er in Freising u. München studiert, wohl in Nähe des Polytechnikums Privatzimmer nehmen wird. Für Carlas Besuch fände ich in meiner Nähe dann auch ein Zimmer für den Monat ihres Aufenthaltes, u. sie könnte bei mir essen.

Wie ist das Wetter jetzt in Nizza, habt Ihr keine Erdbeben zu befürchten? Paris hat eine Schreckenszeit erlebt sondergleichen, bei sinkender Seine u. Marne berechnen sie jetzt wohl die enormen Schadenskosten. Hast Du den Kometen gesehen? Hier standen am 28sten abends lauter Hansguckindielüfte umher u. schauten mit gemischten Gefühlen den geschweiften wandelnden Himmelskörper an. Als ich dazu hinausging, war er durch Gewölk unsichtbar geworden. Schreibst Du mir bald, dann könnte es möglicherweise mich noch hier erreichen, sonst wird es mir nach Polling geschickt. Sage mir, ob Du Nachricht von Carla hast, mir hat sie nicht einmal den Empfang des Geldes bestätigt, was sie schon am 16ten spätestens erhielt; u. ich mache mir immer gleich Sorgen. Sei herzlichst gegrüßt von

Deiner Mama

Gott sei Dank! „Die kleine Stadt" gefällt doch durchwegs, nicht wahr?

Lieber Heinrich,
heute vor acht Tagen am 4ten kam ich mittags zurück, konnte gleich abends die Michelets einpacken, ließ sie tags darauf zur Bahn tragen in der Hoffnung, daß man die Adressen dazuschreiben würde u. gleich expedieren, aber das war Essig, man schickte mir die Begleitadressen, um sie erst selber auszufüllen, das bei dem weiten Wege zur Bahn u. dem schlechten Wetter, welches herrschte! Also wurden die Adressen erst Sonntag früh hinausgeschickt, ob dann das Paket bald abging, ist noch die *Frage*, weil Du es am *9ten* heutiger Karte nach noch nicht gehabt; wahrscheinlich auch meine Karte nicht, die Dir meinen Ärger über diese Schwierigkeiten berichtete. Überdies muß ja Dein Quartier auch recht entfernt von der Stadt liegen, weil alles zu Dir hin lange braucht. Hast Du die Bücher jetzt noch nicht, dann reklamiere bitte.

Es geht mir hier nicht schlechter, ich weiß jetzt, daß ich nicht zu viel gehen darf, die Füße sind willig, aber das Herz ist schwach. In der „Kl. Stadt" lese ich immer wieder mit Genuß; es ist ein *herrliches* Buch, u. die unruhigen italienischen Charaktere höchst anschaulich, die Gestalten *alle* so plastisch wie möglich; der alte Brabrà, die Hühnerlucia, Don Taddeo, prachtvoll.

Von Carla gestern Nachricht, es scheint ihr gut zu gehen. Herzlichst

Deine Mama

Polling, d. 14. II. 1910

Mein lieber Heinrich,
Du hast hoffentlich die Bücher jetzt bekommen? Ich denke so viel an Dich, an Deine Stimmung u. Dein Befinden, u. wie gerne würde ich einen Flug zu Dir unternehmen, um mich selbst zu überzeugen. Du lebst gewiß wieder *sehr* einsam,

lieber Heinrich, u. das halte ich jetzt gar nicht mehr gut für Dich.

Kommt Dir schon wieder die Arbeitslust? Wenn nicht, dann tue gar nichts als frische Luft einatmen, essen u. schlafen. Ich freue mich so auf Deine Rückkehr u. bitte Dich, sie mir rechtzeitig anzukündigen, damit ich dann bald Dich treffe; wenn es Dir dann hier noch zu kalt ist, dann in München. Ich werde auch Obacht geben, Dich nicht vormittags zu stören, sondern zu gelegener Zeit zu kommen. Aber im Frühjahr haben wir hier ja auch schon warme Tage, u. heizen kann ich im hinteren Zimmer tüchtig, es geschieht das auch jetzt schon *jeden* Tag, wegen Viccos eventueller Sonntagsbesuche. Ihm geht es gut nach den Karnevalsbummeltagen, u. während ein 26jähr. Berliner Kamerad, Referendar, das Dienen für einen *Stunk* erklärt, das Umgehen mit Pferden gar zu schwierig findet, wird es Vicco alles leicht, u. sein Parademarsch ist neulich vom Vorgesetzten als der *beste* der Batterie erklärt. Wenn er nur dies Jahr nicht so entsetzlich viel kostete! Durchschnittlich 420 M pro Monat. Da gibt es so viel Nebenausgaben, jetzt wieder einen Feldstecher zu *110* M. Aber nächstes Jahr wird es schon ganz anders. – Tommy wünschte so dringend, ich solle von hier jetzt schon fort, doch will ich bis Herbst bleiben, um den Sommer über noch recht billig leben zu können. In München werde ich dann ebenso zurückgezogen leben wie hier; nur ab u. an die Geschwister bei mir sehen, u., Heinrich, Du u. Carla auch im Frühjahre; vielleicht bleibst Du dann auch mal im Winter in München. Wegen des Zimmers also schlage ich vor: *wenn* ich gleich *ganz* von hier fortgehe, 4 Zimmer möchte ich mieten, von denen ich eines für Carlas, Viccos u. evtl. Deinen Besuch reserviere. Da Deine Rückkehr möglicherweise sich länger hinauszieht, kann ich nämlich mit dem Mieten nicht so lange warten, weil sonst das Passendste vergeben wird. Spätestens 1. April, oft viel früher, sind die Wohnungen für Okt. od. Sept. ausgeschrieben, u. Lion schickt Tommy die Listen; denn Tommys wollen auch umziehen, weil sie mehr Zimmer benötigen. Also *meublieren* werde ich *selbst* das vierte Zimmer, wenigstens, bis Du Deinen Entschluß darüber gefaßt hast; u. so lange bewahre ich Deine

Sachen auf dem Speicher auf. So ist es Dir hoffentlich recht. Es wird eine schreckliche Arbeit werden; ein Teil Augsburg–München, der andere Polling–München. Wäre Polling nicht ein so übertrieben ungepflegter Ort, dann hätte ich alle Meubles hierher kommen lassen u. hätte vielleicht das Pfarrhaus gemietet, sobald das neue für den Pfarrer fertig gewesen. Aber ich schwanke eben noch, auch weil *Du* wegen eines Zimmers für Dich in meiner Wohnung unentschieden bist, ob ich es nicht lieber auf folgende Art einrichten kann, falls ich Passendes finde: Nämlich für November bis April mir in München 3 Zimmer mit Zubehör zu mieten, wenn ich sie für etwa 700 M pro Jahr bekomme, sie mit den Meubles aus Augsburg zu meublieren u. für den Sommer diese Pollinger Wohnung zu behalten, die ja auch ganz meubliert ist u. die mir das ganze Jahr nur *200 M* kostet. Da Tommys doch auch den ganzen Sommer fort sind, ist es ihm auch wohl recht, wenn ich es so mache; ich werde ihn also bitten, sich nach einer solchen Wohnung umzutun, falls *Du* nicht anderer Meinung sein solltest, die ich Dich bitte, mir per *Brief* mitzuteilen, da man hier an der Post ja alles liest, ich aber nicht wünsche, daß die Pollinger schon von meinem evtl. Fortzug erfahren. – Kann ich aber *Dir*, lieber Heinrich, nützlich sein u. Dir einen Gefallen erweisen, falls Du den bestimmten Wunsch äußerst, Dich bei mir nett einzurichten, dann weiß ich, was ich zu tun habe. –

Ach, die Seiten der „Kl. St." von 1 bis 437 sind wunderschön; je öfter ich sie lese, desto mehr Feinheiten entdecke ich; es ist eben recht mangelhaft, daß die Kritiker die guten Werke aus *Zeitmangel* so flüchtig lesen u. darum das Beste oft gar nicht erwähnen. Und wie amüsant zum Teil die Szenen sind, z. B. die mit dem kleinen alten Giocondi, der vor Theaterbeginn zu seiner Magd hinaufruft u. sie ihm ebenso antwortet! Weißt Du noch, Heinrich, wie Du als kleiner Junge im Theater auch so zu Deiner Miene hinaufriefst u. sie Dir antwortete? Deine Stimme hallte so drollig im menschenleeren Raum, ich höre dies Zwiegespräch noch.

Und wie herrlich die Figur des Giordano mit seinen Erinnerungen u. Nellos ahnungsvolle Äußerungen.

Es ist mir eine Beruhigung beim Lesen dieses Buches der Gedanke, daß Du es mit gesunder geistiger Kraft geschrieben haben mußt u. Dich auch physisch stark genug gefühlt haben mußt. –

Und die geisterhafte Dame, die *lautlos* applaudiert. Überhaupt die Gespräche der Komödianten, alles mutet an, als ob man's alles selbst mit angehört habe. Und wie die drei aus der Via Tripoli ankommen! Ich habe laut lachen müssen über den „*Scherz*". *Wie* ist jede einzelne beschrieben; Gott, wenn doch *alle* Leser das Buch durchwegs *genau* lesen wollten; es gehört wirklich dazu, daß man die Kleinigkeiten nicht übersieht, sie sind ja alle Bausteine zum Ganzen. Hast Du die Kritik aus der „Zukunft"? Die hätte ich so gern im Besitz.

Also mein lieber Heinrich, ich hoffe, Du äußerst Dich über meine Idee, die *natürlich* hinfällig wird, wenn Du einen eigenen Wunsch hast.

Herzlichste Grüße von

Deiner Mama

Soll Zeitlinger, Wien, kein Buch haben?
Ich lasse Dir 2 Lüb. Kuchen zugehen, frage mal am Zoll, oder Post, nach, etwa am Sonntag.

[Polling, den 20. Februar 1910]

L. H.

Die N[ove]llen II erhielt ich nachträglich, vielen Dank, es ist eine schöne Serie voller romanischen Lebens.

Heute kam Dein lieber Brief, über den ich mich herzlich freue; aber an Ewers schrieb ich nicht, daß Du geradezu malade seiest, sondern nur von meiner Sorge um Deine Gesundheit. E. ist Dir ein treuer Freund voller Liebe u. Verehrung.

Wegen des Inhaltes Deines heutigen Briefes spreche ich noch mit T., wenn er etwa am 25sten zu mir kommt. Ich hatte nämlich die letzte Dir mitgeteilte Idee darum, weil, wenn ich zur Hälfte hier bliebe, ich *hier* weiter steuern könnte, u. das wäre von Vorteil, because the contribution costs here 250 or 300 weniger then at M[unich]. Hoffentlich kommen die Pakete bald an! Melde es mir bitte, damit ich darüber beruhigt bin!

Deine Mama

[Polling,] d. 25. II. 1910

Lieber Heinrich,
Bastian schickte mir schon vorgestern die Rechnung, das Kistchen muß also spätestens am 20. aus Lüb[eck] gegangen sein; braucht es aber womöglich *noch* länger als die Bücher, weil die Reise ja bedeutend weiter ist, dann muß man es Dir ja von Nizza nach Florenz schicken! Da Du ja angabst, nur etwa 10 Tage dort bleiben zu wollen. Wegen Telegramme galt die Frage nur einem Fall wie im vor[igen] Jahre; wir werden aber *eventuell* nachsenden. – Das Wetter bleibt sicher nicht so, *mein* Barometer glaubt wenigstens nicht daran. Und morgen will Tommy kommen; ich bespreche die Sache noch mal mit ihm, von allen Seiten beleuchtend. Jetzt eben ordne ich *Deine* Briefe (gestern Tommys) u. erfreue mich wieder an einigen Kritiken; es ist interessant für mich, die Vergleiche zwischen *Euch beiden* zu lesen; da stimmt *Krebs* mit dem, der Dich das Chaos u. Tommy den „Kosmos" nennt. (Das von Th. Lessing.)

Bekommst Du noch Besprechungen der „Kl. Stadt"? Ich bat Th., die „Zukunft" mitzubringen, und freue mich auf die Lektüre. Wie geht es Dir, mein Heinrich? Tut Dir die Nizzaer Luft gut? Ruhe Dich nur gründlich aus. Korrespondierst Du mit Frl. I[nés]? Ist sie noch in Berlin? Halt Dich nur gesund!
Herzlichst
Deine Mama

Lieber Heinrich,

mit bestem Dank für Deine liebe Karte erwidere ich, daß Carla heute oder morgen abend zurückkehren wird, hoffentlich in besserer Stimmung als bei der Abreise. Sie tut mir so von Herzensgrunde leid; das übrige weißt Du. Wie lange sie dann noch bei mir bleibt, ist mir noch unbekannt. Nach Tölz soll sie auch noch kommen, u. wenn Löhrs aus der Schweiz zurück sind, soll sie zu denen auch einige Tage kommen. L.s kommen am 14ten Aug. wieder hierher, u. Evele bleibt dann mit Fräulein 4 Wochen in Polling. Daß Vicco Unteroffizier geworden – von seinem Hauptmann in aller*erster* Linie vorgeschlagen –, wird Dich ebenfalls erfreuen. Das hindert aber nicht, daß pour moi cette année fait affreusement mal à la bourse; croyez que j'ai peine d'avoir assez, et c'est un bonheur que je suis restée ici à la campagne où le logement est si bon marché.

Ich endige mit dem Wunsche, daß es mit Deiner Gesundheit gut gehe u. Du mich noch diesen Sommer hier besuchen mögest. Gestern 9 1/2 Uhr saß ich am Schreibtische, als ich plötzlich einen Stoß verspürte, der mir ganz schlecht machte u. schwindlig; ich glaubte, es läge in meinen Nerven, aber es war ein Erdbeben, das in München vielfach mit großem Schrecken wahrgenommen ist.

Herzlichen Gruß

Mama

P[olling,] d. 26. 7. [1910]

Lieber Heinrich,

ich schreibe Dir aufs Geratewohl noch nach dort, weil Du damals anfragtest, ob Du Carla wohl Anfang August treffen u. sie in ihren Angelegenheiten werdest sprechen können. Möchte Dir nun mitteilen, daß ich darüber nichts von

Carla Mann, um 1908

C. herausbekomme, da sie gegen mich wie immer sehr verschlossen ist u. sie sich nicht in der besten Laune befindet, obgleich ich mich anstrenge, um ihr das Leben möglichst leicht zu gestalten. Die Heiratssache macht ihr zu schaffen u. mir nicht weniger, ich leide geradezu unter diesen drückenden Stimmungen. Daß Herr G[ibo], dessen Mutter sich C. wegen mit ihm *erzürnte*, nun doch diese Woche noch nach hier kommt, ist mir auch nicht angenehm; denn *wie* soll ich als Carlas Mutter mich zu ihm stellen, der C. voraussichtlich vorderhand kein angenehmes Heim als Ehemann bieten kann, wenn seine Mutter ihm nichts dazu gibt. Jof hat *keine* brillante Auskunft erhalten (wie er schreibt, *gesehen* habe ich sie nicht). Alfr. Mann erhielt eine Auskunft, die nicht schlecht lautet, aber von keinen Reichtümern spricht. „Die Firma arbeite ernstlich, so daß an einem guten Fortkommen nicht zu zweifeln sei, auch könne man ihr ruhig einige tausend Mark Kredit geben, sie zahle pünktlich, oft schon vorzeitig." Alfr. hatte direkt nach Arthur G[ibo]s Charakter gefragt, jedoch überging man diese Frage; ob mit Absicht oder nicht, steht offen.

Ich weiß, daß Du gern über C.s Schicksal etwas wissen möchtest, lieber Heinrich, darum diese kurze Mitteilung. Könnte man sie dazu bringen, von Mülh[ausen], dem Klatschnest, wo manche ihr übelwollen, fortzugehen u. dieser Liebe zu entsagen – nun, ich will erst sehen, wie er ist, u. hoffe, daß mir gleich dazu der *rechte* Blick gegeben werde. Ich bin diesen Sommer so in Anspr. genommen, daß es mir oft zu viel wird; am Freitag wollen I. Eggel u. Frl. Kiene, ihre frühere u. Alfr. jetzige Hausdame, mich besuchen. Da wird Gibo schon hier sein, u. Carla will die Damen *nicht* sehen; im Sept. will Ida Springer kommen, auf wie lange, weiß ich nicht.

Da mir das alles mehr Mühe u. Kosten verursacht, als ich leisten kann, muß ich bis in d. Winter hinein ruhig hier in P. sitzen bleiben, um etwas wieder einzuholen. Viktor kostet mir dies Jahr 5 000 M, da weißt Du, was mir für mich, u. 14 Kinder u. Enkel hie u. da zu erfreuen, bleibt.

Im Vertrauen geschrieben, daß es diskret behandelt werde, mit dem Wunsche, bald von Dir Gutes zu vernehmen, herzlichst

Deine Mama

L. H.,

j'oubliais d'écrire que Jof n'est pas *content* avec dem Resultat seiner Erkundigung; aber wann ist der zufrieden! Alfr[ed] seine lautet so, daß man eigentlich C[arla] beinahe unrecht tut, wenn man ihr nicht in irgendeiner Weise hilft, ohne sie in ein gar zu ungewisses Schicksal stoßen zu wollen. Rate *Du* ihr aber auch, wie *ich* es schon tat, sich mit der mère de G[ibo], *wenn es möglich ist*, besser zu stellen, puis de payer toutes ses *dettes* à Mülh. et de s'attacher à des bonnes familles; tout ça quand elle veut *rester* à Mülh., et puis de se porter plus simplement; ses grandes toilettes haben ihr direkt geschadet, wie ich es schon immer gefürchtet u. geäußert.

Bitte, l. H., rate ihr, *ohne* von meinem Schreiben zu erwähnen, sie wird noch ganz gemütskrank, wenn die Sache so aussichtslos bleibt.

H. Gr.

D. M.

Lieber Heinrich,

meines Wissens habe ich meinen Band „Jagd n. L." für Dich fortleihen oder schenken müssen u. möchte Dich bitten, ihn mir zurückzuschaffen; er fehlt mir jetzt, sowohl in meinem als in Deinem hies. Büchervorrat, wie Carla soeben bemerkte. Ihre humeur est un peu plus gaie parcequ'*il* viendra demain. Wann besuchst *Du* uns nun? Bisher ein schreckliches Frühjahr u. Sommer mit Überschwemmungen, tausend Gewitter, u. einem Erdbeben, welches ich am Schreibtisch sitzend so verspürte, daß mir schlecht wurde.

Herzl. Gruß v.

D. Mama

Bitte Mann vorsichtig mitteilen, daß Carla ein Unglück zu-
gestoßen ist. Er soll kommen.

Mein lieber Heinrich,
erlaube, daß ich wieder davon spreche. Sieh mal: Carla
kam teils allerdings still u. verträumt nach München u.
Polling, teils aber auch recht munter, hatte große Freude
an ihren Vögeln, ihren Toiletten, den Blumensträußen, die
sie täglich heimbrachte; u. namentlich anfangs hatte sie auch
guten Appetit. Dann werden wahrscheinlich die Hetzer begonnen haben, Verräter tauchten auf, die sie in der Früh mit
Fr[eund] im Auto gesehen hatten, Gibos Briefe lauteten kla-
gend; mit dem *Geld* wollte es sich weder bei Alfred *noch
bei Jof* arrangieren (dies war für Carla sowie *ganz sicher* bei
G.s Mutter ein treibendes Rad! Denn, hätte Carla eine Mil-
lion gehabt, dann hätte sie Verhältnisse über Verhältnisse
haben dürfen, u. Frau Gibo hätte sie nicht geplagt; denn diese Frau verkehrte *sehr* freundschaftlich mit der Frau Schlie-
per, die einen Mann hat u. trotzdem mit Arthur Gibo ein
Verhältnis hatte, bevor er Carla kennenlernte!) – und diese
*Geld*frage hat auf Carlas Gemüt ebenfalls entsetzlich gedrückt, sonst hätte *sie* nicht bei Ankunft von Alfreds Antwort die Tränen in die Augen bekommen! Carla *weinte sehr*
selten. Sie hat sicher *da* sich vorgenommen: wenn Arthur,
nachdem es mit den 43 000 M nichts wird, auch noch etwas von mir u. Fr[eund] erfährt, dann nehme ich vom Gift;
u. dieser Gedanke, sterben zu wollen oder – wie *sie* meinte: zu *müssen*, machte sie natürlich erregt, ganz niederge-
schlagen; das dauerte mehrere Wochen, ihr Gemüt wurde
immer dunkler, sprechen tat sie mit mir *nur* über das Geld,

leider nicht über die anderen Dinge, wie sie ja überhaupt zu wortkarg war. Sie geriet in äußerste Nervosität; die sich steigerte, als er kam; sie wollte ihn ablenken, sprach von Ausflügen, von der Zukunft, schmückte sich für ihn – vergeblich, er machte ihr Vorwürfe! Diesem *Kinde*, dem man mit Liebe nachstellte u. mit Schurkereien dankte. Wie habe ich um ihr Glück gerungen! Aber was hat *das* geholfen: ich hätte nur durch Liane u. G. *wissen* sollen, wie es in Wahrheit um sie stand. *Warum* wußte ich nichts! Gibt es einen Gott, dann ist er ein harter und grausamer – ebensowohl gegen mein armes Kind als gegen mich. Aber man lernt zu zweifeln. – *Ein* Trost, wenn es einen gibt, ist der: Die elende Bagage in Mülhausen sieht jetzt klar, daß Carla Manns Schuhriemen zu lösen für sie zu vornehm war.

Deine Mama

[München, August 1910]

Lieber Heinrich,

wie sie *zuletzt* den Kasten gelassen hat, ist er jetzt. Das schwarze Band mit dem Namen „Belotte" bewahrte sie wohl aus Interesse für „Die kleine Stadt" auf; ich gebe es Dir. Das Tuch benutzte sie als Unterlage bei der Nagelpflege. Das Übrige wird Dir ebenfalls lieb sein als Erinnerung an unsere Carla, die uns so jäh verlassen hat. Es ist mir so unfaßlich wie am ersten Tage, u. meine Sehnsucht nach dem armen Kinde, das so, ohne aufgehalten zu werden, sich aus der Welt stahl, wächst nur noch!

Deine Mama

Bitte schreib mir, ob ich „Der Untertan" noch in P. lassen oder es Dir gleich n. München senden soll.

Lieber Heinrich,
ich fahre wohl erst Dienstag nach P[olling], schreib mir
bitte dann, ob Du „Untertan" *bald geschickt* haben möchtest,
denn mir ist das nicht erinnerlich.

Ich habe entsetzlich viel in diesen Tagen zu packen u. zu
verschicken sowie zu laufen gehabt. Doch alles wie im
Traum. –

Deine Mama

1. *Sept. 1910*
Türkenstr. 35

Liebe Mama,
Carla scheint sich geirrt zu haben, denn ihr Schreibtisch war
leer. Bereits bei Welsch sind die Schiebladen geöffnet worden, es war nichts darin, sagt er. Der Tändler, der ihn gekauft hat, sagt dasselbe. Ich war bei ihm. Er hat ihn schon
weiterverkauft, aber die Käuferin ließe sich vielleicht finden, wenn Dir daran liegt. Wir sprechen am 5ten darüber.
Sage mir nur rechtzeitig, zu welcher Stunde ich Dich erwarten soll. – Ich hoffe, es geht Dir leidlich. Herzl. Gruß

H.

10. [September 1910], Samstag
Venedig
Lido
Villa Gemma

Liebe Mama,
ich wohne nicht im Hotel, sondern in einer Villa aufs Meer
hinaus. Sehr schön, wenn es nicht mehr regnen wollte. Herzl.
Grüße, auch an Frl. S.

H.

[Polling,] d. 12. 9. 1910

L. H.
Zum Grabstein finde ich diesen Vers (von Mörike), der in
Carlas *selbstgeschriebenem* Heft stand, passend, frage *Dich*
aber, ob Du es ebenfalls gut u. schön findest, es eingravie-
ren zu lassen:

Im ew'gen Lichte löst sich jeder Schmerz,
Und all die schwülen Leidenschaften fließen
Wie ros'ge Wolken, träumend uns zu Füßen.

Schreibe mir bitte bald darüber. Ich möchte über den
Vers eine geknickte Rose oder etwas Ähnliches machen
lassen.
Herzlichsten Gruß von
Deiner Mama

[Polling,]
Samstag, d. 17. 9. 1910

Lieber Heinrich,
heute früh erhielt ich Deine Karte vom 15ten ds. u. besorgte noch rasch die Absendung zweier Bilder, bevor ich mit
I[da] nach Garmisch fuhr, wo wir einen von schönem Wetter begünstigten Tag verlebten. I. war hoch entzückt. Ich ge-
noß die frische Luft, so gut es jetzt geht: immer wieder, immer wieder kommen mir schluchzende Seufzer. – Ida sendet viele Grüße.
    Herzlichst

Deine Mama

[München,
den 19. November 1910]

Lieber Heinrich,
also am Montag! Wie meine Wünsche sind, weißt Du! U.
daß meine Gedanken bei Dir weilen werden. Es ist soviel
wert, wenn die Darsteller mit Liebe dabei sind. Was ich
Dir neulich betreffs Deiner Anerkennung diesen gegenüber
schrieb, wirst Du nicht allein selber wissen, sondern auch
nicht versäumen. Sieh Dich vor auf d. Straßen! Du kannst
verstehen, daß ich jetzt *noch* ängstlicher geworden bin, trotzdem mein Kind auf andere Weise ging! Fr. Clemens schickte mir zur Ansicht ein sehr schönes u. ähnliches Bild von
Carla; es ist wie Deines, nur nicht geradeaus, sondern etwas
zur Seite schauend; aber diese Sehnsucht u. dieses Aus-
schauen nach etwas, was sie immer gesucht hat – *Glück*, das
stimmt jetzt den Wissenden tief wehmütig!

Deine Mama

Pardon! Je ne voulais pas vous attrister.

*[München,
den 20. Januar 1911]*

Lieber Heinrich,
dies wird Dich doch interessieren! Vielen Dank für liebe Karte; wie gern würde es Dir mancher gleich tun, wenn es ihm möglich wäre, jetzt aus diesem scheußlichen Wetter hinaus in die südliche Sonne zu eilen. Gestern b. Katia richtete ich Deinen Gruß aus, den sie herzlichst erwidert. Ich stellte ihr Dich u. Deinen raschen Entschluß, n. Riva zu fahren, als Beispiel vor, da *sie* an Katarrh mit etwas Fieber im Bette lag – doch wird es ihr zu schwer, sich von den Kindern zu trennen; sie ist wirklich eine treue kleine Mutter, die sich immer ungern von der kl. Bande weiter entfernt. Von T. hatte ich Karte aus Mülheim b. Köln; vorgestern wird er in Düsseldorf gewesen sein, auch Else Montzau besucht haben, u. bald wird er hoffentlich gesund heimkommen. Und Du, lieber Heinrich, mögest Dich *recht* gut erholen, schreibe mir mal wieder, damit ich weiß, wie es Dir geht.
Herzlichst

D. Mama

[München,] d. 20. 1. 1911

Lieber Heinrich,
da Du mir telephoniertest, ich könne mal in Dein Zimmer schauen, ob ich noch etwas zum Fortnehmen fände, so ging ich heute hin, traf Theres auf der Stiege u. fragte sie wegen der Decke am Bett, ob sie die lieber ausklopfen u. aufbewahren wolle, so auch die beiden Schlummerdecken u. Fenstermantel; sie will das tun u. sagte, Du habest *alles* andere fortgetan u. Bücher würde Dr. Brantl holen. Sie haben dies Zimmer nun vorübergehend an ein Fräulein vermietet (Theres glaubt wenigstens, daß die Dame nicht lange bleibe). Ich

bin darum nicht mehr hineingegangen, sondern habe es dem Mädchen überlassen, die Decken erst zu klopfen u. dann zu verwahren, bis Du zurückkämest.

Hier herrscht abscheuliches Tauwetter mit obligatem Straßendreck und dichtem Nebel. Katia war heute wieder außer Bett, denn sie telephonierte mir selber.

Prickens besuchte ich; als ich ihnen sagte, Du wärest gern mit ihnen bei mir zum Tee zusammen gewesen, seiest jetzt aber fortgereist, bedauerten sie lebhaft, nicht früher hätten kommen zu können. Fr. Direktor war nicht in Hamburg, denn *Thesy*, die *Jüngste*, hält sie – u. so ging es mir immer mit Vicco! Aber hätte Carla mich *gebeten*, ich wäre dennoch zu *ihr* geeilt; wie gut wäre es doch für *alle* u. *alles* gewesen!

Heute hatte ich von Dr. Füth wieder einen sehr lieben Brief, den ich Dir zeigen würde, wenn Du hier wärest. Ich weine viel, mein Heinrich, wenn ich alleine bin: ich beklage ja nicht das, daß Carla es *mir angetan*, sondern daß *sie* so, ohne zu sprechen, alles Schwere *allein* getragen hat u. so, ohne *gehalten* zu werden, einen solchen Tod wählte – in dem *Wahn*, daß ihr Leben ganz *wertlos* geworden! – das ist mir der größte Kummer – mein armes Carlakind!

Adieu, mein lieber Heinrich.

Nächstens Geschäftliches, wenn Alfred Abrechng. schickte.

Deine Mama

[München,] 1. II. 1911

Lieber Heinrich,
auf telephonische Anfrage gestern in d. Pens[ion] Br[istol], ob Du schon zurück seiest, erhielt ich die Auskunft, daß Du erst in ca. 4–5 Wochen kämest. Du teiltest mir das nicht mit. Nun, da Du wohl hier nichts zu versäumen hast, tust Du recht, unter schönem Himmel Dich gut zu erholen. In zwei Stunden fahre ich in die Einsamkeit, nachdem ich heute früh noch *draußen* war – für länger als gewöhnlich zum letzten

Male –, fast alles bedeckt mit hartgefrorenem Schnee; still, feierlich. Sie geht aber mit mir, wohin ich gehe – immer ist sie bei mir.

Deine Mama

Polling, d. 4. 2. 1911

Lieber Heinrich,
mit Dank Deine liebe Karte erhalten, die mir nachgeschickt ist. Ich sehe nicht, wie es Dir geht, hoffe aber: gut.

An die Premiere denke ich u. möchte darauf so gern einige Besprechungen lesen; vielleicht schickst Du mir sie. In München geht die 25ste Vorstellung über die Bretter, u. allabendlich findet „Variété" großen Beifall. Glaubst Du, daß dies Stück auch Italienern gefällt? Ja, ich glaube es schon, denn es steckt ein gutes Teil Internationalität darin.

Vicco kommt morgen auf 1 Tag. Hier liegt sehr hoher Schnee, so daß ich noch nicht spazierengehen konnte, während ich in d. Stadt bei jedem Wetter ging; mais tu sais pourquoi je suis ici. Schade, daß gerade *jetzt* Fr. Clemens (C.s Freundin) gern mich treffen möchte, u. ich mag nicht abschreiben. Sie will 2–3 Tage kommen, da muß ich wieder n. M[ünchen] u. mit ihr in einer *guten* Pension wohnen! Wenn sie doch bis z. Frühjahre wartete! Lasse bald wieder von Dir hören!

D. Mama

Polling,
Samstag, d. 11. II. [1911] abends

Lieber Heinrich,
vor 2 Stunden hat Fr. Cl[emens] von *hier* aus ihre Heimreise, die Nacht durch, angetreten, nachdem sie am Mittwoch

in München mit mir zusammengetroffen ist u. wir in Pension Feldhütter bis heute vorm. gewohnt haben. *Viel, viel* haben wir durchsprochen u., wie Du denken kannst, zusammen geweint! Wir waren am Grabe u. heute drüben im *Hause*! Sie hätte *Dich* besonders gern gesehen u. gesprochen. Sie nahm eins Deiner Bilder mit, da ihr Mann Dich *sehr* verehrt; er hat alles von Dir gelesen. Gestern besuchten wir T. u. K. z. Tee. Was für schöne Nachrichten schreibst Du mir über die Vorstellung! Ich gratuliere Dir von Herzen. Ich las Fr. Cl. die Karte vor. Ich habe nur das ältere Amateur-Profilbild u. das, was die Malerin genommen hat, u. schickte diese beiden heute ab. Hoffentlich ist es Dir recht. Sei recht herzlich begrüßt, lieber Sohn, halte Dich gesund u. gib bald wieder Nachricht.

Deine Mama

Polling, d. 13. II. 1911

Lieber Heinrich,
letzten Dienstag nachmittag fuhr ich nach München, um Fr. Clemens, welche ich eigentlich gebeten hatte, nach Polling zu kommen, trotzdem aber, des vielen Schnees halber, mich ohne ihr Wissen entschloß, sie in München am Bahnhof abzufangen, zu treffen. Ich besaß ein kleines Bildchen von ihr, u. dieses im Gedächtnis, gelang es mir, sie am Starnbergerbahnhof am Mittwoch nachmittag zu dem Zug, mit welchem sie n. Pollg. fahren wollte, zu erkennen. Wir gingen gegenseitig aufeinander zu, u. sie rief: „Frau Mann"! wegen der Ähnlichkeit mit Carla. Wir gingen darauf in die Pension Feldhütter, Elisenstr., die unbequem lag; wir verbrachten fast die ganzen Tage ihres Besuches in Gesprächen über unsere arme, arme Carla u. über die entsetzlich schlechte Gesellschaft, die sich erst an sie herangedrängt, sie ausgenutzt hat u. *nun*, statt haltzumachen vor *solchem* Sterben, sie noch mit Schmutz bewirft. G[ibo] hat Carlas Bilder alle *eingeschlossen*, „weil sie

ihn ja nicht geliebt habe"!!!, u. hat mir auf mein Ersuchen, mir alles zurückzusenden, *keine Antwort* gegeben. Er u. Freund trösten sich jetzt gegenseitig in ihrem *Schuldbewußtsein*; sie hatten gegenseitig früher aufeinander geschimpft (ich habe Beweise dafür) resp. gespottet; u. G. weiß, daß C. das Gift von Fr. hatte; dieser wehrt dies ab, u. beide bringen, um sich zu schützen u. zu decken, jetzt alle möglichen Lügen u. Übertreibungen hervor, um zu verhüten, daß wir die Sachen verfolgen.

G. hat C.s *letztes* Schreiben schon an mehrere Bekannte *gezeigt!* – Also, Heinrich, Frau Cl. will eine lange Unterredung mit ihm herbeiführen u. ihm alle Motive seiner jetzigen Handlungen nennen, will ihn nicht schonen u. ihm u. a. sagen, daß *niemand* verlangt hätte, er solle, nach C.s Geständnis, ihr gleich verzeihen u. alles gut sein lassen, aber daß er ein *Mann* hätte sein müssen, der das arme Kind, das in *solcher* Aufregung von ihm gelaufen sei, nicht allein gehen ließ, sondern sie hätte *festhalten* müssen, da er doch vom Gifte wußte!

Und Fr. Cl. würde, wenn er jetzt nicht *alles, alles*, was er von Carla habe (es soll auch ein *Tagebuch* darunter sein), das letzte Schreiben auch, gutwillig herausgäbe, *andere* Mittel anwenden, ihn zu zwingen (Dr. Weil, der Carla seit 4 Jahren kannte u. sie liebhatte; er lebt in Straßburg). Auch betr. ihres *Alters* dichten sie ihr Unwahrheit an: sie sei *30* gewesen; was kann Carla dafür, daß man sie allgemein für jünger hielt u. daß Familie Gibo nicht rechnen kann! Als die Mutter im Blatte der Kreisdirektion im Juni 1910 gelesen hat „Carla Mann, Schauspielerin, geb. 23. 9. 1881", haben sie ausgerechnet, daß sie 30 sei, während sie *nach* ihrem Tode erst 29 geworden wäre. Aber, mit aller Gewalt, sie nach ihrem traurigen Tode, den sie in Verzweiflung über all die Schlechtigkeiten beging, noch anschwärzen zu wollen!!!

Diese Hyäne Gibo ist eine große knochige finsteräugige Frau, die früher Fabrikarbeiterin u. Milchmädchen war!!!, u. hat eine junge Millionärin als Schwiegertochter haben wollen; auf *Familie* sieht sie nicht. Fr. Cl. hat mir alles gesagt, weil sie es beschämend findet, diese Bagage ruhig weiter reden zu lassen, ohne die Hand für die arme Tote zu rühren. *Keinen Prozeß*, aber das Maul müsse man ihnen stopfen, u. sie sagte: Heinrich Mann gelänge es, in einem Buch sie zu geißeln!

Wir besuchten am Donnerstag Frau Pricken; hatten *herrliches* Wetter – am Freitag mit einem schönen Kranz von Fr. Cl. zum Friedhof hinaus; sie fand den Platz schön. Dann nachmittags zu T. u. K. nach Bogenhausen. Lula konnte wegen Krankheit der Kinder uns nicht empfangen; mit ihr hat man in dieser Hinsicht nicht viel Glück. Und am Samstag vorm. fuhren wir hierher, wo Frau Cl. alles sehen wollte. Wir haben zusammen geweint, am Grabe u. hier in Carlas Zimmern; wir sind Wege zusammen gegangen, die Carla beschritten hat; u. ich habe gesehen, daß sie u. ihr Mann Carla so *hoch* stellen, u. wenn sie noch mehr Fehltritte begangen hätte – sie war immer das ästhetisch empfindende Weib, über welchem aber ein Unstern gewaltet hat. Samstag abend reiste Fr. Cl. von hier ab, von München 11.10 weiter u. gestern vormittag in Mülhausen.

Wie geht es Dir, lieber Heinrich? Ich habe ja nun viel Ruhe, hier, u. kann sparsam leben, werde sehen, ob ich so weit komme, bis zum Herbst in München Wohnung nehmen zu können.

Auf baldige gute Nachricht von Dir, herzlichst

Deine Mama

Fr. Cl. hatte ihm schon gesagt, u. wird es nochmals eindringlich sagen, daß es für Carla das größte Unglück gewesen wäre, *ihn* zu heiraten, u. daß eine Carla *Mann* auf ganz andere Partien Anspruch erheben konnte, das dürfe man nie vergessen. Da seien oft ganz *andere* Persönlichkeiten, die ihr Leben vor der Ehe gekostet, auf *Fürstenthrone* gestellt und geachtet u. geliebt worden.

Lieber Heinrich,

beim heutigen Lesen der „Kl. Stadt" fällt mir wieder auf, daß dies Buch sich gewiß gut zur Dramatisierung eignen würde; hast Du dies nie bedacht? oder doch u. hältst es für eine riskante u. dafür zu mühevolle Arbeit? Ich denke mir so ein Stück sehr reich an wirkungsvollen Szenen: das Leben auf dem Platze; die Unsichtbare; die Vorkommnisse im Dom; das Theater im Theater; Nello u. Alba da draußen usw.; u. schließlich der hochdramatische Schluß. Schon die Ankunft der Künstler u. so manches andere; es könnten 2–3 Akte werden.

Aber immerhin ist jetzt eine schlimme Zeit für Theaterstücke, es werden kolossal viele fabriziert, u. die Kritik wird immer schärfer. Vor einigen Tagen wurde mal wieder eins ausgepfiffen, von A–Z, „Alles um Liebe" von Eulenberg; wenn dies wohl auch wirklich danach ist, so weiß man doch, daß oft bessere Sachen auch schlecht behandelt werden.

Bekommst Du eigentlich für die „Kl. Stadt" gar kein Honorar mehr? U. wie ist es mit der Tantieme für „Variété"? Du weißt, es ist mir immer eine große Freude, zu wissen, daß Ihr gute Einnahmen habt u. gut fortkommt u. ein guter Stern Euch begleitet.

Meine arme Carla war im Zeichen der Waage, Venus u. Saturn geboren, u. „Saturn u. Venus haben im Juli–August die Waage, den Stern, in dem sie geboren ist, heruntergedrückt" (Worte der Sterndeuterin, die das Horoskop für Carla vorgestern gestellt hat, nicht wissend, daß dieselbe nicht mehr lebt), „es ist schrecklich, das ist ja direkter Untergang und ein Wunder, daß die Dame noch lebt!". – Von dieser Frau hatte ich durch Frl. Weber gehört, daß sie sogar bis Berlin verschrieben wird u. in München auch zu Prinzessinnen kommen muß, sie sei berühmt, u. man staune über ihre Kunst.

So hat Fr. Dir. Pricken sie vor etwa 4 Wochen bestellt, u. die Frau konnte nicht früher als vorgestern hinkommen.

Ich hatte fest vorgenommen, dazu n. München zu fahren, doch hielt mich der Sturm fest, der auch heute noch wütet. Nun erhielt ich heute das Horoskop, in welchem es ferner heißt: „Günstig, daß sie noch nicht verheiratet ist, sonst wäre sie 1910–11 getrennt worden!" (Du mußt wissen, daß man der Frau *nur* Geburtstag – Jahr u. Stunde – nennt, sonst *nichts*.) „Hat sehr viel durchgemacht, auch in der Liebe (seelisch), sogar eine Verlobung zurückgegangen, was aber gut war, es wäre nicht ihr Glück gewesen. Sie ist sehr talentiert u. geschickt. Ihre Sterne neigen zu Wohlhabenheit u. Luxus. Sie hat einen Planeten, der unter die Menschen gehört. (?) Sie hat den Vater früh verloren. *Ihr Glück liegt nicht in unserem Land. Südwesten* ist ihre Glücksrichtung (meine Heimat?). Glückstage sind Mittwoch, Donnerstag u. Freitag (Samstag starb sie!). Wäre gute Künstlerin geworden, hat sich fürs Theater interessiert. Sie heiratet zweimal. Einer ihrer Männer ist Witwer oder geschieden. Sie wird von verheirateten Männern verehrt; sie hat als Verehrer einen älteren u. einen jüngeren Mann, dieser ist jünger als sie. Mehrere Ortswechsel durch die Ehe. Wenig Kinder. Steht in den letzten 4 Jahren nicht gut (also seit sie in Mülhausens Kreis kam), hat viel durchgemacht, auch eine Trennung." Nun prophezeit die Frau noch für *später*, aber *nie* sehr gut, nur sollten 1912–13 u. 14 gute Jahre werden, sie solle *dann* zur Heirat kommen; soll in allem sehr vorsichtig sein. 1909 war ein Jahr, wo ihr *alles* hätte zustoßen können; sie hätte zugrunde gehen, verderben können. Hat schwere Zeiten durchgemacht (dies wiederholt sie ja mehrere Male), Gesundheit nicht günstig. *Man muß ihr Mut zusprechen*, denn ihre Lage wird sich ab Herbst zum Guten wenden. Hat so viel in sich u. ist sehr talentiert. –

O wäre er doch ein *Mann* gewesen u. hätte sie wenigstens *beruhigt*, da er selber alles Unglück heraufbeschworen hatte u. allein alles wußte!

Aber die Frau sagte auch: 1911 wäre auch noch kein gutes Jahr geworden, also manches Schwere hätte ihr noch bevorgestanden.

Als Fr. Direktor sie wegen Liane befragte, hat sie gesagt:

Gott im Himmel, was hat Ihre Tochter im vorigen Jahr durch eine Trennung gelitten, das hätte sehr schlimm werden können; sie hat den Mond zum Planet, u. da gibt es leicht Gemütskranke; die arme Dame hat sehr gelitten u. leidet noch, auch sonst ist es für sie kein gutes Jahr, aber vom Mai ab regiert Mars u. Venus, da geht es besser; u. von ihrem Geburtstag ab kommt sie in glückliche Bahnen, denn da sind ihre Hauptsterne heraus – bis dahin soll sie sich sehr schonen.

Ich bin sonst nie zum Glauben an Sibyllen u. Sterndeuter geneigt gewesen; nun aber verstehe ich die Alten, die ihre eigenen Deuter immer hatten und solche kommen ließen; u. verstehe jetzt, warum man „ein guter Stern" u. „ein böser Stern" sagt, u. ich glaube, daß meine arme Carla hätte gerettet werden können, wenn ich solche Frau früher gesprochen hätte.

Schreibe mir bald wieder, lieber Heinrich, u. sei herzlich gegrüßt von

Deiner Mama

20. II. früh: Eben kamen die Photographien zurück mit der Meldung, daß sie zu *spät* gekommen, um reproduziert zu werden. Dabei ist Deine Karte am *Freitag* gekommen, als ich in München war, u. von *hier* die Bilder am Samstag abgegangen, als ich zurückgekommen war. Wenn das Blatt etwas haben möchte, sollte es doch *früher* darum ersuchen.

P[olling,] d. 27. IV. [1911]

Lieber Heinrich,

Du wirst nun hoffentlich wieder zurück sein von Deiner Vortragsreise u. zufrieden mit Deinen Erfolgen.

Gestern hatte ich die Freude, daß Tommy mich besuchte; er kam 12 1/2 Uhr u. fuhr 8.20 zurück. Wir machten einen schönen Spaziergang u. haben uns doch einmal in Ruhe allein gesprochen. Er u. Katia haben aber sehr *Deinen Besuch* vermißt, lieber Heinrich, ich bin erstaunt, daß Du noch immer nicht bei ihnen warst, wenigstens bei *Tommy*. Sie reisen am 6ten fort, magst Du nicht in *nächsten* Tagen um 5 Uhr bei ihnen sein? – Am 6ten fahre ich dann zu den Kindern, wo ich während der 2–3 Wochen bleibe.

Tommys Porträt, von Geffcken, ist im Künstlerverein ausgestellt, ich werde es mir in diesen Tagen ansehen u. rate Dir, das gleiche zu tun, da Du doch Interesse hast.

Tommy ist sehr erfüllt von Deinen historischen Novellen u. hat mir ihren hohen Wert noch klarer gemacht, als ich ihn schon empfunden hatte. Zu Deiner Stück–Premiere „Unschuldige" sind sie gewesen, trafen auch Fr. Fehn u. Fr. Knözinger – auch die ganze literarische Welt –, u. das *ganze* Auditorium ist enthusiasmiert gewesen; Du hast, wie auch Elchinger schon schrieb, rauschenden Beifall gehabt, u. Dein Name ist *stürmisch* gerufen, u. da man wohl gewußt, daß Du in München seiest, war man erstaunt, daß Du nicht erschienst, u. man hat sich einander zugeflüstert, Du hättest die Aufführung rechtsanwaltlich untersagt usw. Lieber Heinrich, das will ich nicht hoffen, denn Du hast wirklich *keinen* Grund, unzufrieden zu sein; das *verständige* Publikum jubelt Dir zu, die Schauspieler haben *tadellos* repräsentiert, man ist voll Lobes über ihre Leistungen; es wäre schön von Dir, wenn Du Dir die Sache mal ansähest, wenn nicht offiziell, dann inkognito. Entschlage Dich mal des Gedankens an das Hoftheater, das hätte Dir für diese eigenartigen Stücke wahrscheinlich nicht den großen Erfolg gebracht, aber ich vermute, daß Dein neuer Dreiakter das Rampenlicht des Hoftheaters erblicken wird; stolz bin *ich* aber auch ohne das auf Dich, mein lieber Heinrich, und wenn Du pekuniäre Erfolge ferner so haben wirst wie jetzt, dann ist ja alles gut, nur *gesund* mußt Du bleiben.

Hoffentlich bleibst Du bei Cassirer, denn das ist eine gute Acquisition.

Sei nun inzwischen herzlichst begrüßt, u. gehe in erster Linie bald zu T. u. K.

Deine Mama

[München,] d. 12. 1. 1912

Pardon, mon cher Henri, mes larmes coulent plus souvent maintenant que dans mon enfance!

Ta Maman

Lula ne partira pas encore dimanche, alors venez me visiter, et telephone avant.

München, d. 15. 1. 1912

L. H.,

gleich die zweite Karte: ich bin natürlich nicht der Meinung, daß Du über *Venedig* gefahren bist, sondern meinte Verona, als ich Venedig schrieb. Die Sachen sind gekommen, ich packe sie aus; u. lasse von den Büchern diejenigen unten, welche ich lesen möchte, lege die *andern*, welche ich von Dir erhielt, hinein u. bewahre sie bei meinem Gepäck auf d. Speicher. Wie gern hätte ich Dir beim Packen geholfen; hoffentlich hattest Du schon Unterstützung dabei. Abends um die 10te Stunde dachte ich bei jedem Auto, das vorüberfuhr u. tutete: sollte das wohl Heinrich sein?!

Eben habe ich alles Zeug ausgepackt u. wundre mich, daß Du so vieles, was nach meiner Meinung für den Süden paßt, daließest! Z. B. den leichten Mantel – die leichten u. helleren Jaquettes! Aber Du wirst schon das Richtige mitgenommen [haben]. Von Deinen Photographien stecke ich ein ungerahmtes an die Wand. Eins der gerahmten hat einen Riß im Glas, das weißt Du wohl schon. Vicco hütet einige Tage das Zimmer wegen einer Furunkel. Daß er auch immer mit dergl. laboriert!

Herzl.

D. M.

Polling, d. 8. IV. 1912
Ostermontag

Lieber Heinrich,
heute ist es eingetroffen, u. ich denke noch vorm 11ten, wo
ich n. München fahre, Antwort von Dir zu haben, *wie* ich
es schicken soll; andernfalls werde ich es p. Anweisung spe-
dieren. Der Zins, Alfreds Provision abgerechnet, macht
3965.25. 1/5tel u. davon 1/5tel, zusammen *951.66*, ab für *1/2*
Jahressteuer (vom Januar bis Juli)

	148.45
erhalten	390.–
an mich	60.–

(mehr als 20 kann ich leider nicht z. Geb. geben, so gern,
als ich auch möchte!) macht zusammen 598.45 von obiger
Summe ab bleiben <u>353.21</u>

9ten nachmittags

War in Weilheim u. erfuhr, daß man *noch* nicht weiß, wieviel für Kreisumlagen in Weilheim bezahlt werden muß,
u. da er eine *mutmaßliche* Summe nur nennen, aber nicht annehmen darf, konnte ich nur *einen Teil* des Semesterbetra-
ges entrichten, dafür wird aber im Juli der Teil für das IIte
Semester bedeutend größer! Daß wir es nur alle wissen u.
nicht vergessen! Die Steuern nehmen ja zu. *Du* steuerst ja
sonst nichts, aber Tommy u. Lula kolossal. So macht der Teil
jetzt

103 M 77		
dies mit	60.–	
u.	390.–	
sind	553 M 77	ab von 951 M 66 Pf
	bleiben	397 M 89 Pf

Porto?

eine nicht ganz ungetrübte Freude, weil wir dem Rentamt schulden, aber hoffentlich können wir's im Juli bezahlen!

Herzl. Gruß

Hier ist es heute recht warm, nach gehabtem Schnee, Sturm u. Regen seit erstem April, nur der Gründonnerstag war ebenfalls schön u. frisch, die Berge voller Schnee. Es ist mir auf den Wegen, die mein Carlakind ging, immer, als müsse auf ihnen etwas von ihrem Sein zurückgeblieben sein, von ihrem Wesen, Denken u. Sinnen müsse mich da etwas umgeben, wo sie doch gerne ging u. man sie oft hat laut singen gehört.

Vicco ist seit Samstag hier, geht mit mir spazieren u. ist recht heiter; morgen fährt er zurück; er läßt Dich herzlich grüßen. Lasse es Dir gut ergehen, lieber Heinrich, u. lasse wieder von Dir hören.

Herzlichst

Deine Mama

Denke Dir, daß mir nach Zahlung aller unserer Schulden für *V. u. mich* für 2 Monate ca. 500 M bleiben!

Gestern heiße Sonne mit klarster Aussicht, heute Wind, Regen, Schnee.

Polling, d. 6. V. 1912

Mein lieber Heinrich

Jetzt weißt Du mich also noch hier in P., da Tommy erst am 15ten d. M. zu Katia reist.

Einliegendes kennst Du vielleicht noch nicht, u. annehmend, daß es Dir nicht unlieb ist zu lesen, sende ich es Dir. Wann kommst Du eigentlich nach München? Mit mir wird es nun so: T. bat mich, in *Tölz* dem Hauswesen vorzustehen, da sie übereingekommen, daß es für die Kinder am besten sei, wenn der Hausstand gleich nach T.s Abreise nach T. übersiedele u. ich dann dort hinkäme – ob es mir auch recht sei? Natürlich ist es das, weil es unleugbar gut ist, wenn die

Kinder den Aufenthalt im Gebirge in freier Luft so lange als möglich ausnützen. – Vicco geht allerdings bald in die Res[erve-]Übungen, auf acht Wochen, u. ich wäre vorher, auch wegen Aussuchens seiner Sachen, die teils gereinigt u. gerichtet werden müssen, gern öfter mit ihm zusammen gewesen, doch muß ich es ihm nun überlassen, möglichst sparsam in diesen nötigen Ausgaben vorzugehen, u. werde ihn mir einladen, Pfingsten, 26. Mai, nach T. zu kommen. Du weißt nun, lieber Heinrich, wo ich vom 16ten ab voraussichtlich sein werde, u. ich hoffe, bald von Dir zu hören, was *Du* für weitere Pläne gemacht hast u. daß es Dir gut geht.

Für heute nur noch herzlichen Gruß von

Deiner Mama

Lula u. Jof sind auf 14 Tage nach Baden-Baden gegangen u. haben für Juni in Tölz für die Kleinen gemietet.

---

*[München,
den 24. Oktober 1912]*

Lieber Heinrich,
Der Herr Blum drang sehr darauf, den Schreibtisch zu kaufen, während ich ihm sagte, er würde kein Glück damit haben, da Du ihn behalten wollest; vielleicht hat er Dir nun doch telephoniert oder ist sogar bei Dir gewesen.

Ich möchte Dich bitten, lieber Heinrich, am Samstag Katia zu sagen, daß Du nicht gleich erfahren habest, wann sie von Tölz zurückgekommen sei, u. dann auch nicht gleich hättest Besuch machen wollen, in der Meinung, in den ersten Tagen würde es ihr zuviel werden. Ich meine, es ist Katia gegenüber richtig, wenn Du ihr so sprichst u. überhaupt recht eingehend u. liebenswürdig über ihre Gesundheit Dich äußerst. Ich habe es so im Gefühl, lieber Heinrich, daß T. u. K. so von Dir behandelt werden müssen, denn sie mei-

nen es so gut brüderlich mit Dir, davon bin ich fest überzeugt, u. sie empfinden es sehr arg, wenn Du Dich wenig
um sie kümmerst. Und nicht wahr, wenn Du Lula u. Löhr
mal wieder triffst, so zeigst Du Dich ihnen gegenüber wieder so, wie Du früher mit Lula warst, u. wenn Du es auch
nur *mir* zu Gefallen tätest; aber unbeschreiblich viel mehr
freute es mich doch, wenn Du mit Lula wieder würdest wie
damals, als sie Braut u. jung verheiratet war. Stelle es wieder her, Heinrich, Du *kannst* es, es liegt *nur* an *Deinem* Willen. Schilt mich nicht!

Herzlichst

Deine Mama

Übrigens triffst Du Löhrs am Samstag nicht hier, denn Lula hat selber Besuch, wenn ich nicht irre.

---

*[München,
den 2. November 1912]
Samstag abends*

Lieber Heinrich,

erst in diesem Moment fällt mir wieder meine Absicht ein,
nämlich Dich zu bitten, der Frau Knözinger einmal einen
Besuch zu machen. Als sie mir das Bild brachte, fragte sie
mich sehr freundlich nach Dir; u. *wenn* je eine kleine Miß-
stimmung wegen Gugigls bestanden *hätte*, so wäre sie
sicherlich durch Deinen Besuch, *auch wegen des Bildes*, vollständig versöhnt. Schriftsteller müssen ja in manchen Fäl-
len solche Schritte tun, wie es ja auch Tommy in ähnlicher
Art auch schon getan. Ich weiß nicht, ob ich Dir mal erzählt habe, daß Knözinger, nachdem „Zw. d. Rassen" erschienen war, mich in Polling in sehr heiter aufgeräumter
Weise um das Buch bat, mit dem Bemerken, er u. seine Frau
seien ja darin verewigt (das hatte nämlich die Dr. Kulenk ihnen geschrieben); u. ich ihm *erstaunt* darauf erwiderte, er *irre* sich doch wohl arg; *mir* sei keine Ähnlichkeit mit ihnen

beiden aufgefallen, u. niemand hätte mir davon gesprochen, so sähe er wohl, daß man höchstens entfernte Ähnlichkeiten in solchen Werken fände, wenn man darauf *ausginge* zu finden. Er sagte darauf, daß er stolz darauf wäre, in einem Roman gezeichnet zu sein. Ich sagte, ich habe das Buch nicht da. Du warst früher doch recht befreundet mit G. Kn., nicht wahr? Wenn Du willst – nein doch nicht, ich lade ja niemanden weiter ein als meine Kinder u. höchstens Eggels.

Kn.s wohnen Kaiserplatz 3/0, aber wenn Du sie besucht hast, oder *bevor*, u. wünschest dann, daß ich sie mit Dir zusammen zum Tee bitte, so tue ich es gern, aber ich möchte *ihn* nicht mit einladen, obigen Grundes halber; so fällt das Bitten wohl fort, u. ich muß das Zusammenkommen Dir allein überlassen.

Ich möchte es auch so gern, *anderen* gegenüber, daß Du es tust, weil ich so ungern sähe, wenn man Dich falsch beurteilte oder Dich tadelte. Du denkst wenig über diese Dinge nach, weil es Dir zu *gering* ist, daher tue ich es für Dich u. bitte Dich, wenn irgend möglich, meinem Rate zu folgen.

Und Du verziehst doch Dein Gesicht nicht mehr? Ich spreche so gern noch mit meinen Kindern, als ob sie noch klein wären!

Herzlichst

Deine Mama

Solln,
9. VII. 1913, nachm.

Lieber Heinrich,

Deine liebe Karte empfing ich soeben mit bestem Dank u. beantworte sie Dir gleich. Das Bewußte werde ich nach Wunsch besorgen; es wird wohl noch bis 13–14ten Zeit haben, weil Alfr. es diesmal sehr *hilde* hat wegen der Kapitalsanzapfung für T. Er schrieb mir recht *streng*, daß es diesmal bestimmt weniger werde u. er es mir nicht bestimmt bis 12ten schicken könne. Ferner ist G. Sievers gestorben, ich erhielt von der Wwe. die Anzeige; dazu schrieb Alfred: daß wir uns ruhig zu gedulden hätten, weil die Abrechnung binnen 1 *Jahres*, also bis *nächsten* 1. Juli, erledigt sein werde.

Mein Befinden ist nicht brillant, obgleich es hier ruhiger ist u. die Luft gut! Nur regnet es zu viel u. weht stark. Viel hinaus gehe ich nicht, kann ja auch nicht lange gehen. Neulich begleitete mich Frl. Hegner hierher, u. es war eine schreckliche Aufregung für mich, u. das Herz wollte sich lange nicht beruhigen. Vicco hätte mich hergebracht, wenn ich ihm nicht gesagt hätte, daß es zu ungewiß sei, ob ich Donnerstag fahren könne. Mittwoch kam V. vergeblich in die Pension Clara. Nun brauche ich wohl längere Zeit nach all den Unruhen, mich hier zu erholen. Hoffentlich triffst Du es gut in Tutzing; rüste Dich nur für Regenwetter aus! U. sorge für warme Hausschuhe. Tommys kommen wohl morgen zurück u. fahren dann bald nach Tölz. Wann Du mich wohl hier zu besuchen kommst?

Herzlichst

Deine Mama

Solln, 13. 8. 1913

Lieber Heinrich,
tausend Dank! Eben habe ich es an Lula geschrieben, die ihren Geb. in München feiert.

Ich gratuliere Dir auch zu „Mme. Legros" im Lessingtheater u. wünsche herzlichst *beste* Erfolge. Ich muß mich ja wegen V.s zu beruhigen suchen, weil meine Sorge, erfahrungsgemäß, nichts nutzt, u. ich werde fast fatalistisch. Auch hoffe ich, daß das für ihn gestellte Horoskop wenigstens recht hat, wo es heißt „von 1914 ab wird der Herr große Vorteile haben" – denn in der Prophezeiung, daß er einige empfindliche Verletzungen durch eiserne

Waffen bekommen werde, war ja Wahrheit. V. hat den *Mars*.

Es geht mir hier, was Verpflegung betrifft, ganz gut, wenn ich auch hier u. da eins von den Gewohnten fortlassen muß; aber *unruhig* ist dies Zimmer auf die Länge der Zeit, u. wenn ich nicht bald *oben* im I. Stck. ein besseres bekomme, muß ich anderswo hin.

Besuche mich recht bald, komme zu Tische!
Herzliche Grüße v.

D. Mama

V. Tante El[isabeth] noch nichts weiter erfahren.

München, 24. II. 1914
Bruderstr. 9⁰

Lieber Heinrich,
in den Briefen der Liselotte, Herz[ogin] v. Orl[éans], las ich: „Ein Mensch ist lange Jahre in d. Basti[lle] gesessen, der ist maskiert drin gestorben; er hatte als zwei Musketiere auf beiden Seiten, im Falle er die Maske abtäte, ihn gleich niederzuschießen. Er hat maskiert gegessen u. geschlafen. Er muß doch etwas Rechtes gewesen sein, denn man hat ihn sonst sehr wohl traktiert, wohl logiert u. alles gegeben, was er begehrt hat. Er hat maskiert kommuniziert, war sehr devot u. hat kontinuierlich gelesen. Man hat sein Leben nicht erfahren können, was der Mensch gewesen."

Anmerk.: „Die sog. ‚eiserne Maske', über die allerlei Vermutungen umliefen, ohne daß die Sache je völlig aufgeklärt worden ist."

25sten. Ob Du wohl meine vorige Karte erhalten, auf welche ich nur den Namen des Ortes u. nicht „bei Nizza" setzte? Ich schrieb wegen Tante St[olterfoht]. Heute erhielt ich die Nachricht, daß es *Thrombose* sei, der Arzt es *sehr* ernst ansähe u. auch die Kinder sich nun auf das Ende der geliebten Mutter gefaßt machen. Es kann ja noch ein Wunder geschehen, in jedem Fall muß man den Himmel bitten, daß ihre *Leiden* weniger werden.

Sei herzlichst gegrüßt v.

D. Mama

[München,] d. 8. III. 1914

Mein lieber Heinrich,
mein letztes Schreiben an Dich war, da ich die jetzige Adr. noch nicht kannte, die Todesnachricht von Tante St[olter-foht], nach Beaulieu sur mer adressiert. Daraufhin hatte ich noch keine Nachricht von Dir, bis heute, vom 6ten, Deine lieben teilnehmenden u. verständnisvollen Worte. Du fühlst ja so richtig mit mir, lieber Heinrich, daß, trotz meiner vielen lieben Erinnerungen, die, wie Du ebenfalls trafst, mein Inneres jetzt mehr als je durchlebt, mein Gefühl der Trauer, gegen solche, wie die ist, die mir der harte Schlag vor 3 1/2 Jahren verursachte u. die mich nie verlassen wird, den Grad der *tiefen Wehmut* nicht übersteigt. Es ist eben eine ganz andere Trauer, u. das Betrübendste dabei für mich, daß ich meine Schwester so wenig noch gesehen habe, wenn wir auch nicht aufhörten, uns durch Briefe geistig nahezubringen. Sie ist zu früh gegangen, aber der Tod hat sie, allen Kampf erlassend, *sanft* in seinen Armen fortgetragen, ihr unbewußt. Sie ist aller Not enthoben. – Inas Briefe lauten *sehr* traurig, ich glaube, sie würde sich innig freuen über einige Zeilen von Dir, Tommy wollte ihr auch schreiben. T. u. L. gaben einen schönen Kranz*, ich schrieb Ina, Du weilest im Süden. Ihre Adr. Hamburg-Uhlenhorst, Gustav-Freytag-Str. 11. Am 14ten fahren V. u. ich n. Polling. Gib bald wieder Nachricht.

* Ich gab 150 M u. Kranz.

[Polling,] 25. III. 1914

Mein lieber Heinrich,
Dein lieber Geburtstag naht mit dem Frühlingserwachen.
Ich gedenke schon lange wieder der unvergeßlichen Zeit,
als uns der Erste geschenkt wurde, u. mein Dankgefühl dafür
ist immer stärker u. inniger geworden. Der Himmel erhalte Dich mir, in Gesundheit u. allem Glück!

I like to give you twenty, when I received the money.

Sei recht herzlichst begrüßt von

Deiner Mama

[Polling,] 10. IV. 1914

Lieber Heinrich,
seit einigen Tagen schon ist das Bewußte da, u. ich hätte es
Dir geschickt, wenn ich gewußt, wohin oder ob Du es Dir
selber von hier holen willst. Es ist weniger als vor. Jahr. T.
u. L. haben gestern selber von hier mitgenommen. Wir hatten einen schönen Tag zusammen, wenn auch heute das
Wetter schöner ist als gestern; wir konnten aber doch gegen Abend einen Spaziergang machen. Nun macht mir L.
schon seit längerer Zeit große Sorge wegen ihres jam-
mervollen Aussehens! Gestern war es noch schlimmer; es
ist, als wenn sie allmählich ganz schwindet; hohle Augen,
weiße Lippen, mager; es macht mich furchtbar traurig.
Ich gebe ihr immerfort Ratschläge, aber sie scheint uns allen, auch Eggel u. Jof, nicht zu glauben, daß sie sich anders halten müsse. Ich bin der Meinung, daß sie ein paar
Monate in ein Sanatorium zwecks einer Mast- u. Liege-
kur sollte, vom Hausstand u. allen Einladungen fort.
Bitte um Nachricht, auch wie es Dir geht.
H.   *D. Mama*

[Polling, den 1. Mai 1914]

Lieber Heinrich,
nochmals tausend Dank für den lieben Besuch; der aber zu kurz war u. meine Bitte rechtfertigt, daß Du bald auf eine gemütliche Zeit kommen mögest; Du hast ja gesehen, wie nett Du logieren kannst, u. hast Du wegen Bett oder übrigem einen Wunsch, so kannst Du ihn mir äußern. Außerdem wäre neben meinem Zimmer ein eleganteres, was Du evtl. noch haben könntest; das erstere wird aber wohl ruhiger sein.

Du hast heute wohl nicht bemerkt, daß ich wieder Deine russische Brosche trug; ich vergaß, Dich aufmerksam zu machen.

Nochmals las ich den Abschnitt in „Z. i. B.". Die Wulkow mit Diederich bei der Aufführung ist höchst amüsant; ich habe sehr gelacht. Und reizend ist der alte Buck mit den Kindern.

Nun bekomme ich hoffentlich bald gute Nachricht von Dir u. daß Du Dich auf der Rückfahrt nicht erkältet habest. Zu meinem Glück u. Freude siehst Du jetzt wieder recht frisch u. wohl aus. Erhalte Dich so!

Herzlichst grüßt Dich
Deine Mama

Aus Weilheim eben Karte erh.; nun noch aus München! Vielen Dank. J'ai présenté vos respects à Mme. Schw[eighart].

[Polling,] 13. V. 1914

Lieber Heinrich,
wie es Dir wohl geht, denke ich oft u. hoffe das Beste. Du bist wohl fleißig u. hast vielleicht auch dort in Deinem Zimmer nötige Ruhe dazu. Solltest Du aber wieder eine Zeitlang fort aufs Land wollen, dann sage, ob ich Dir hier in einem guten Hause Logis suchen soll; es wäre doch nett,

wenn wir eine Zeitlang uns öfter sehen u. sprechen könnten, zumal Du doch auch gern in Polling bist. Hier im Hause wäre es Dir (wie auch mir!) jetzt zu lebhaft, da beide Kinder jetzt hier sind u. viel Geschrei machen; es wird auch schon um 4 Uhr früh alles lebendig, u. für mich ist es, wenn ich nicht in beide Ohren Watte stopfe, sehr fatal, weil ich sonst nicht wieder einschlafe.

Aber bei Grabmeyer, in der Straße, wo es zum Klopfer hingeht u. wo auch Grautoff u. Ehrenberg einmal wohnten, sind oben zwei nette Zimmer. Was ein Häuschen für mich betrifft, so habe ich mich vergeblich danach umgeschaut. Ein Stockwerk bei einer einzelnen Frau, sehr ruhig, wäre zu haben; müßte aber mit Küche, Öfen u. Wasser versehen werden, u. meine Möbel hätten nicht genügend Raum darin; außerdem mag ich nicht gern, wenn ich nicht das Haus allein bewohne, immer *hinunter* ins Klo; u. mag mein Brennmaterial nicht in einem Gelaß mit jemandem anderen haben. Ich sprach mit Mutter Schw[eighart], sie weiß auch nichts Passendes; empfahl mir aber, wenn mir auf die Dauer nicht gefiele, die Verpflegung von außerhalb zu bekommen (was mir hier unangenehm ist), später bei ihr zu wohnen; was ich auch wohl, nachdem ich anstandshalber erst wieder etwas in Solln gewesen, annehmen werde. Oskar u. Frau sind mir sehr angenehm, sie geben sich, soweit es ihre Hauptinteressen, die für Haus, Hof u. Gesind, zulassen, Mühe, mich zu befriedigen; aber wie gesagt ist für mich der Betrieb hier zu lebhaft, u. das Mittagessen müßte ich im Hause geliefert bekommen. Ich bin bald 9 Wochen da, ein Zeichen, daß ich mich etwas zu beherrschen weiß, wenn von 4 Uhr früh schon die Türen schlagen, die Kinder früh krähen u. der kl. Bub viel hinter mir her ist, um Geschichten zu hören oder mit mir zu gehen, wenn ich lieber was anderes täte u. ohne ihn spazierenginge. Ich *hoffe* aber, trotzdem noch bis Ende Juni bleiben zu können oder Anf. Juli, dann einige Wochen nach München und Solln u. später zu Mutter Schw[eighart], die im Herbst vom Cathrinenhof (Maxls Gut) zurückkommen. So mein Plan; aber ich denke, u. ein Höherer lenkt.

Durch Tante El[isabeth] erfahre ich, daß Lula nach Badenweiler ginge; ob sie schon fort ist, weiß ich gar nicht; Tommy hatte mir geschrieben, daß sie in eine Kuranstalt solle, wohin, stehe noch nicht fest; aber L. hat nun wohl vor der Abreise so viel zu besorgen, daß sie mir selbst nichts mitteilen kann. Ob Katia wohl gestern zurückgekommen? Gäbe der Himmel doch, daß es ihr nun dauernd besser gehen möge!

Bitte gib mal wieder Nachricht, lieber Heinrich, u. wie Du über meine Idee denkst, für Dich ein Zimmer zu nehmen.

Sei herzlichst begrüßt von

Deiner Mama

Den eingeschriebenen Brief, der hierher an Dich kam, wirst Du ja erhalten haben.

Ich war wieder 5–6 Tage gar nicht wohl, hatte wohl Magen u. Darm erkältet.

[München, den] 27. 7. 1914

Lieber Heinrich,
vor einigen Tagen fragte ich Dich, ob „Fil[iale] d. D[eutschen] Bank" wichtig sei; hast Du die Karte nicht bekommen? Alfr. schrieb, das Zirkular werde bald kommen; wohin sende ich es an Dich? – Könnte ich Dich doch über die pol[itische] Lage auch sprechen! Du kannst Dir wohl denken, in welcher Gemütsverfassung ich bin. 4 Jahre sind nun vorüber mit *dem* Ereignis; nun stelle ich mir die Möglichkeit eines weiteren vor! Schilt mich nicht; man soll vor der Zeit nichts sagen, aber es drückt mich so schwer. Wenn doch Engl. u. Deutschl. Einfluß auf Rußl. hätten!

Die alte Frau Jordan, die hier wohnte u. deren Söhne Professoren sind, hatte sich „Im Schlaraffenland" geholt, ihr Sohn habe ihr sehr *geraten*, besonders *Heinrich* M. zu lesen; Du kannst denken, wie mich das freut. Sie wird nun wohl nacheinander alles kennenlernen. Bekomme ich Antwort? Auch über Dein Befinden!

Herzlichst   *Deine Mama*

Lieber Heinrich,
gestern kam Lula, sie hat noch nichts vom Zirkular gesehen. Hast Du es noch nicht an Tommy geschickt? Es muß in dieser schrecklichen Zeit ja *rasch* bewerkstelligt werden, damit Ihr es noch bekommt. Nun muß mein Vicco wohl fort! Mein guter fröhlicher Junge!

D. Mama

Lieber Heinrich,
hoffentlich geht es Dir gut. Vicco ist seit Dienstag in Landsberg a/L. u. bleibt noch etwas dort. Ich möchte Dich bitten, von Italiens Ehrgefühl *nichts* mehr zu halten. *Gesagt* hast Du mir ja wiederholt, daß sie, wenn der Fall eintreten würde, sich hüten würden, mitzugehen; Du hattest also recht u. darfst, als Deutscher, sie in Deinen Werken nie mehr auftreten lassen, sondern sie ignorieren u. höchstens lächerlich machen; das ist das wenigste, was sie verdienen.

Man sieht hier bald nichts mehr als Militär, Pferde, lange Züge neuer Mannschaften, u. hört begeistertes Hurrageschrei u. Gesang. Wüßten wir doch den Ausgang.

Herzlichst

Deine Mama

München, d. 7. 8. [1914]
abends

Lieber Heinrich,
mit Freude erhielt ich heute abend Deine l. Karte, nachdem ich vormittags gelesen, daß bisher nur der *gediente* Landsturm einberufen worden. Man sagt mir aber, daß Du Dich melden mußt; damit sie Dich nur nicht strafen! Du wirst, wie gesagt, wenn es nottut, im Lande irgendwie beschäftigt, ebenso Tommy, denn er ist ja auch nicht ausgebildet. Über den Sieg über die Festung Lüttich herrscht natürlich großer Jubel; ginge es doch so weiter! U. bestätigte es sich doch in großem Umfange, daß in Frankreich u. Rußl. Revolution herrschen! 4 Feinde zu bekämpfen, die, bis auf Belgien, so viel größer sind – das ist eine übermenschliche Aufgabe. Über Italiens Ängstlichkeit werden wir ja insofern beruhigt, als es nicht *anders kann*, ohne sich gänzlich von England zermalmen zu lassen; das hätte ja aber alles im Vertrag bedingt werden können. Mein kleiner Vicco wird morgen viell. schon von Landsberg fortgehen, wenn es nicht schon heute geschah. Nelly fuhr vorgestern zu ihm; heute hatte ich Karte von ihm.
Die herzlichsten Grüße, auch an D. l. Frau

Deine Mama

„Z. i. B." wird wohl nicht mehr gedruckt?

[München, den 1. Oktober 1914]

Lieber Heinrich,
vor lauter Erstaunen konnte ich Dir nicht gleich richtig antworten: ich wollte von der, stark im Niedergang begriffenen, Pension Hauk, aus der Gäste sowie Dienstboten fliehen, schon am 1. Sept. hinaus. Frl. H. *ließ mich* aber *nicht*,

ich müsse bis z. 15. bleiben. – Das geschah ja wohl oder übel, u. ich zog am 15ten, mich brieflich von Fr. Jordan u. mit meiner *Zahlung* von Frl. H. verabschiedend, ohne Angabe dauernder Adresse, weil ich nicht gewiß wußte, ob man mir dies Zimmer hier fertig hergerichtet habe. Es war 9 1/2 Uhr, als ich mein Gepäck mit Hilfe der beiden Zimmermädchen, die nun auch von dort fort sind, hinunterschaffte, u. da Frl. H. nicht vor 10 1/2 aufsteht, durfte ich ohne Umstände gehen, nachdem das Zimmermädchen mir den Geldempfang quittiert hatte. Ich besuchte darauf einige Tage später Fr. Jordan u. teilte ihr meine Adresse mit u. hörte wieder Frl. H.s Stimme durchs ganze Haus schallen, wie sie mit dem Zimmermädchen schimpfte; das ist so fürchterlich gemein, Heinrich, daß ich immer denke, das Fräulein kann nicht normal sein – in Gehörweite ihrer sämtlichen Gäste mit ihren Dienstboten tagein, tagaus solche Duos aufzuführen. Ich habe dort 3–4mal gewohnt – nun ist es genug; aber ich bin ganz ruhig u. friedlich fortgekommen, u. Frl. H. hat es gewußt, weil sie mir ja nicht erlaubt hatte, am Ersten zu gehen, sondern erst am 15ten. – Hoffentlich sind die Rosen an Deine Frau gut angekommen.

Herzlichst

Deine Mama

Noch eins, lieber Heinrich, verzeihe, wenn es Dir nicht lieb ist, daß ich noch mal auf den Krieg zurückkomme. Mir ist es aber immer traurig, daß Du Deutschland von je nicht recht gibst. Du weißt doch, *wodurch* dieser Krieg, ganz gegen Deutschlands Willen, entfacht wurde. Als Österreich d. Serben *endlich* den Krieg erklärte u. Rußl. das Mördernest verteidigte, was *mußte* da geschehen?!, u. wer war zuerst in Feindesland?, u. wo blieb gleich Belgiens Neutralität, als die Franzosen schon darin waren u. alle Verbrechen organisiert hatten.

Die Feinde Deutschlands protestieren jetzt gegen Zeppelinbomben, protestieren sie aber gegen die großen Geschütze? Ich glaube, Du sagtest, sie hätten es getan, aber mit welchem Erfolg? Bitte schreibe es mir, wenn Du Zeit

Maria (Mimi) Kanová, 1912

hast; in d. Haager Konferenz waren sie über Zeppelinbomben u. jegliches Geschütz ja übereingekommen; u. die
deutschen Heerführer wissen ganz genau, was völker-
rechtlich ist u. nicht. Ich muß bekennen, das Werfen von
Bomben aus Luftfahrzeugen in die Menschen hinein gefällt *mir* gar nicht, abgesehen vom ästhetischen Gefühl, so
finde ich, daß sie bisher zu wenig von kriegerischem Erfolg begleitet sind. Ich habe mich in die Stelle der unschuldigen Menschen gedacht, die plötzlich von solchen
Instrumenten getötet werden, die doch sicher ihnen nicht
zugedacht waren. „Es ist der Krieg" darf auch natürlich
nicht zu weit gedacht sein. Aber ich lasse nicht gelten, daß
Du Deutschland die Schuld am Kriege gibst, bedenke
doch, daß die ganze einheitliche Sozialdemokratie *nicht
nötig gehabt* hätte, den Krieg zuzulassen u. *selber* mitzugehen. Sie haben ja zugestanden, daß die Rüstungen notwendig waren. Mein lieber guter Heinrich, sprich nicht so
gegen Dein Vaterland, weil es sich nach allen Seiten jetzt
mit *aller Macht*, die erlaubt ist, verteidigt; – wo es nur seine *Bundestreue* halten wollte, wurde es in diesen furcht-
baren Kampf getrieben, der ihm das Leben kosten sollte,
wie die Feinde wünschen. Manche große Diplomaten hatten den Krieg schon *früher* kommen sehen, weil Deutschland zu groß u. mächtig wurde; daher auch der Dreiver-
band! Wir wären vielleicht ihre guten Freunde, wenn wir
etwa wie die Schweiz, Dänemark, Holland oder Skandinavien wären, selbständig, aber immer in Furcht vor Größeren, nein, es wäre schön, wenn die ganze Welt den *Ger-
manen* gehörte, u. wenn England sich bessert, darf es mit
dazu rechnen.

Versteh mich, mein Heinrich, u. sprich nicht bös mit anderen Leuten über Deutschland!

Deine Mama

Wenn Du 10 Min. daran wenden magst, antworte mir bitte, es würde mich freuen.

[vor dem 11. September 1916]

Habe H. u. M. *geschenkt* den großen Mahagonischrank und die Mahagonikommode. Dazu kommt noch das Bettzeug, bestehend aus Plumeau, 2 Kopfkissen u. Steppdecke, u. Handtuchgestell u. das grobe Bettuch.

Geliehen habe ich das große Buffet mit 6 Stühlen u. runder Servante. Ferner die 4eckige Servante u. den Spieltisch; den Mädchenkleiderschrank, die große Bettstelle mit Matratze u. Nachttisch, für lange Zeit, u. wenn ich selber die Sachen nicht noch einmal *notwendig* zurückfordern muß, soll H. sie behalten; aber er wird sich doch mal eine einheitliche Eßzimmereinrichtung anschaffen wollen.

Ich sah heute den Spieltisch u. die beiden Servanten nicht; aber sie werden wohl irgendwo stehen.

Herzliche Grüße
Mama

Die Portoerhöhung ist bisher noch nicht genehmigt, Dieu merci!

[Polling,
den 11. September 1916]

Dem lieben Elternpaar die herzlichsten Glück- u. Segenswünsche für recht erfreuliches Gedeihen des sehnlichst Erwarteten u. nun glücklich Erschienen[en]. Bestes Wohlergehen wünscht

Eure Mama

Weßling, 8. 1. 17

Lieber Heinrich.
Deux mille cinq cent cinquante-trois, c'est la somme netto.
Nach Abzug von 50 à moi v. Sieverschen Kapital 8.94 Commerzb. Lüb. 4.32 bleibt 549.46 von T. 61. *610.46*, die ich Dir portofrei an die D. B. sende. Diesmal keine Steuer.
  Euch herzlich grüßend u. hoffend, daß es der Kleinen gut geht!

D. Mama

Ich versäumte noch die Abr. über 6000 Zins an uns, wovon ich Dir auch einen Teil lasse. Es macht ja 24 M im Jahre, 6 M 1/4 Jahr, durch 4 sind 1.50 je, also 4.50 ab (für 3).
  Commerzbank rechnet für die Euch beiden (H. u. V.) gezahlten Summen Zins, das wißt Ihr ja. Du u. V. werdet es ja bald zurückzahlen, damit die C.Bank Euch nichts mehr abzwacken kann.

[Weßling, den] 10. 1. 1917

Lieber Heinrich,
heute empfing ich mit Dank Deine Anweisung u. bitte nochmals um Entschuldigung für mein Versehen. Ein andermal muß ich mir mehr Zeit lassen, das „schnelle Schicken-Wollen" hat seine Kehrseite. Nun erhaltet Ihr ja wohl endlich bald aus Lübeck!
  Wie unmöglich erscheint umseitiges Bild angesichts *dessen*, das sich uns heute bietet: Schnee, Weiterschneien, daß Luft u. Erde ineinander aufgehen u. man selbst den kürzesten Weg scheut. Schreibe mir bitte, wann „Mme. Legros" gespielt wird. Du schreibst nichts vom Kind, hoffentl. ist es gesund.
  Herzl.   *D. Mama*

Mimi ist gleichzeitig mit Prinz Eitel Fr. dort.

[Weßling, den 15. Januar 1917]

Lieber Heinrich,
von Vicco bek[ommst] Du nicht d. 75, sondern 11.25 fürs *Halbjahr*, also rechne noch 7.50 ab, da ich neulich schon obige Summe verrechnete.
Herzlichen Gruß!

W[eßling, den] 16. 1. 17

Lieber Heinrich,
die Rückzahl[ung] der 7500 a[n] d. C[ommerz]-B[ank] wird im Okt. schon gemacht sein, da im Cassa Conto unter dem 7. Okt. steht: „zurückgezahlte Anleihe 7500". Ich habe A[lfred] nochmals um genaue Auskunft gebeten, weil er mir nur Eure Zinssummen für das Halbjahr genannt hat, unter Fortlassung der Tatsache, daß er der Bank schon zurückgezahlt hat. Ich finde, er könnte mir auch gern mitteilen (schriftlich), *wo* er das Geld nun hergenommen hat. Er ist schrecklich ungenau geworden, so als wenn es niemanden etwas anginge als *ihn*. Und wenn ich alles genauer wissen möchte, antwortet er patzig. Am besten wäre, Du fragtest ihn einmal selbst u. bätest um genauere Auskunft. Vom April ab also 4 %, wenn es sich bestätigt, daß er im Okt. zurückgezahlt hat.
Herzlichst
D. Mama

Je vous ferai cadeau de cinquante pour ton jour de naissance, exceptionellement.

W[eßling, den] 17. 1. 17

Lieber Heinrich,

so schrecklich wäre es mir, einem meiner Kinder unrecht zu tun u. ihn pekuniär zu schädigen. Daher rechne ich gerne lieber alles zehnmal wieder durch, bitte Dich aber *dringend*, von nun ab endlich Buch über *alles* zu führen, was Du bekommst u. ausgibst, natürlich *selber*! – Damit Du über alles Bescheid weißt. Ich war das bei Papa natürlich so gewohnt u. hatte lediglich mein *Haushaltungsbuch* zu führen ...

Also am 24. März 1916 entnahmst Du u. V. d. L[übecker] Comm.-Bank 7500 M. *Du* 6000. Gegen 6% Zinsen. Alfr. schrieb mir damals, daß ich vom *Oktober* ab mit Euch über diese Zinsen abrechnen müsse. Ein *Teil* des Juli-Kapitalzinses ergab (wegen erhöht. L.B.C. Div.):

> 968,76
> <u>236,02</u>
> 732,74

von T. 61,--
> <u>793,74</u>, *die Du abzü. Porto erhieltest.*

Alter Steuersatz f. 1/2 Jahr:
> 178,--
> 80,--
> <u> 8,98</u>
> 236,02 *

Dein Com.B.-Zinsanteil hätte *79,75* (von 105 M) gemacht; ich sollte ja aber erst vom *Okt. ab* berechnen.

Ebenso habe ich aber auch V.s Teil dann schon berechnet. –

Oktober mußte ich eine Steuernachzahlung von 52,22 pro Person leisten, dazu 80 v. 895 .... <u>88,95</u>
                                                    <u>141,17</u>

---

* (Du hast also im *Juli keinen* 6% Com.B. an uns gezahlt.)

Der Zinsteil betrug   629,65

ab   <u>141,17</u>

448,48

von T[ommy] 61 M <u>549,48</u>

Du *erhieltest* netto   <u>427,76</u>, von mir dazu *geschenkt 22,24,*

damit es rund *450 ergeben sollte,* die Du auch erhieltest.

    Wenn ich von 488,48 den Com.B.-Zins vom *Juli u. Oktober* abgezogen hatte, sind nun 360,65 geblieben. Dazu 61: 421,65; *siehe* oben die *erhaltene Summe!*

    Juli   62,82

    Okt.   <u>65,01</u>

    <u>127,83</u>

    Da betrug es also 65,01 für Dich (Deinen Teil von 86,07 ab).

Von   549,48 – 127,83 ab

        <u>127,83</u>

bleiben   <u>421,65.</u>

    Du erhieltest also *427,76,* weil ich mich wahrscheinlich verrechnet hatte (zu meinem kleinen Nachteil), u. schenkte Dir noch *22,24* dazu. V.[s] Teil 11,25 kommt hinzu, also bekämst Du da noch etwa 5,14, auch V.[s] Teil ist dann verteilt. Hiernach scheint es doch, als wenn ich Dir im Oktober schon für Juli u. Oktober zugleich abgezogen habe, u. bitte um Entschuldigung, falls ich mich versehen habe. Wenn Du einen Fehler jetzt noch findest, so mache mich aufmerksam. Wegen des Krieges u. zögernder Erbschaft schenkte ich Dir und Tommy öfter etwas zum Zinsenrest und will, was ich Dir gestern versprach, auch halten. Vom April ab beginnt die *vierteljährl.* Rechnung über *4%* Zinsen an uns für die geliehenen 6000. Das sind 60 pro Quartal, 15 M pro Person, also 45 zusammen an T., V. u. mich.

    Ich bitte Dich auch, lieber Heinrich, wenn ich mich sehr zu meinem und der Geschw[ister] Nachteil einmal verrechnen sollte, es mir gleich zu sagen, Du weißt, *wie* bunt die vierteljährlichen Abrechnungen für mich sind u. daß mir da leicht ein Irrtum durchschlüpfen kann. Bis vor 1/2 Jahr ging es gut, aber in letzter Zeit muß ich sehr aufpassen, gewöhne mich aber allmählich. Steuer zahle ich etwas mehr als Ihr, weil ich Lulas Teil von dem einen 5tel mittrage, denn sie bekommt von Euch keinen Zins, *zahlt mir* außerdem auch nichts von dem *großen* Kapitalteil, damit büße ich schon etwa 45 M ein; u. Euch habe ich auch den großen Teil *sehr* wenig belastet, muß aber vom April ab 10 M pro Quartal rechnen.

Alfred wird Dir gegenüber so tun, als ob ich die Abrechnungen nicht *genau* durchsähe, aber ich meine, er könnte außer den im geschäftl. Stil abgefaßten Summenzetteln mir auch eine einfachere Erklärung dazuschreiben: z. B. „Bemerke Dir, daß die 7500 nun zurückgezahlt sind u. die 6% Zinszahlung somit mit Ende Dez. aufhört; ich habe die 7500 *da u. da* gekündigt u. sie der Commerzb. gegeben."

Aber, einmal ist er krank, einmal lange verreist, einmal angeblich mit Arbeit *überlastet*; ich meine, dann sollte er die jährlich *257,46* Einnahme von unseren Zinsen einem *anderen* überlassen u. von *diesem* Geschäft ausruhen. Hoffentlich hast Du in meinem Namen ihn gefragt, welche Gelder er gekündigt, um der Comm.B. zurückzuzahlen.

Von V. bekommst Du noch 5,14 (s. Seite 2), wenn Du nicht bei Sendung des Geldes neulich 3,75 schon abzogest.

Schreib mir nun bitte eine Karte, ob meine heut. Rechnung stimmt u. wieviel ich Dir zurückschicken soll. Ich bin nur immer zufrieden, wenn jeder zu seinem Recht kommt. Zu Deiner und meiner Erleichterung schreibe bitte von jetzt ab *alles* an, lieber Heinrich, es wird Dich nicht gereuen. Bitte, lies alles genau u. allein!

Herzlichen Gruß von

Mama

Löhr ist Hofrat geworden. Er schreibt mir heute, zu so was käme man nur, wenn man *alt* werde.

Hoffentlich geht es der Kleinen gut?

Hier ist es sonst ganz nett, ich brauche aber viel Heizmaterial, bekam gestern zum zweitenmal Holz, diesmal hat ein Franzose es kleingemacht, bei seinem Bauern; ich sprach etwas französisch mit ihm, worüber er sichtlich erfreut schien, u. gab ihm Trinkgeld.

Lieber Heinrich, Alfred schreibt: Für Commzb. gezahlte Zinsen

14. Juli 1916	105 M
7. Oktober "	112,45
1. Dez. "	5,75
	223,20.
Davon zahlt Heinrich pro Halbjahr	180 M
Vicco	45 M
macht	225 M.

Weil er schreibt: 7500 ab 1/2 Jahr geliehen, wird er wohl längst gekündigt haben, aber bitte, frage ihn *selber*, u. ersuche ihn kurz, es andernfalls sofort zu tun. Es war ja aber *gleich* so mit Alfred verabredet.

Ich hatte Dir nur 4% abgezogen, für 1/4 Jahr *60* M. Für jeden 15 M. Du bekommst von Vicco 3,75, schicktest mir 36,75, für 1/2 Jahr macht es aber ohne Deinen Teil *135 M.* So fehlen noch 98,25, die ich Dich bitte in aller Interesse schicken zu wollen.

Es tut mir leid für Dich, daß Dir so große Zahlungen obliegen. Jetzt sind die 125 000 fürs Lüb[ecker] Haus gezahlt, u. die Verteilung soll bald vor sich gehen. So bekommt Ihr bald nach der Versteigerung endlich Euer Erbteil.

Du wirst mir ganz gewiß keinen Grund vorweisen können für die Annahme, ich wolle Dir die Eßzimmermöbel schon wieder nehmen. Ich kann sie ja noch gar nicht brauchen! Muß Dich aber aufmerksam machen, daß ich Dir *mehr geliehen* habe, nämlich Carlas Bettstelle mit Matratze und Keilkissen, Nachtkasten, kleinen lackierten Kleiderschrank, Mahagonihandtuchgestell, 1 nußbaumpol. Spieltisch, die rund pol[ierte] Servante u. eine 4eckige pol. Servante. Ich schrieb es auch für Dich auf. Sollte Dein Zettel mit meinem nicht übereinstimmen, so schicke mir meine Aufschrift bitte. Was ich *versprach*, das halte ich; aber genannte Gegenstände würden mir ja, wenn ich mich einmal wieder ordentlich einrichte, alle sehr abgehen. Was ich *irgend* entbehren kann, schenke ich gerne.

Hoffentlich ist bei Euch alles gesund! Sei herzlich gegrüßt von

Deiner Mama

L. H. Gelegentlich gibst Du mir A[lfred]s Karte zurück. Ich schrieb ihm auch, daß, wenn es nicht *nötig* sei, Du keine Antwort von ihm mehr erwartest, da ich Dir seine Erklärung mitgeteilt.

Betr. Geschenke: Ich schenke Dir also *30* M zum Geb. u. zu Weihnacht, was irgend geht, gebe natürlich auch an Mimi, wie meinen anderen Schwiegertöchtern, u. weiteres lassen wir dann. Ich erwarte von Euch *gar nichts*.

Im Okt. war also alles berichtigt.

Januar machte jeder Teil *612,72*.

Von 80 M ließ ich Dir 30 (für Mimi), also 50 M an mich

	8,98	" "
5,75 v. C.Bank, 3/4tel u. davon 3/4tel	3,24	" "
	62,22	
Du erhieltest von T. u. V.	61,35	
Schulden	– ,87	

612,72

– ,87

611,85 Soll. Du erhieltest aber *608,96* aus Versehen, erhältst also noch   2,89

u. dazu die   36,75

39,64, die ich Dir mit Anweis. schicke.

An T. schickte ich die Papiere; ich gäbe ihm außer dem, was ihm zukommt, noch von *meinem. Ich* wäre ja nicht imstande, mich derart von einem Kinde loszusagen, aber es hat ja *alles* 2 Seiten u. ich will kein Pharisäer sein.

Oktober kamen ja, wie gesagt, die 52,22 *nach*verlangte Mehrsteuer hinzu. Du schreibst mir nie was von der Kleinen!

Herzlichst

Mama

W[eßling, den] 22. 1. 17

Lieber Heinrich,
ich rate Dir, Herrn Elf[eldt] d. Schriftstücke baldigst ohne
viel Kommentar zurückzuschicken u. künftige Schreiben
von ihm ungelesen zu retournieren. Denn, so traurig ich es
für eine Mutter finde, ein Kind auf solche Weise behandeln zu müssen, so muß man doch glauben, daß Tante El[isa-
beth] durch *diesen* Sohn, falls sie nicht fest geblieben wäre,
längst verarmt wäre. Tommy will natürlich nichts mehr
für ihn tun, weil er zum Überfluß ihm vor Jahren schon mehrere Gelder lieh, auch „für Erholungskuren", die er aber
an *Ort* u. *Stelle verlumpt hat* u. trotz *ehrenwörtlicher* Rück-
zahlungsverpflichtung *nie* mehr darauf zurückgekommen
ist. Daß er nun die Stirne hat, auch Dich anzupumpen, resp.
Dich zu bitten, seine Mutter zu seinen Gunsten zu beein-
flussen, ist doch wahrlich, nach allem, ehrlos. Es scheint,
daß er in ein Stift für geistig Corrupte gehört, dies ist *meine*
Anschauung seiner Lage. Übrigens lese ich eben aus T. Brief,
daß Elf. das geliehene Geld damals für *Reisen da- u. dorthin*
wegen Engagements haben wollte, nicht für eine Kur, sie
aber statt dessen an Ort u. Stelle verbrauchte. Henry ist dämlich u. kränklich, aber ein Lump war er nie. Tante El. ist im
Falle von Elf. Erwerbsunfähigkeit gesetzlich gehalten, ihn
zu versorgen. Das ärztl. Attest aus Leipzig ist ja aber ungewöhnlich nichtssagend. Solltest Du, lieber Heinrich, leider
schon etwas an E. gegeben haben, so laß dies das letzte
sein, denn Du siehst es niemals wieder. So war es bei Heinrich Marty auch, der in der Elbe endete.

Also beruhige Dich, lieber Heinrich, über diese Sache, u.
wirf Dein Geld nicht an Unwürdige fort. Die arme alte
Tante wird nicht lange mehr leben, darum muß sich nun
Alice wohl durch einen Anwalt gegen S[iegmund] Elf.s
Attacken wappnen lassen, die nun, nach Empfang der Erb-
schaft, von der Elf. natürl. erfahren hat, nicht aufhören werden.

Die Anweisung wirst Du erhalten haben. Lasse es Dir u.
den Deinen recht gut ergehen. Die Liste von Gottsch. wirst

Du ja auch bekommen haben, aber wenn man alles *bar* zahlen muß, kann man nicht viel kaufen.

Herzliche Grüße von

Mama

W[eßling, den] 3. II. 1917

Lieber Heinrich,
schicke mir bitte A[lfred]s Brief *gelegentlich* zurück, falls ich nicht bald für einige Minuten selbst komme, um die Kleine zu sehen, wonach ich mich sehne. Hoffentl. läßt diese Hundekälte bald nach, damit doch in ca. 14 Tagen auch Dein Stück ans Licht kommen kann. Viel Enttäuschungen erlebt man; u. außerdem jetzt wohl die ärgste Zeit des Mangels. Katia schreibt, daß ihre Eltern nur noch für 2 Tage Kohlen haben, u. sie selber reichen noch ca. 3 Wochen, indem sie sich in wenigen Räumen einschränken. Ich denke, mit Vollmond ändert sich das Wetter.

Herzliche Grüße von

Mama

Hoffentlich seid Ihr gesund!
Möchte noch hinzufügen, daß ich A[lfred] unrecht tat: Viccos, Frl. Kiene u. Siegmund M[ann] schrieben mir Karte von einem gastlichen Zusammensein aus. –

[Weßling,] 26. 3. 1917

Cher H., encore une fois: je me ressouviens du 27me et prie pour ton bonheur!

Ta mère

Je trouve cette carte, que je recevais l'autre jour, si jolie, que j'ose de l'envoyer à toi.

Lieber Heinrich,
diese Glocken wurden aus hies[igem] Turme, zum Zwecke des Tötens, kürzlich heruntergenommen, nachdem sie alle, mit den verbliebenen 2, nochmal z. Abschied läuteten. Und die Frauen gingen weinend heim. –

An Oncle Fr[iedel] schickte ich „Bunte Ges[ellschaft]", was ihm *sehr* gefällt; er bittet Dich, ihm zu schreiben: Hamburg, Winterhude, Dorotheenstr. 61, u. Dein Bild zu schicken. Und wenn Du ihn besuchtest, würde er sich außerordentlich freuen; denn er fühlt sich so sehr verlassen u. ohne Familienverkehr. Wahrscheinlich Montag besuche ich Baby.

Herzl. Grüße

Polling b. Weilheim
25. VI. 1917

Lieber Heinrich,
vielen Dank! Gestern schrieb ich Dir nach München. Unsere Pension, oder Hoteldependance, damals lag ganz in großem Garten u. hatte Veranda, wo wir oft saßen; die Solebäder waren in der Nähe, ich glaube am Hause selbst. Dr. Pachmayr war auch nicht weit, wenn ich nicht irre. Besucht war das Haus nur von „besseren Leuten"; den Namen der Besitzer weiß ich nicht, glaube aber, daß es eine Dame war, die es leitete. Es lag aber nicht in Reichenhall selbst, sondern *nahebei*; dann wirst Du es wohl rasch erfahren; ich kann momentan nicht auf den Namen kommen. Zum Thumsee fuhren wir auch. Schreibe mir bitte, wenn Du es gefunden.

Herzlichst
Deine Mama

Jetzt: *Kirchberg*!!! wir müssen 76 od. 78 dort gewesen sein, denn 77 ist Lula im Aug[ust] erschienen.

P[olling, den] 28.VI. 1917

Lieber Heinrich!

Deine Karte hat mich gerührt. Du u. T. habt auch das gemeinsam, daß Ihr immer wieder den „Weg zum Kinderlande" sucht. Neulich äußerte T.: seine Kinderjahre, mit Travemünde u. dem allen, seien seine glücklichsten Jahre gewesen! U. mir kommen die Tränen in der Erinnerung an die schöne Zeit! Es ist schön, daß Du diese Flecken Erde jetzt aufsuchst, wo wir 3 zusammen waren; ich wollte, ich wäre bei Dir! Erhole Dich nur *recht* gut!

Herzlichst grüßt Dich

D. M.

[Polling, den 2. September 1917]

Lieber Heinrich,

ist dies Bild nicht außergewöhnlich lebendig? Abgesehen davon, daß das Original großartig lebenswahr sein muß, ist die Reproduktion an sich auch künstlerisch ausgeführt. Betrachte mal den Blick, die Züge, die Hände, Licht u. Schatten in Gesicht u. Gewand. Wenn ich die Augen etwas mehr schließe, meine ich diese Frau lebendig zu sehen. Vielen Dank für liebe Karte. Ich glaube, wenn man so viel u. deutlich mit Baby spricht, lernt sie früher sprechen, denn *Lust* dazu hat sie ja gezeigt. Die Zähne kommen ja auch zu verschiedenen Zeiten bei den Kleinen. Und weißt Du noch, daß *Manns* vom kl. Tommy sagten, als er *älter* war als Nini: „Der Jung lernt ja wohl *gar nich* ss-prechen."

Die Marmelade ist gut.

Herzl. Grüße von

Mama

Ich bin Euch *sehr* dankbar.

P[olling, den] 4. 9. [1917] abends

Nein, lieber Heinrich, sie hat es *nicht* geträumt, sondern hat wachend meine Frage sich gemerkt. Ich werde sehen, ob ich so etwas finde, was dem Zweck entspricht; Ihr hattet ja auch so etwas. Das arme Ding hat sich hoffentlich durch den Fall nicht geschadet; hoch ist die Wiege ja nicht.

Herzl. Grüße auch an Mimi

Deine Mama

Hoffentlich findet sie *bald* etwas, wohinein ich die Sachen stellen kann.

*[Polling,
vor dem 10. September 1917]*

Lieber Heinrich,

denke Dir, Frau Winhart hat sich *nichts* dabei gedacht, daß Du dort alleine zum Essen hinkamest, u. ärgerte sich mit mir über die Post, zumal sie selber so schlechte Erfahrung kürzlich damit machte, indem sie ihrer kranken Mutter Hirn u. Kalbfleisch *expreß* schickte, die Sachen aber erst nach 2 Tagen ankamen, u. *wie* vielleicht! Und so hört man von allen Seiten.

Gestern bei meiner Rückfahrt war die IIte [Klasse] wieder gesteckt voll, so daß hohe Offiziere von München bis Tutzing im Gang stehen mußten. Hoffentlich wird es in einigen Wochen so, daß man wenigstens in II. Kl. *immer* sitzen darf, dann kommst Du vielleicht doch einmal wieder; möglicherweise mit Mimi.

Du ludest mich so freundlich ein, einmal mit Dir zu essen, weil Du jetzt doch viel allein bist. Wenn es geht, melde ich mich einmal telephonisch an. Schade, daß ich kein Teleph. im Hause habe, sonst wären die Verständigungen viel leichter erreichbar. Ich sagte Fr. Winhart, ich habe Dich *eingeladen*; weil Du so furchtbar selten kämst, sei mir diese Enttäuschung um so schmerzlicher; da meinte sie auch, man sähe *Dich* hier ja so sehr selten. *Alle* bedauern mich recht, daß es so gekommen ist (die es erfahren haben!).

Betr. Deines „Porträts" von Opp[enheimer] wollte ich noch berichtigen: als ich Charakterkopf sagte, meinte ich *Studien*-kopf, u. zwar ein alter ekliger. An Oncle Fr[iedel] schickte ich das Brustbild u. *leihweise* das mit der Zigarette. Schade, daß Klein Pullis Augen auf dem Bilde so starr blicken; das finde ich bei ihr immer nur, wenn sie in Aufmerksamkeit plötzliche Kopfwendungen macht. Viell. ändert sich das, wenn sie älter wird. Ich habe solche Erscheinungen bei *Euch* nie gehabt. Wie reizend sind ihre Füßchen; ich möchte das Dingchen gern einmal einen ganzen Tag warten, damit sie mich kennenlernt.

Ca. am 8. Okt. kann ich Dir ein Gockerl schicken.

Eine Photographie, wenn sie gut geworden, bekomme ich noch von Dir; aber einen Rat, den ich bisher immer vergaß zu erteilen: Halte die Finger nicht in der Mitte geteilt, auf Bildern, sondern Mittel- u. 4ten Finger zusammen; Du wirst sehen, daß das viel hübscher wirkt. Immerhin ist die Hand auf dem Zigarettenbild nicht ungraziös geworden, aber es ist eine bei Bildern sehr ungewohnte Haltung.

Nun nur noch herzliche Grüße von

Deiner Mama

[*München*,
den 10. September 1917]

Lieber Heinrich,
möchte wiederholen, daß die Birnen noch 8–10 Tage lagern müssen, damit man den rechten Genuß davon hat.

Pulli ist ein süßes amüsantes Ding. Möge sie gesund bleiben.

D. M.

P[olling, den] 21. X. 1917

Lieber Heinrich!
Diese lodernden Farben sollen den Jubel ausdrücken, den
ich empfinde: „Der Antrag des Staatsanwaltes abgelehnt."
Der Kaufmann hat seine Nase sogar von einem Schulrektor
u. die Staatskasse die Kosten. – Wer war der kaufmännische
Tölpel eigentlich? Ich gratuliere Dir von ganzem Herzen!

D. Mama

[Polling,
den 4. November 1917]

Lieber Heinrich,
ich möchte Dich recht freundlich bitten, wenn Du einen
abgetragenen Mantel hast, ihn mir zu schicken. Von einer
Bäuerin bin ich heute danach gefragt, u. sie würde ihn gerne zahlen. Bitte tue, was irgend geht.
Morgen gehen einige Äpfel an Euch fort.
Herzlichst

Deine Mama

Polling, 30. 11. 1917

Mein lieber Heinrich,
möchtest Du bitte für Einliegendes etwas besorgen, was
Euch Freude macht, u. es auf den Weihnachtstisch legen?
Ich habe so wenig Zeit, selber einzukaufen; das Hin und Her
wird immer schwieriger, u. ich werde, wenn ich mal in München bin, *niemals* fertig, zumal die Läden erst um 9 geöffnet u. um 6 Uhr geschlossen werden, außerdem manche von

1–3 auch geschlossen sind. Die Geschwister müssen sich vielfach meine Gaben auch selber besorgen. Nehmet fürlieb mit meinem Scherflein. Marzipan ist ja horrend teuer geworden, aber vielleicht bekommst Du später noch einige *kleine* Stücke von Köpff in Lübeck.

Heute hörte ich hier auf der Obermühle von Frl. Ott, daß ihr Logiergast, ein Leutnant, der dort seinen Urlaub zubringt u. von Hamburg ist, Deine Bücher so sehr rühmt u. jetzt mit Entzücken „Diana" liest. Ich habe ihm sehr „Die kl. Stadt" noch empfehlen lassen u. auf seinen geäußerten Wunsch, mich kennenzulernen, nur erwidern lassen, an mir sei nichts weiter, als daß ich Eure Mutter sei, wenn er *Euch* kennenlerne, so sei das die Hauptsache, ich sei mit dem Alter wenig umgänglich geworden.

Ich hoffe, Euch u. die Kleine bald auf Augenblicke sehen zu können, u. grüße inzwischen recht herzlich.

Seid Ihr alle wohl?

Deine Mama

[Polling, den] 2. 12. 1917

Mein lieber Heinrich,
eigentlich erfordert Deine liebe Karte von gestern keine Antwort, doch hat mich der Mittelsatz „Ja, jetzt ist die Generation da" usw. so entzückt, daß ich, um ihn immer wieder zu lesen, die Karte aufrecht auf meinen Schreibtisch stellte. Es spricht Heinrich Mann aus diesen Zeilen, und etwas Enttäuschung!, auch der naive Ausdruck eines Erstaunens, daß der *militärische* Geist bei Deinen Werken auch haltmacht, ebenso wie der der Zivilisten, für die Du schreibst. Es ist aber zu begreifen, daß nicht nur literarisch gebildete Militärs andere als Kriegsbücher vornehmen, um am Schönen sich zu laben u. darüber das Gräßliche zeitweilig zu bannen. Es ging mir aber so wie Dir: wie Frl. Ott mir das vom Leutnant erzählte, der auch Deinen Einakter neulich sah u. darauf „Diana" vornahm, ging ein kurzes Erstaunen

Heinrich Mann mit Tochter Leonie, um 1918

meiner Freude voraus; und so wird auch Deine Kunst zum Segen für viele, deren Gemüt, Nerven u. Lebenslust am Sinken war.

Verziehet Eure kleine Hauptperson nur nicht zu sehr, indem Ihr ihr *alles* gebt, was sie nur irgend brauchen kann, sondern steckt was in ihre Sparbüchse. Man darf jetzt in erster Linie nur an die Ernährung denken. Ich hoffe, Euch bald zu sehen.

1000 Grüße

---

7. 1. 18

Lieber Heinrich!

Das hat mir eine traurige Enttäuschung bereitet! Dein Brief war mein letzter Hoffnungsanker.

Lasse nun auch bitte Mimi mich nicht mehr nach dem Befinden der Geschwister fragen, was gewöhnlich den Anlaß zu Erörterungen gab.

Nun glaube ich auch nicht mehr, daß *mein* Tod Euch alle wieder vereinigen wird, da es Carlas Tod nicht einmal vermochte; nun mußt Du so wie ich uns mit dem Gedanken abfinden, daß das, was nun noch von Deiner Seite geschah, das letzte, deutlich *Gutes* Wollende, war.*

Nun bitte ich Dich recht herzlich, alles, *auch in Schriften*, ruhen zu lassen u. nicht die *Spur* einer Kritik den Augen Unberufener, die nur Sensation aus dem Zwist zweier großer Brüder machen, auszusetzen. Mit *Dir* sprach ich nun *zuletzt* über diese für mich so traurige Sache, mit *T. nicht* mehr, so lieb ich ihn habe. Ich hätte *doch* erwartet, daß er auf gegenseitige Verzeihung hin Versöhnung willkommen heißen werde.**

---

* Aber es war *gut*, daß Du es tatest!

** Ich hörte vor längerer Zeit u. las ja auch selber einmal so etwas, was mich anstieß, daß Du Dich öffentlich sehr unangenehm über T. äußertest – es geschah ja wohl in der ersten Aufregung nach einem Auftritt; – aber es scheint, daß T. *dies* nicht überwinden kann u. es nicht für möglich hält, wieder dauernd brüderlich neben- oder miteinander zu leben, obgleich *ich* es für möglich hielt, daß man beiderseits gemachte Fehler gutmachen könnte, wenn man wollte.

Ob die Gewürze aus Lübeck schon eintrafen? Ist kein ganzer Zimt mitgekommen, so kann ich damit aushelfen.

Also, lieber guter Heinrich, ich bleibe Dir, was ich war u. nie aufgehört habe zu sein, u. hoffe, Dich bald wiederzusehen.

Mit herzlichen Grüßen!

Deine Mama

[Weßling, März 1918]

Lieber Heinrich,

an Deinen Geburtstag u. an den Tag, wo Du uns erschienest, denke ich immer mit hoher Freude! u. wünsche von ganzem Herzen, daß Du den Tag der Wiederkehr stets in Glück u. Gesundheit verleben möchtest.

Ich schicke dies schon früher, weil es Euch lieber sein wird.

Diese Raritäten werden Dich erfreuen; es ist alles schwer zu bekommen. Die Eier holte ich neulich von Polling. Das Feine ist von Niederegger, Lübeck. Sarotti-Mandelspeise ist ausgezeichnet u. schon gesüßt. Den Kuchen habe ich hier gebacken, aus Gerstenmehl, daher *mehr Brot!*, die Krabben müssen recht gut sein.

Aber Weßling ist im übrigen ekelhafter als Polling; hier gönnt einer dem anderen nichts u. verklagt ihn gleich beim Wachtmeister, der an der Bahn wie ein Habicht aufpaßt. 3 Eier pro Monat u. nur 1/2 Pfund Butter, in Polling 360 gr. u. mehr Eier, auch ist bis *jetzt* kein so ein Abfänger da. Wenn doch der Krieg bald ein Ende nähme!

Dies süße Schwarzbrot habe ich in Scheiben geschnitten u. nochmal leicht backen lassen, *dann ist es bekömmlicher.* Aber *sehr* gut ist es nicht! Ich kann kein weißes Mehl bekommen!

Herzliche Grüße von

Deiner Mama

Bitte dies Gerstenbrot in Scheiben zu schneiden u. leicht überzubacken, wegen des mangelnden Weißmehls war es schwerer zu backen; es sind aber lauter gute Sachen darin.

Lieber Heinrich,

V[icco] schreibt mir, daß er nur die 3 Bände hatte; wo mögen denn die anderen sein, die Du reklamierst! Ich erinnere sie nicht. Und die Geschwister haben *nichts* davon bekommen. Solltest Du Dich irren? An meine Bücherkiste kann man jetzt *schwer* ankommen. Wäre es nicht besser, Du würdest Dir die Sachen wieder broschiert kaufen? Denn broschiert sind die 3 ja auch. Oder Du erhältst sie gratis.

Ich habe denselben Kuchen zum Teebesuch genommen, aber ich finde ihn zu trocken! u. bedaure, ihn Dir geschickt zu haben!

[Polling, den 21. März 1918]

Lieber Heinrich,

für Deinen lieben Brief nimm meinen herzlichsten Dank. Die Sendung hat mir mindestens so viele Freude gemacht wie Dir.

Es war doch der mit der geb. Simrock?

Kons. P[lessing]s Ehe gab immer Anlaß zu Gerede. Er war ein liebenswürdiger Mensch, aber zu gut gegen *sie*, die sich ihm überlegen fühlte. Mich wundert, daß sie *so* lange beisammen blieben. Die Lüb[ecker] Pl[essing]s sind lauter feine Menschen.

Das Grab, lieber Heinrich, wird auf Ostern wieder neu gerichtet. Die hohen Thujen ließ *ich* ja vor 3 Jahren setzen u. macht sich schöner, als es war, es ist nun isolierter u. würdiger. Am Stein gedeihen *keine Blumen*, ich habe *alles* versucht, u. auch der Efeu auf dem Grabe bleibt mager. Das Immergrün wie immer üppig u. dankbar. Jetzt soll die Erhöhung fort u. statt dessen *geebnet* werden. In etwa 14 Tagen sehe ich es mir an.

Von den Stiefeln hatte mir Mimi gesagt, daß sie ein Paar blaue habe, die Nr. *39*, sie aber habe *37*, ob ich die 39 haben

248

wolle? Nach Überlegung schrieb ich nun darum. Aber *wenn sie sie tragen kann*, ist es ja etwas anderes, dann soll sie sie natürlich behalten.

Alles Gute wünscht

Deine Mama

Tausend Dank für die Blümchen am Grabe.

[Polling, den 27. März 1918]

Euch allen die herzlichsten Ostergrüße!
Und meinem lieben Heinrich die innigsten Wünsche zum Geburtstage, an den ich immer mit besonders lieben Erinnerungen zurückdenke. Es war ein Tag wie heute, wo ich dies schreibe, u. alles fing an, vom Winterschlaf zu erwachen, u. da trat auch unser Heini ins Leben, mir zu Stolz u. Freude.

Deine Mama

[Polling, den] 12. 6. 1918

Lieber Heinrich!
Das ist ja eine böse Nachricht, die ich soeben von Dir bekomme! Ich hoffe von Herzen, daß es Dir nun wieder befriedigend geht; ruhe Dich *bitte gründlich* aus, *ohne* zu *schreiben*! Ich wußte ja nur, daß Mimi in Prag resp. Marienbad sei, u. bin erstaunt, daß sie nun wieder in München ist; bitte freundlichen Gruß auszurichten. Wie sind denn Deine Sommerpläne nun?

Herzlichst

Deine Mama

M[ünchen, den] 25. 2. [1919]
abends

Lieber Heinrich,
gleich nach Ankunft fragte ich Schweighart wegen der Kartoffeln; er sagt, *wenn* er genügend Saatkartoffeln erhielte, sollte ich davon bekommen, doch könnten wir sie nicht schicken (in größeren Quantitäten nicht), sondern jemand müsse sie im Koffer mitnehmen. Aber seinerzeit weiteres darüber.

Möchte Dich hauptsächlich bitten, wenn es nicht schon zu spät ist!, Mimi zu veranlassen, nicht mit Nelly über solche Vorkommnisse wie das heutige zu sprechen; sie hat es das vorige Mal getan, so daß N. es mir zurückgemeldet hat u. ich darüber erstaunte, denn *ich* hatte mit *keinem* der Geschwister darüber gesprochen, weil, wenn sie von solchen Aufregungen erfahren, dies noch mehr böses Blut macht, u. das will ich *durchaus vermeiden*, weil das Verhältnis zwischen Euch 3 Geschwistern schon traurig genug ist. Bitte sorge dafür, daß nicht darüber gesprochen wird. Mit Dir allein habe ich früher doch frei meine Meinungen äußern können, ohne solche entsetzliche Szenen hervorzurufen, weil Du immer ruhig mit mir warst; mit Mimi geht das nicht, wie ich nun endgültig gesehen habe. –

Ich fuhr in III. Kl. zurück, u. ein junger Mann setzte sich mir gegenüber, den ich an der Sprache als Balte vermutete; doch ist er Wolga-Russe, der in M[ünchen] studiert u. dessen Eltern ihr schönes einträgliches Gut durch die Bolschewisten verloren haben! Da er sich mit den Bolschewiki schlecht stand, ist er quasi nach Deutschland geflohen u. wagt die Rückkehr vorderhand nicht mehr; er hört von seinen Eltern fast nie etwas; er wünscht Deutschland nicht solche Zustände, wie sie in Moskau usw. haben, es sei *grausig*. Ferner sagt er: Eisner sei wohl ein guter Redner u. Schriftsteller gewesen, aber kein guter Politiker; den Mord verurteile er, er *vermute* aber, daß es nicht Arco war, sondern einer, der sich Arcos Vis.-Karte verschafft habe (dies hatte ich auch in München gehört). Ferner vermute *er*, daß *Levien*, der den Eisner nicht liebte, weil er nicht ganz radikal war, *alle* Morde arrangiert habe, um den Spartakismus allein herrschend zu bekommen; er sei zur Revolution aus Rußl[and] gekommen u. sei Degenerat, handle nach echt russischem Muster usw. – Dann zeigte er mir die Zeitung, in der *Schröder dementiert*, daß eine Einigung erzielt sei, eine Einigung wollten die *Unabhängigen nicht*! (Das ginge ihnen zu sehr gegen den Spartakismus!)

In Berlin haben sie die Spartakisten doch besser beherrschen können, in Bayern sind die Bürger u. die Mehrheitssozialisten zu schwach – *gutes* Militär darf sich nicht rühren, u. die nicht an der Front waren, sind ja gleich für die Revolution exerziert. Hast Du gehört, daß der Kult. Min. Hoffmann *vermißt* wird? Bitte schreibe mir bald, was Du von diesen Dingen weißt u. wie die Zeremonie am Ostfriedhof war. Es kommen keine Zeitungen mehr hierher; wir Abonnenten haben umsonst bezahlt; keine Vergütung in Form von Ersatz – nichts.

Viele herzliche Grüße von
Deiner Mama

Grüße auch Mimi u. Nini; das Kind war wieder niedlich heute; ich wäre länger bei ihr geblieben, wenn Mimi mich nicht mehrere Male gerufen hätte.

Ich schicke Dir, da Bülow Dir doch schrieb, dies Buch zur Ansicht. Er hat auch einen „Vicco", Busso ist gefallen. Seine Enkelkinder sind entzückend.

Willst Du dem Gen. Feldm. nicht antworten, daß Du nicht weißt, um was es sich in seinem Schreiben gehandelt hat? Er ist sicher mit Grete v. B. verwandt. In Lübeck haben sich immer v. B.s aufgehalten.

[Polling, den] 28. II. 1919

Lieber Heinrich!
Auf Dein heutiges Schreiben, dessen „persönlichen" Inhalt ich, nach unserem völlig friedlichen Auseinanderge-

hen, nicht erwartet hatte, habe ich *vieles* auf dem Herzen, was ich Dir erwidern müßte, doch ziehe ich vor, es bei mir zu behalten.

Ich schulde noch 10 M 95 Pf, die ich, zuzüglich 30 Pf zur Rücksendung von Schachteln u. Säckchen, einlege, u. grüße Dich herzlich

Deine Mutter

[Polling, den] 3. III. 1919

Lieber Heinrich!

Es ist mir vor kurzem schwer auf die Seele gefallen, daß ich, zwar nicht absichtlich, wie Du weißt, aber doch, Dich *angelogen* habe. Du fragtest mich nämlich einmal, ob nicht Tommy von mir zur Hochzeit Messer mit silbernen Griffen bekommen habe; u. wenn ich nicht irre, verneinte ich das, nicht wahr? Oder wenigstens wußte ich es nicht mehr. Ich bin ganz ärgerlich, daß ich so was vergessen konnte! Ja, doch: zum alten Silber ließ ich ihm in Augsburg 1905 12 Messer mit silb. Griffen anfertigen zu einem Preise, welcher gegen die jetzigen traumhaft erscheint. Du wirst sie ja auch bei T.s gesehen haben. Da ich aber, wie gesagt, so schrecklich selten zu ihnen gehe, geschweige denn dort esse, hatte ich die Messer fast nicht mehr gesehen u. habe deshalb Deine Frage so dämlich beantwortet. Als ich meinen Besuch neulich wiederholte, galt er *Dir* und dieser Aufklärung; ich wollte Dich erwarten u. ging zum Kinde, mit dem ich mich so gut unterhielt; wurde aber mehrere Male laut von Deiner Frau gerufen, so daß ich dorthinein mußte und über dem, was folgte, alles andere vergaß. – Großmama u. wir hatten *nie* silberne Fleischmesser, sondern immer Elfenbein, u. diese mit den unsrigen habe ich zwischen Dir, Lula, Vicco u. mir verteilt. Tommy hat von anderen Dingen weniger, Möbeln u. Geschirr eigentlich gar nichts erhalten, weil sie komplett eingerichtet waren.

Sobald Schweighart seine Saatkartoffeln erhielt, möchte

ich Dir z. Geburtstag welche schenken; darf sie aber nicht schicken, es würde mich außerordentlich freuen, wenn Du sie mit einem Koffer selber abzuholen kämest, nachdem ich Dich benachrichtigt haben werde.

Es tritt das Gerücht immer bestimmter auf u. steht auch in nicht zensurierten Zeitungen, daß nicht Arco-Valley der „Held" war, sondern – andere, die noch frei herumlaufen. Die Valleys sind lückenlos beieinander. Die Zeit wird ja alles aufklären.

Alles Gute zum Gruß von

Deiner Mutter

Hast Du das Geld bekommen?

[München, den 9. März 1919]
Sonntag

Mein lieber Heinrich!

Du warst so rasch fort vom Telephon, als ich noch zu Dir sprach. Verzeihe, daß ich vermutlich wieder zu früh kam. Ich schlafe immer *sehr* schlecht, kann den Morgen nicht erwarten u. stehe daher immer sehr früh auf! Wenn ich dann zwischen 9 u. 10 Uhr jemanden anrufe, kommt es *mir* nicht zu früh vor, ich irre mich aber, denn jüngere Leute können länger liegen. Ich hätte das ja als junge Frau auch können und mögen, doch litt Papa es nicht, sondern rief mich so lange, bis ich aufstand, um „nach dem Rechten zu sehen", wie er sagte; und so ist es mir zur Gewohnheit geworden. Außerdem: wer weiß, wie bald ich für immer liegen und schlafen kann! –

Wollte Dir sagen, daß ich mich über Eure Kart[offel]-Versorgung herzlich freue; andere klagen sehr, daß sie *gar keine* bekommen können. Hast Du sonst Wünsche, die ich erfüllen kann, so äußere sie bitte. –

Ich kam vorgestern wegen meiner Zähne, die jetzt alle nacheinander verderben; aber nun brauche ich vorl[äufig] deswegen nicht zu kommen, bis nach Ostern.

Für Deinen Brief danke ich Dir noch herzlich. Ich verstehe Dich vollkommen, u. Du hast mich ja auch immer verstanden. Du weißt auch, daß ich mit meinen Kindern keinen Bruch wünsche. Von meinen Kindern ist es mir aber ein zu harter Stoß, wenn sie es dulden, daß man mich persönlich beleidigt. Ich hatte, abermals, weil ich es sonst, mit anderen, in aller Ruhe tun kann, ganz vertrauensvoll meine Meinung, hauptsächlich aber die Meinung Tausender, wiedergegeben – die Wirkung war, als hätte ich tausend *persönliche* Beleidigungen hingeworfen, denn mir entgegnete man dann, wo *3 Dienstboten* jedes Wort hören konnten, mit diversen persönlichen Vorwürfen und Bemerkungen, die mir noch in den Ohren klingen. Mein Heinrich! u. a. hebe ich die mir schmerzlichste hervor: daß *ich* mich nicht bemüht hätte, Euch Geschwister wieder zu versöhnen! Vielleicht hast Du es Deiner Frau nachträglich wieder in Erinnerung gebracht, was ich alles mit oder ohne Euren Wunsch getan, um *meinen größten* Wunsch in Erfüllung gehen zu lassen. Schon in der Ainmillerstraße nach meiner Krankheit wollte ich alles dafür tun, es scheiterte – Du weißt, woran es lag. Ich habe oft u. oft Dich gebeten, zu T. u. L. zu gehen, u. T. bat ich immer wieder, das gleiche zu tun; es hat anfangs geholfen; dann kamen wiederum schriftl. Anfeindungen! Ich bat Euch beide, dem Lesepublikum doch solch Schauspiel nicht zu geben – aber immer wieder u. immer mehr Entfremdung. Ich bat Lula u. Deine Frau zusammen zu mir; Dir war es unlieb; u. Du wolltest Deiner Frau nicht erlauben, zu L. zu gehen. Mein lieber Heinrich, wenn ich auch alle Schuld auf mich nehmen *wollte*, Du wüßtest es ja *doch* anders. Und T. liest ja seiner Frau alles vor, bevor er herausgibt, wenn K. also keinen Einfluß auf ihn hat, was kann *ich* dann tun, da ich ja alles erst lese, nachdem es gedruckt ist! Ich habe T. so *innig* gebeten, nichts mehr dergl. zu schreiben, er schade sich *selber* damit, u. das ist auch sicher K.s Meinung. Nun hast Du, mein lieber Junge, wieder in „Brabach" T. etwas geliefert, nicht wahr? Wie gerne würde ich Dir alles persönlich gesagt haben, statt zu schreiben; es war so schön früher, wenn ich Dich in Polling einige Tage bei mir hatte oder Du mich hier in M. besuchtest;

Katia Mann mit Monika, Golo, Michael, Klaus, Elisabeth und Erika (von links), um 1920

wir konnten, wenn ich Dir auch nicht in allem folgen konnte, doch ohne Streit miteinander sprechen. Wie gesagt, ich möchte Frieden mit allen, am liebsten aber, daß meine Kinder *untereinander* Frieden haben u. sich verstehen u. ergänzen. Mit Viccos versteht Ihr Euch jetzt gut zu meiner Freude; sie sind auch *gerne* bei Euch. Nelly ist auch *ruhiger* mit Deiner Frau u. äußerte sich früher mal gegen mich recht nett u. verständig über sie. Sie hat auch z. B. zu Lula *nichts* von dem damaligen Zwist, der wegen meines Tschechenbriefes an Dich entstand, gesagt; denn ich bat sie darum, u. sie sagte mir damals, daß sie Wort gehalten, u. Vicco verehrt Dich geradezu u. ist mit Mimi ja auch recht lustig.

Nun noch herzlichste Grüße, u. schreibe mir bitte!

D. M.

Wenn Du mir doch einen Weg zeigen könntest, auf dem ich Eurer Aussöhnung entgegengehen könnte!

[Polling, den 11. März 1919]

Dear son!

Many thanks for Your good card. I did not *buy* the book; but I beg You – to send it me as soon as You can.

You did not answer on my question, what I could give to Your birthday; it does not matter, I know already something. It is good that You receive so many things by means of smuggling. Many greetings for You, Your sponse and the child. All good wishes for Your work!

from mother

Mitte März [1919]

Mein lieber Heinrich!
Damals ging ich im warmen Sonnenschein um diese Zeit spazieren und pflückte Veilchen; es scheint dies Jahr nicht so zu werden; aber zu Deinem Geburtstag u. schon jetzt schlagen Fink u. Star ihr Loblied, u. alles erwacht zu neuem Leben! Mögest Du das neue Lebensjahr in steter Gesundheit genießen, dann gibt sich alles andere; auch für Deine Lieben Gesundheit u. Freude, damit es Dir alles nach Wunsch gehe.
Von Herzen

Deine Mutter

Ist dies Bild nicht reizend?

[Ende März 1919]

Der Lebkuchen ist vom Krämer in Weilheim u. besser als der, den ich jetzt in München kaufte. Mit etwas Butter bestrichen, ist er sehr gut.
Wundere Dich nicht, lieber Heinrich, daß ich für Steuer 250 M aufschreibe; ich erkundigte mich in W. Das Rentamt konnte noch nichts Genaues sagen, nach einer vorl. Berechnung kamen aber *über* 2000 M pr. *Jahr* heraus, so rechne ich vorl. 250 M für jeden von uns vier, pro *Semester*; im Juli wieder ungefähr soviel, vielleicht noch etwas mehr. Es steht jetzt so, daß ganz Deutschland u. jeder einzelne sich einschränken muß, um die nötigen Abgaben zahlen zu können.
Herzlichst

Deine Mama

Ich kann vom 1. April ab niemandem mehr etwas schicken, weil die Pakete untersucht werden!

11. 4. [1919]

Lieber Heinrich!
Nun teilte mir das Rentamt die *vorläufig* errechnete Summe mit, die z. Glück kleiner ist, als er mir früher gesagt. Durch V. schicke ich Dir 58 M 24 Pf zurück. Sollte vom Steuerausschuß im Juli *mehr* verlangt werden, dann müssen wir für das 2te Halbjahr mehr zahlen.

Herzlichen Gruß von

Mama

P[olling, den] 15. 4. 1919

Lieber Heinrich,
trotzdem ich *von* München seit 3 Tagen weder Post noch Zeitungen bekomme, versuche ich es immer wieder, wenigstens von mir Nachricht zu geben, damit die Verständigung wenigstens *einseitig* aufrechterhalten bleibt. Möchte sagen, daß ich mit Deinem „Ich danke für alles" nicht erfuhr, ob Du auch die Anweisung von hier u. das Geld durch Vicco erhalten hast. In dieser aus den Angeln gehobenen Welt lebt man ja stets in lauter Ungewißheit. Man kann auch weder telephonieren noch telegrafieren, alle Brücken abgeschlagen.

Freundlichen Gruß!

Mama

[München, den] 17. 4. [1919]

Lieber Heinrich
heute früh an der Post erhielt ich Deine Karte vom 13ten. Ich fahre heute gleich zurück, habe aber noch das Roßhaar-

kissen vom Speicher holen lassen, welches Du von Frl. Nedball bekommst, falls Du schickst.

V. hat vorsichtshalber den Zinsrest noch nicht abgeschickt, tut es nun aber bald.

Herzl. Gruß von

Mama

[*Polling, den 29. April 1919*]

Mein lieber Heinrich,
wenn auch in diesen Tagen die Züge gar nicht oder sehr unregelmäßig gehen, so wird doch wohl dieser Zustand sich nicht dauernd halten können, u. ich hoffe, daß Dich diese Zeilen doch, wenn sie mir nicht zurückkommen, einmal erreichen werden. Erstens hoffe ich herzlich, daß es Dir u. den Deinen trotz allem so gut wie möglich geht.

Dann ist der Zweck dieses Schreibens folgender: Bei unserem letzten telephonischen Gespräch meintest Du, es würde ein unfreundlicher Akt von mir sein, wenn ich die betr. Bettstelle jetzt, wo alles so teuer sei, von Euch fortnehmen würde. Ich habe aber, als Du Dich verheiratet hattest, für Dich manches von Vicco fortgenommen, was er ungern entbehrte; aber ich wollte Dich ebenso mit Sachen aus meinem Inventar bedenken wie die anderen. Diese große lackierte Bettstelle mit Sprungfedermatratze habe ich Dir geliehen, da Du Dir *noch* nichts anschaffen wolltest; ich lieh sie als *Fremdenbett* für Besuche Deiner Schwiegereltern, *für nichts anderes*; denn dieses Möbelstück hat für mich außer dem materiellen Wert auch ganz besonderen ideellen! und diesen hat sie nun für mich verloren. –

Ich will sie nicht Dir abverlangen, doch möchte ich Dich ersuchen, mir die Bettstelle käuflich abzunehmen, nicht für den jetzigen hohen Wert, sondern etwa um 50 M*, und

---

* die ich Dir im Juli verrechnen werde. Dann gehört sie Deinem Inventar an, u. ich streiche sie von der Liste der geliehenen Gegenstände, wie Du es bei Deiner Liste ebenfalls tun wollest, damit wir darin übereinstimmen.

mit dem dazu passenden Nachtschränkchen zusammen 60 M. Willst Du etwas von anderem Geliehenem käuflich erwerben, so werde ich es Dir, soweit ich es entbehren kann, überlassen und ebenfalls nicht zu teuer berechnen; ich meine die *kleineren* Gegenstände wie den kl. Fliegenschrank, das Handtuchgestell, *viereckiges* Tischchen und den Spielklapptisch. Die *eichenen* Gegenstände gehören zum Eßzimmer. Wie ich Dir außer Bildern u. Geschirr u. Silberzeug die Mahagonikommode, den großen Mahagonischrank u. das Bettzeug schenkte, will ich Dir auch den polierten Klapp-Spieltisch schenken. So könntest Du mir sicher für Fliegenschränkchen, Handtuchgestell und 4eckiges Tischchen zusammen 60 M zahlen, in Summa also 120. Ich habe mir hier schon einiges machen lassen müssen, z. B. einen kleinen Kleiderschrank u. Handtuchgestell, die beide wegen Farbenmangel nicht gestrichen werden konnten, ebenso ein Tischchen. Transport von München kostet jetzt *sehr* viel.

Deiner Antwort in dieser Sache sowie auf meine Frage nach Eurem Befinden mit Dank entgegensehend, bin ich mit herzlichen Grüßen und Wünschen

Deine Mama

---

11. 7. 1919, Polling
abends

Lieber Heinrich,
noch habe ich von Dir keine Antwort. Inzwischen fiel mir ein Brief von Alfred vom Januar wieder in die Hände, wo er mitteilt, daß zwecks Auskehrung der 25 000 an V. er habe die Aktien den L.B.E. verkaufen müssen. Ich schrieb ihm damals mein Mißverfallen daran, daß er gerade *die* Papiere, die uns oft große Dividenden brachten, aufgenommen, er begründete es kurz: daß er nichts anderes verkaufen könne, da die Zeiten zu schlecht dafür seien. Außer-

dem schrieb er damals, ich muß die ausfallende Summe mit V. verrechnen.

Nun fielen, wie ich Dir vorgestern schrieb, schon *jetzt* 1236 M aus, am schwersten für V. selbst zu ertragen, *ich* will mich gern noch mehr einschränken, u. Euch anderen geht es ja gut. Doch war ich heute am Rentamt, um unsere Steuer für II. Sem. 1919 zu entrichten, da riet mir der „Finanzrat", damit bis Sept. oder Okt. zu warten, da die genaue Anlage für 1919 erst später gemacht werde. So entschloß ich mich, erst im Okt. uns allen die Steuersumme abzuziehen, da sie doch wohl kaum 1236 M machen wird fürs Halbjahr, u. uns jetzt jedem die 190 M zurückzugeben, jedoch V.s *190 M* unter *uns* zu verteilen, da ich ihm ohnehin schon etwas geschenkt hatte, „damit er nur leben kann", u. 40 M bekommt Lula, der *diese* Summe von ihrem Teil gekürzt war. So habe ich nun wieder 693 M 45 Pf für Dich zusammen; soll ich nun die 500 M noch an Pachtner schicken?

Bitte um baldige Antwort!

Herzlichst

Deine Mama

[den 16. Oktober 1919]

Die Frau Hilger findet die Gänse (3 habe ich ihr abgenommen) zu *billig* u. hat deshalb ihr Futter gespart! Ein Kind unserer Zeit! Aber gut scheinen sie doch zu sein. Die Bayr[ische] Handelsb[ank] arbeitet in diesem Falle sehr schlecht, denn an der Post von München bis Polling wird es nicht liegen. Am 4ten schickte Alfred die Überweisung an die B. Handelsb. ab. Am *10*ten kam sie an, u. heute, am *15*ten, habe ich das Geld noch nicht! u. habe so viel zu zahlen!

Die Köchin sieht schon, ob die Gans gut ist, sonst muß sie langsam u. länger braten. Möchte noch fragen, ob Ihr eine Ente brauchet, u. bis wann? Ich soll sie heute anschauen. Die Summe wird ca. *84 M* machen.

Von Frau Burgers Schwiegertochter könntet Ihr vielleicht Ende November eine fettere Gans, aber *mit Federn*, bekommen. Vielleicht kann Eure Köchin sie rupfen.

Z[um] Honig sind die Dosen nicht gekommen, ich schicke ihn, sowie sie da sind.

Eine Gans, sie scheint nicht sehr fett zu sein, hoffentlich aber sonst gut: 36,58.

Teilzahlung an die Frau, welche sie bratfertig machte, weiß ich noch nicht, weil teurer. Porto u. expreß auch noch unbekannt, wird ca. 4 M machen.

Vorige Auslagen (Obst mit Porto): 5,25.

5 Pfd Honig: 35,--

Ich ziehe diese Summe der Einfachheit halber vom Zins ab. Zumal ich Portobetrag noch nicht kenne.

Freundliche Grüße, besonders an Leonie, von ihrer Großmama.

Ich wüßte gelegentlich gerne, ob sie Speckters Fabeln schon besitzt. Besten Dank für beide Karten u. Schachteln.

Lieber Heinrich, sind bei den *Schwestern* da in der Leopoldstr. nicht auch solche, die als *bessere* Köchinnen gehen, denen man die Schlüssel anvertrauen kann? Könntest Du sie mir empfehlen? Ich will Dir offen sagen: es handelt sich um Katia, die ja früher so *sehr* lange ihre Leute hatte, jetzt seit 2 Jahren aber in ewigem Elend damit sitzt u. davon ganz krank ist. Sie hat viele *Diebinnen* gehabt, u. eine hat die andere aufgewiegelt, so daß es da geht wie in einem Taubenschlag. Ich gebe mir alle Mühe, auch auswärts, u. K. sucht in München auch bisher vergeblich; da fällt mir eben das Institut Leopoldstr. ein, u. wäre Dir sehr dankbar, wenn Du mir darüber bestimmte Antwort gäbest. Tue es für *mich*. Es müßte eine *Vertrauensperson* sein, die jedoch nicht beansprucht, mit der Familie am Tische zu sitzen.

Auch 6 Pfd. Winteräpfel, 3 M, u. 2 Pfd. halbreife Birnen, 1 M, lege ich bei.

Lieber Heinrich,

der Zinsteil f. III. Quartal macht nun *691,34.* Du gibst an T., V. u. mich zusammen

	45, -- M ab
an mich 80 u. 8,98	88,98 "
	133,98

691,34
133,98
557,36 bleiben, dazu von T. u. V. 120
120
677,36 die Summe

Nun legte ich seit d. 4. Oktober, nachdem ich die 30,80 erhalten hatte, aus:

7 Pf. Obst 4,20, Porto 1,05	5,25
Gans	36,58
Honig	35,--
6 Pf. Äpfel	3,--
2 " Birnen	1,--
Porto mit Expreß	
wahrscheinl.	
zwisch. 3 u. 4 M Bote	
	84,83 cirka

Von	677 M 36 Pf
für Lebensmittel ab	84 M 83
	592 " 53 Pf bleiben Dir portofrei.

Ich werde aber über das Porto noch genau schreiben.
In Eile herzlichen Gruß

Mama

L'argent est venu ce moment, je l'enverrai demain après que j'ai appris combien le porto fera pour les paquets, mais vous n'avez pas envoyé les boîtes pour le miel, maintenant je ne sais pas que faire – voyons. Répondez s'il vous plaît bientôt à cause du canard.

Lieber Heinrich!
Fr. Baronin schickte mir die „M[ünchner] N[euesten] N[ach-richten]". Elch[inger] hat ja *entzückend* geschrieben, ich dan-ke ihm im stillen herzlich dafür! Für Deine Mutter wäre es viell[eicht] nicht, aber Sensation hat es nun einmal gemacht, das ist schon was; u. es wird Gegner geben, die es sich wohl noch mal anschauen, denn „auch die schwere Musik dieses Werkes wirbt Freunde unter den *Geistigen*!" Ohne dies ge-rade auf mich zu beziehen, bitte ich Dich, mir das *Buch* zu leihen, willst Du? Ich stricke ein P[aar] Söckchen für Nini.
  Herzlichst

D. Mama

Die „M[ünchener] Ztg." schreibt bös.
Wie wird es mit V.s Filmstücken, da alles geschlossen ist?

11. 12. 1919

Lieber Heinrich,
in Carlas Tagebuch vom März 1896 steht u. a. am 15. III., als Scherer uns besuchte u. über Spiritismus usw. sprach … „Dann wurde auch von religiösen Dingen gesprochen. Ob Christus wirklich Gottes Sohn od. nur ein Mensch war, ob er Wunder tat oder ein Magnetiseur war, ob die Toten, die er auferweck-te, wirklich tot oder nur scheintot waren, usw. *Furchtbar* in-teressant!!! Ich habe allein schon so oft über so was nachge-dacht, aber zum Schluß mich dann wieder aufgerafft u. ge-dacht: ‚Das ist Sünde, Christus ist *Gott*, u. Er tat Wunder!' Ich weiß aber doch nicht recht … Ach was, ich will *glauben*, *glau-ben* will ich, wie unser Pfarrer es uns lehrt! Dabei bin ich am glücklichsten u. am zufriedensten! Also genug davon! –"
  Ist das nicht entzückend und rührend? Sie hat viel *gebetet* u. *geglaubt*, das sah ich *viel* später noch – alles vergebens. –

Ich schicke hiermit für Klein Leonie das Geld, u. Butter könnt Ihr auch brauchen, sowie die 4 Eier, die hoffentlich frisch sind. Die Hühner legen noch nicht.

Nellys Erkrankungen sind ja recht beschwerlicher Art u. schienen zuletzt einen bösen Ausgang nehmen zu wollen; mich wundert nur, daß ihre Mutter sich gar nicht darum kümmert, wo sie selber Ähnliches *sehr* schlimm durchgemacht hat, also einige Erfahrung darin hat.

Hier ist alles voller Schnee, u. kein Mensch kehrt ihn fort, man muß da durch waten auf Glück u. Gedeih. Ich werde hier ein stilles Weihnachtsfest verleben u. Euer aller gedenken.

Die Dorfkinder gehen einige Tage zuvor an die Haustüren u. rufen „Kläpfle's Nacht!" Datiert wohl von den großen Klopfern, die früher an den Haustüren waren, um den Torwart heranzuklopfen; dann muß man wohl oder übel ihnen eine Kleinigkeit geben, sei es ein Apfel, ein Gutsel, eine Nuß oder ein Stück Lebkuchen. Es hält jetzt alles schwer.

Mit herzlichen Grüßen u. guten Wünschen für bestes Ergehen

Deine Mama

[Dezember 1919]

Den entzückenden Weihnachtszweig stellte ich zu Carlas Bild.

Allen ein frohes Weihnachtsfest!

Und dann alle gesund ins neue Jahr gehen!

---

3. 1. 1920

Lieber Heinrich,

etwa im Jahre 1860 erhielt ich von meiner guten Großmama Bruhns eine Puppenkommode ganz einfacher Machart, aber solide – die ich später auch für andere Zwecke gut benutzen konnte u. die immer in der Mariahilfstr. steht. Ich möchte sie Deiner kleinen Leonie schenken, die jetzt schon Gefallen daran haben wird, u. ich hoffe, daß das Stück noch Platz bei Euch haben wird. Willst Du sie etwa weiß streichen lassen, dann könntest Du sie ja gleich vom Maler holen lassen; etwa Dienstag oder Mittwoch nächster Woche. Ich möchte sie halt gerne dem Kinde meines Ältesten schenken, damit es wieder ein Enkelkind bekommt.

Ferner wird es Dir wohl recht sein, wenn ich am Dienstag oder Mittwoch 2 Pf. Butter schicke, das Pf. zu 9 M voraussichtlich. Eier gibt es leider noch nicht, wenigstens geben die Leute das wenige, was ihre Hennen bisher legten, nicht her, da das Legen wieder aufhörte u. nur immer 1 ihrer Hennen brav war; sie gaben zu viele Kalkeier her.

Mit herzlichem Gruß

Deine Mama

[Polling, den] 16. II. 1920

Tausend Dank, mein lieber Heinrich, für Deine Freundlichkeit; es wandert nun zuerst zu dem Genannten, u. dann werde auch ich darin lesen u. versichere Dir, daß ich auch das, was mir nicht gesagt, zu *achten* weiß.

Herzlichst

Deine Mutter,

die sich so sehr freuen würde, wenn Du, sie zu besuchen, kämest. Nur einige Zeit vorher schreiben, damit ich nicht wieder so enttäuscht werde wie das letzte Mal.

Meinem lieben Heinrich die innigsten Glückwünsche

von seiner Mutter.
März 1920

[Polling, den] 27. III. [1920]

Lieber Heinrich!
mein Wunsch, *heute* bei Dir zu sein, ist groß. Wenn Ihr
nicht beabsichtigt hättet, Ostern mit der Kleinen zu verleben, wäre ich wirklich auf 1/2 Stündchen bei Dir gewesen, wäre dann *hinaus*gefahren, um zu sehen, ob Föttinger
es ordentlich gemacht hat, u. dann zurückgefahren; nun
aber *denke* ich an Dich u. möchte noch bitten, mir, falls
ein Blatt irgend etwas Deinen Geburtstag betreffend gebracht hat, mir den Ausschnitt senden zu wollen. V.s sind
Mittwochabend wieder fort u. weilen jetzt auf Schloß Matt-
sies.
Halte Dich gesund in erster Linie, u. erlebe viel Liebes
u. Gutes!

Deine Mutter

P[olling, den] 13. 5. 1920

Lieber Heinrich,
durch Vicco, den ich vorhin tel. anrief, erfahre ich, daß Du
Dich anbietest, das Grab unserer Carla umarbeiten zu lassen.
Nebenher gesagt möchte ich wissen, wer Dir den Zustand so
ungünstig beschrieben hat, oder ob Du zufällig die Stätte
kürzlich selber in Augenschein nahmst? Wenn ich Dir erkläre,

daß mir die Instandhaltung dieser Stätte *viel* Geld u. *Ärger* gekostet hat, wirst Du es vielleicht noch überlegen, ob Du Dich damit befassen möchtest. Pongratz hat es angelegt, hat die Thujawände gepflanzt u. vieles andere am Stein, was *durchaus* nicht gedeihen wollte, Blumen und Grünes, *nichts* ging auf, weder Rosen noch Klematis noch der kleinblätterige wilde Wein, den nun Föttinger pflanzte, der das Grab seit 5 Jahren pflegt. Aber was heißt in diesen Zeiten Pflege! Sooft ich komme, bin ich unzufrieden, bekomme aber alle Jahre eine stetig steigende Rechnung „wegen der steigenden Löhne" ... – Ich erkenne Deinen freundlichen Willen an, rate Dir aber, nicht ohne Überlegung an diese große Tat zu gehen, denn es könnte Dir doch in gewisser Beziehung über den Kopf wachsen, nämlich, was *Aufpassen* u. *Ärger* betrifft. Ungezählte Male gab ich Aufträge, die *nicht* ausgeführt wurden, mit der Begründung, daß es jetzt mit den Arbeitern zu schwer sei usw. Immerhin wäre es mir, was ich *schon lange* im stillen gewünscht hatte, eine große Beruhigung gewesen, wenn einer von Euch sich hie u. da hinausbemüht hätte, um den Gärtnern zu zeigen, daß ich in München noch jemand habe, der sich dieser Sache ernstlich annimmt und mich vertritt. Föttingers Laden ist in der Bayerstraße, gegenüber dem Südbau des Bahnhofes. Solltest Du zu einem anderen, Dir als zuverlässig bekannten Gärtner raten, so wäre ich Dir dankbar, u. man müßte Föttinger absagen. Der Platz war ja von vorneherein nicht nach meinem Wunsch gewählt, doch sagte Vicco, daß momentan nichts Schöneres zu haben gewesen, doch glaube ich, daß man die *Mauer*plätze hat gerne anbringen wollen. *Ich* wünschte natürlich einen Platz unter den hohen alten Tannen im *Walde*. Dort an der Mauer scheint die heiße Sonne prall auf alles, was grünen u. blühen sollte, statt zu rasch zu verwelken!

Mit der Hoffnung, Deine Meinung über diesen Gegenstand zu vernehmen, grüßt Dich herzlich

Deine Mama

Lieber Heinrich! Vor einigen Tagen las ich mit Schrecken von einem Eisenbahn-Unglück auf der Wien – Triester Linie – u. dachte gleich an Euch! Da ich nicht wußte, ob Ihr schon von Kohlgrub fort seiet; auch hatte ich auf eine Karte, die vor etwa 4 Tagen von hier an Dich ging, keine Antwort; u. nun erfreut mich Deine Nachricht vom 11ten ds. doppelt, habe herzlichsten Dank! Dieses Schreiben u. Eure Fürsorge rührt mich aufrichtig. Doch würde das Bewußtsein, daß Ihr Eure Bedürfnisse dadurch kürzen würdet, mir die Freude sehr beeinträchtigen, das glaube mir; es beruhigt mich am meisten die Gewißheit, daß es den Meinigen u. ihren Lieben *gut* geht. Auf Deinen Besuch freue ich mich ganz außerordentlich, daher möchte ich Dich bitten, mir wenigstens 1 Tag zuvor Kartenmeldung zu schicken. Nur darf der Besuch nicht *zu* kurz und flüchtig werden, was ich deshalb befürchte, weil der Zug, *ohne* Verspätung!, erst 3.38 hier eintrifft u. 8.45 wieder nach Tutzing fährt. Du könntest ja ganz gut hier in meinem Fremdenzimmer übernachten. Es ist sehr lieb, daß Du an meinen alten u. unbedeutenden Tag gedacht hast, u. ich danke Euch nochmals herzlich dafür; sage doch bitte der Kleinen einen schönen Gruß von Heinis Mutter u. ob sie einen bestimmten Wunsch z. 9ten Sept. von mir habe? Oder lieber etwas für die Sparbüchse? Es soll doch heißen, am 17ten geht Ihr nach T.? Für heute nur noch schönste Grüße von

Deiner Mama

P[olling,]
d. 17. [November 1920] *abends*

Lieber Heinrich!
auf meine Frage bezgl. 2er Möbel, die ich Euch voriges Jahr überließ, erhielt ich keine Antwort, doch fiel es mir schon

selber ein; es waren ja die große schöne Bettstelle u. Bettzeug mit Matratze u. Keilkissen u. Nachtschränkchen, auch
das Fliegenschränkchen! und Handtuchgestell, sowie der
polierte Spieltisch; also nicht den lackierten Schrank. In meiner Geschirrliste sehe ich, daß noch 5 Rotweingläser, wenn
Ihr sie wünschet, zu Eurer Verfügung stehen würden; eventuell auch noch andere Gegenstände dieser Art, welche ich
V.s nicht schenkte. So sind vielleicht auch noch ein paar Rot-
weinkaraffen (Kristall) zu haben. Ich habe mir alles notiert, was noch dort ist.

Wie macht sich denn Dein Stück im Pr[inz-]Reg[enten-]
Theater? Samstag u. heute war es ja dort; warst Du anwesend?

Die *eichenen* Möbel sind geliehen.

Heute habe ich Großpapa Bruhns' Spruchbuch, das
Michaelis 1836, d. 10. Oktober, begonnen wurde, wieder
durchgesehen, woran sich *Deine* Niederschriften in gleichem
Sinne Michaelis 1886, d. 15. Oktober, anschließen u. außerordentlich sauber, von Anfang bis zum Ende, dem Konfir-
mationsspruch, behandelt sind. In dem Büchlein ist noch
Platz, doch hatte, als Tommy soweit war, die Sitte schon aufgehört. Zu meiner Zeit, also zwischen Dir u. Großvater, wurden Aufsätze geschrieben nach Aufgaben aus der Konfir-
mationsstunde, u. die mußte man abwechselnd vorlesen.

Hast Du Thesy Pricken noch gesehen?

Herzlichste Grüße von

Mama

[Polling, den] 13. 1. [1921]

Lieber Heinrich,

in einigen Tagen werde ich das Bewußte bekommen, wohin
mit Deinem? Durch die Stempelsteuern wird es ja immer
weniger. After all you will receive ca. 502 M.

Ich denke viel an das liebe Kind; Ihr werdet es ja oft besuchen, nicht wahr?

270

Leonie Mann, um 1921

Wo ist denn Mimi am 27sten?
Herzlichste Grüße von

Deiner Mama

Gestriges Paket hoffe angelangt!

Polling, 13. 1. 1921

Lieber Heinrich!

Nachdem ich heute eine Karte an Dich eingesteckt, erhielt ich aus Lübeck, indirekt von Olga Rodde, Tochter von Peter, die im Joh[annis-]Kloster Seniorin ist, die Nachricht, daß die alte Tante Thekla in großer pekuniärer Not sei u. bald nichts mehr zum Leben habe. Ihre Neffen u. Nichten, auch Alice, werden um Unterstützungen gebeten u. gewähren sie, indem sie monatlich schicken. T[ommy]s u. L[öhr]s schicken zusammen monatlich 100 M. Würdest Du, lieber Heinrich, auch die große Güte haben wollen, 50 M monatlich schicken zu wollen, so schicke direkt an Frl. Th[ekla] M[ann], Konventualin des St.-Joh.-Klosters Lübeck; die Alte hat ja immer so viel von allen meinen Kindern gehalten u. sich in Briefen bei mir immer nach allen erkundigt. Sie liegt beständig u. hat voraussichtlich nicht lange mehr nötig, ihr elendes Dasein zu führen.

Ich würde mich außerordentlich freuen, eine zusagende Antwort von Dir zu erhalten, u. grüße Dich u. Mimi herzlich. Euer Kindchen ist nun gewiß schon in ihrem Kinderhotel u. hoffentlich recht vergnügt.

Deine Mama

Herzlichen Dank, lieber Heinrich! Das Bewußte ist seit d. 8ten schon unterwegs, doch von Weilh[eim] noch nicht avisiert. Wenn Du wünschest, schicke ich dann von hier aus 50 M *in Deinem Auftrage*; aber netter fände ich, wenn sie es direkt von Dir erhielte, u. zwar besser monatlich, weil man ja nicht annehmen kann, daß sie noch sehr lange leben wird. Du kannst mir ja noch eine Karte schicken über Deine Bestimmung. Hätte ich nur mehr eggs!, damit sich das Schicken lohnt; nur in wenigen Häusern bekommt man schon welche, ich hoffe aber nächste Woche avec beurre einige schicken zu können. Hoffentlich bald besseres Wetter! Heute viel Schnee. Viele Grüße von

Deiner Mama

Lieber kein Telegramm u. kein Telephon, sondern etwa 2 Tage zuvor Karte, bitte.

Lieber Heinrich!

Es ist sehr nett, daß Du mir Plessings Artikel schickst, und ich danke Dir herzlich dafür, denn ich erinnere mich gerne dieser mir teilweise gut bekannten Gestalten. Abgesehen vom alten Marty, mit dem ich von je so sehr gut stand u. dem seinerzeit im Wiesbadener Theater, bei seinem Eintritt, gehuldigt wurde, weil man ihn für W[ilhelm] I. hielt, kannte ich Bürgerm. Brehmer, Konsul Behncke, Wibel u. Souchay, der mit Franz Joseph im *Bart* Ähnlichkeit hatte, sonst gar nicht. Mit dem sehr angenehmen Souchay (netter als Marc André [Souchay]) musizierte ich einmal, indem ich zu seinem Geigenspiel das Adagio aus einer Beethovenschen Violin-Sonate begleitete, u. zwar erstmalig vom Blatt, wofür ich nach Schluß großes Lob von ihm erntete. Leider trafen wir Souchays wenig in Gesellschaften. Die eine Tochter heiratete Senator Dr. Kluckmann. Der Behrens mit dem Samtkäppchen beteiligte sich bei uns an dem Quintett von Schumann, welches ich mit Aug. Schultz, Behrens, Pfeiffer u. noch einem, dessen Namen ich vergaß, spielte. – Es ist gelungen, daß *vor* „Buddenbrooks" niemand über die Lübecker aus dieser Zeit schrieb; seitdem aber: erst die Baudissin, geb. Türk, u. nun Plessing. Ich weiß nicht, ob dies Phil. W. Plessing ist? Sprichst oder schreibst Du ihm, so mache bitte mein Kompliment. Den Bürgerm. von Ewers kannte ich nicht mehr, das war Oncle H. Martys Schwiegervater, u. Wibel war eben mit Martys verwandt, ein Neffe, dessen Bruder der Schwiegersohn vom Senator Harms wurde. Nun ist Mimi gewiß heimgekehrt? Und Goschi? Herzlichste Grüße von

Deiner Mama

Tante Th. wird *große* Freude über Deinen Gruß haben, u. ich danke Dir auch dafür.

[März 1921]

Gesegnete Ostern, und doppelt Dir gesegnet sollen die Osterglocken mir klingen; als gälten sie meinem lieben Erstgeborenen, meinem lieben Heinrich!

Noch lange zwanzig Jahre weiter, dann erst bist Du so alt, wie ich jetzt bin. Du beginnst jetzt das sechste Dezennium u. befindest Dich in schönem, reifem Mannesalter. Wie dankbar bin ich, daß Deine Gesundheit so viel, viel besser geworden ist, u. wie innig flehe ich täglich, daß Ihr alle mir erhalten bleibet!

Von der guten Ida hatte ich Brief, in welchem sie auch Deines Geburtstages erwähnt u. mich bittet, Dir ihre herzlichsten Glückwünsche zu übermitteln.

Schwager Löhr ist am 25. ds. 60 geworden. Pringsheim vor etwa 3/4 Jahren 70 u. dankte mit hübschen Karten für die Glückwünsche, die er zum „Eintritt in das offizielle Greisenalter" erhalten habe.

Ich habe zum Eintritt in mein offizielles einen besonderen Wunsch, über den ich wohl am besten mit Lula spreche, aber auch heimlich mit Dir, u. hoffe, daß er sich erfüllen läßt.

[Polling, den 19. August 1921]

Lieber Heinrich! Unter diesen Sachen waren ja die beiden Kristallkaraffen, welche Nelly Euch später mit den beiden geschenkten bringen wird, schon berechnet – 80 M zusammen. So sind die Karaffen erledigt, u. die von „Mam Ketelsen" schenke ich Dir; sie ist sehr schön u. hat Altvordern gedient, gewiß in vielen heiteren Stunden, vielleicht sogar voll köstlicher „*Beschaff's*". Der Kristallstöpsel wird leider seit langem schon fehlen, es wäre zu wünschen, daß Ihr irgendwo einen passenden bekämet. Ich habe einen Kristalldeckel, welcher aber im Maß nicht recht ist, wenn man den etwas zurechtschleifen könnte, würde er sehr gut dazu gehen, da er den gleichen carreau-Schliff hat; er gehört zu der Kristallkaraffe von Sesemi, welche im Schlafzimmer auf d. Waschtisch steht u. auch ohne Stöpsel dienen kann, so schicke ich ihn mit.

Habt Ihr den Artikel zu meinem Geburtstage gelesen? Er stand in d. „M[ünchner] N[euesten] N[achrichten]", u. in der „Volkszeitung" soll auch was gewesen sein. *Ich* las ersteren erst gestern, als Nelly ihn mir von Starnberg schickte. Er ist mir ganz lieb u. vermutlich von Jof inseriert (durch Endres), der es sehr gut gemeint hat. Mir kam die Sache aber, weil ich ihn so dringend gebeten hatte, *nichts* zu tun, zu überraschend; die Leute, die das hier u. anderwärts lasen, fühlten sich genötigt, mir Aufmerksamkeiten zu erweisen, die mich ganz unvorbereitet trafen. Sie erfuhren dann auch gleich, daß ich selbst über die Veröffentlichung erschrocken war. Das Paket aus Tölz wurde von V. u. N. schon am Samstag erwartet, kam aber nicht, u. V. mußte nach Ulm. Da er sich aber darauf gefreut hatte, meine Überraschung zu sehen u. meinen Unwillen über alle Eure *viel zu kostbaren* Ga-

ben zu besänftigen, entschloß er sich, mich „*vorzubereiten*".
Dieser Szene hättet Ihr beiwohnen sollen, meine Lieben, *da*
hättet Ihr Tränen gelacht! Ich vermag es nicht erschöpfend
zu schildern, wie u. was er sprach, doch erinnere ich noch,
daß er mich erst an sich zog, umarmte u. meine Wange an
seine lehnte, so daß ich ihn nicht sah, sondern nur hörte, wie
er sprach: „Jetzt halt Dich, Muatta! Werd mir nicht wahnsinnig!" Ich dazwischen: Nein, wenn ich's gestern nicht
geworden, werd ich's sicher nicht mehr! Er zählte dann
die Dinge alle vorsichtig her, die sie mit Tommys u. Löhrs
für mich gekauft hätten, u. schloß: „Nu ärger Dich nicht, *mir*
ham's uns von unserm Kinogeld *ab'druckt* – u. die andern
habn's ja *so*." Alles mit einer Stimme, mit der man zu Kranken spricht. – Nelly schrie vor Lachen, u. ich schüttelte
mich u. tue das noch, wenn ich daran denke.

Bald hätte ich vergessen, um Entschuldigung zu bitten, wenn die japan. Tasse noch nicht dabei ist; ich wollte
sie, *falls* die Kiste noch *vor* dem Besuch fortgeht, bei demselben benutzen, weil ich mit Tassen sonst nicht reiche.

Mein lieber Heinrich, eben erhalte ich Deinen lieben Brief
vom 17ten, in welchem Du Dich liebenswürdigerweise bereit erklärst, 500 M zu zahlen. (Die alte Karaffe ist, wie erwähnt, von Mme. Michelsen, die Dich u. die Du gut kann-
test.) Ich kann das Geld natürlich gut gebrauchen, doch
möchte ich dann, daß wenigstens die Gläser, welche noch
bei V.s im kleinen Fliegenschrank abseits stehen, *inbegrif-
fen* seien. Ich gebe Euch nun *3* tiefe Teller, weil Ihr doch gewöhnlich 3 Pers. bei Tische seid. Aber das alte blaue Geschirr, *nicht* japanisch, habe ich nur gezeigt! Es war noch
nicht meine Absicht, es herzugeben, da ich jetzt sonst *zu* wenig behalten würde; ich erinnere, daß Ihr es bewundert u.
ich sagte, das könne ich noch nicht geben, ich gebe es noch
niemandem. Es sind ja auch nur 4 Teller, V.s haben die übrigen u. die kleine Terrine. Sobald ich es fortgebe, könnt Ihr
es bekommen. Apropos: *Wenn* ich einmal, ohne Ärgernis
auf anderer Seite zu erregen, Teekanne, Zuckerdose u. Rahm-
guß Euch gebe, oder nach meinem Tode *Ihr* das bekommt,
würdet Ihr dann nicht die silb. Kaffeekanne mit rechaud
dafür zurückgeben? Es ist ja nur, lieber Heinrich, damit

Viktor Mann

ich nicht ungerecht erscheine. Ihr habt ja lauter wunderschöne Sachen an Möbeln u. Silber bekommen, die ich Euch von ganzem Herzen gönne; doch möchte ich es gerecht verteilen u. muß auf L. Rücksicht nehmen, weil sie alle die Jahre hindurch von meinem Zins nichts erhielt und nun seit C.s Tode das Fünftel vom Fünftel, was ihr als Beihülfe zur Anschaffung von Hüten etc. immer *sehr* willkommen war. Ich bedaure es eigentlich, daß sie nur den Zins von den 25000 (nach Anschaffung der Aussteuer weniger) hatte, statt daß ich es mit ihr von 1905 ab ebenso gemacht haben könnte wie mit Euch. So nur kann man Lula verstehen u. ihr zu großem Teil recht geben. Ich rechne damit, daß Du ebenso denkst u. danach handeln wirst. Das blaue Geschirr steht Euch aber fraglos zu Diensten, sobald es geht, Löhrs sollen es hier bei mir nicht sehen; sehr teuer wird es nicht sein, Nelly kann ja mal einen von ihrem zu Steigerwald nehmen u. taxieren lassen; es ist kein Porzellan, sondern Steingut, nur alt u. schön gearbeitet. 2 von den Schüsseln haben Deckel. Als ich es anderntags wieder in Gebrauch nahm, fragte Nelly noch: „Dies Geschirr haben H.s also *nicht* gewählt?", was ich bestätigte. Also scheint ein Mißverständnis zu bestehen. Es ist von Davenport, ob Amerika oder England, weiß ich nicht. *Sollte* ich es dennoch mitschicken, so könnte es nachträglich taxiert werden. Der Siefert hat es wohl angeschaut, doch nicht mit taxiert, wenigstens erinnere ich mich dessen nicht; weil Nelly u. ich bestimmt glaubten, daß Ihr nicht darauf reflektiertet.

Nun lebet wohl und seid tausendmal gegrüßt von

Mama

PS. Die Kristallkaraffe *schenke* ich.

Wenn Ihr nicht *sehr* notwendig alle Gläser brauchet, die bei V.s stehen, würde ich ein paar *grüne* oder alle zusammen an T.s geben.

Ihr habt doch auch 12 Teelöffel von mir bekommen? Ja, eben sehe ich aus meinen Notizen, daß es so ist.

Die bemerkten gr[ünen] Gl[äser] dienten früher zu Bowle, würden aber bei T.s zu Wasser f. d. Kinder gebraucht.

Mon cher Henri!

Je vous remercie beaucoup pour votre chère carte, et volontièrement j'ai noté dans mes *derniers papiers*, que je vous ai chargé du droit de préemption à l'égard de la théière, la sucrier et du pot à crème. Le chaudron n'est pas contenu, parce que je ne sais pas encore ce que Lula va choisir. Mon père m'a fait cadeau de ce chaudron plus tard, c'était quand j'avais déjà 3 enfants. Le chaudron est à chauffer par *esprit*, pendant que la plupart des ménages ont donc des chaudrons électriques maintenant! Lula ne reçoit donc *pas une pièce* de mon service à thée! duquel elle m'avait écrit l'autre jour. J'accorde *toutes* jolies choses à *tous* mes enfants – mais comment faire cela! – L'oncle Friedel, de qui je voulais acheter Silberzeug il y a à peu près huit ou neuf ans, me répondait qu'il ne savait pas ce que sa femme avait fait avec ces choses, qu'il avait héritées de sa mère! N'est ce pas affreux, ça? Moi, je sais donc toutes ces choses restant dans la famille! Friedel est terriblement indifférent.

Sei mit den Deinen herzlichst gegrüßt

D. M.

Polling b. Weilheim, 4. 10. 1921

Mein lieber guter Heinrich!

Wie hast Du mich durch Deine Nachrichten vom 2ten Okt. erfreut! Nimm tausend Dank dafür; möge es Dir ferner auf allen Etappen, bei allen Unternehmungen glücklich ergehen u. man Deine Kunst, Deine Gesinnung u. Dein Wollen anerkennen u. richtig verstehen. Welch schöne Gelegenheit für Dich, jetzt wieder viel Neues zu sammeln u. aufzunehmen, das wird wieder reiche Frucht tragen; u. gegenseitig wird das neue Publikum, das Dich nun hört, profitieren, indem es den *richtigen* Heinrich Mann kennenlernt u. nicht den, welchen man ihm vielleicht in letzten Jahren vormalte.

Die Nachricht, Klein-Goschi angehend, beruhigt mich sehr, u. für das Kind freue ich mich besonders des guten Wetters, das uns noch treu blieb, so daß auch die lieben Schwälbchen noch ausharren. Ich denke immer daran, die Kleine in Ob[er]am[mergau] auf einige Stunden zu besuchen, u. hoffe, das bald ausführen zu können. Also allen guten Schutzgeistern Dich empfehlend, sendet Dir u. Mimi die herzlichsten Grüße, denen die Bitte um weitere Nachricht anschließt

Deine Mama

Wenn Du zurück bist, lies in Goethes Annalen oder Tag- u. Jahreshefte den Absatz, Schiller betreffend! Dabei sind mir wieder Hoffnungen rege geworden, die ohnehin nur mit mir selber erlöschen! Du wirst Dir denken können, was ich meine, andernfalls sprechen wir hier bei mir *bald* mündlich darüber, nicht wahr? Wann kommst Du nach München zurück? Ich meine auch wegen des Zinses, den ich ja diesmal noch verteile.

Polling, d. 1. Nov. 1921

Lieber Heinrich!
Für Deine lange erhofften Nachrichten nimm herzlichen Dank. Wir hatten hier die ersten heftigen Äquinoctialstürme und Sturzregen, die von Nordnordwest an die Fenster prasselten; jetzt ist es kalt und weiß bereift. Die Allerheiligenglocken läuten, und morgen, am Allerseelen, möchte ich nach München; an das Grab – darauf einige Kommissionen u. dann zu Tommys, wo ich 1–2 Tage bleibe. – Von Goschilein hatte ich ziemlich lange keine Nachricht, so daß ich annahm, daß Agi mit Packen beschäftigt sei, weil Du mir geschrieben, daß sie bis Ende Oktober bleiben würden. Jetzt erfahre ich von Dir, daß sie länger bleiben u. es Goschilein gut gehe. Wenn ich es einrichten könnte, würde ich gerne noch mal zu der Kleinen

fahren, doch fürchte ich, daß Agi es nicht gut aufnehmen würde, u. unterlasse es lieber; ich würde sie einen Tag zu mir einladen, doch ist das für die Kleine viel zu hetzig, u. ich würde es bereuen, wenn ihr Befinden dadurch litte. Agi ist ja sehr zuverlässig u. treu, doch ist sie ja selbst schwächlich u. muß oft die Mutter zu Hülfe nehmen; daher meinte ich, einer Sorge enthoben zu werden, wenn wenigstens einer der Eltern wieder etwas näher herankäme, für den Fall, daß dem Kinde etwas zustieße. Ich möchte Dich nicht beunruhigen, lieber Heinrich, denn Du bist dort in der Ferne ja *für das Kind tätig*; möchte aber auch nichts versäumen, u. ich hoffe, daß Du es mit Deinen Geschäften vereinbaren kannst, nach stattgehabter Premiere erst einmal wieder mit der Kleinen zusammenzukommen. Und wenn Du mir außerdem eine Liebe erweisen willst, so komme doch ein paar Tage zu mir! Nimm Dich bei aller Geselligkeit dort mit Essen u. Trinken in acht, u. schütze Dich in der kalten Nachtluft!

Mit der Bitte, bald wieder von Dir hören zu lassen, grüßt Dich herzlichst

Deine Mama

Wahrscheinlich komme ich aber schon am 3ten zurück.

P[olling, den] 17. XI. 1921

Lieber Heinrich!
Deine liebe Karte mit bestem Dank erhalten. Deine Annahme, daß ich zu Euch kommen wolle, scheint auf einem Irrtum zu beruhen. Wohl bat ich Dich sehr, mich zu besuchen, doch erinnere ich nur, geschrieben zu haben, daß ich nach München müsse u. bei T.s logieren solle. Daraus ist, meiner Unabkömmlichkeit halber, nichts geworden, ich bin erst *heute* früh nach München u. zum Friedhof gefahren u. gleich mittags wieder zurück u. bin nun wenigstens beruhigt, endlich wieder einmal kurze Zeit an der Stätte geweilt zu haben.

Über Deine Berliner Erfolge solltest Du mir doch etwas mitteilen, d. h. wenn Du zufrieden bist, sonst nicht. Ich hatte heute die schöne Tasche von Euch in Gebrauch u. fühlte, wie man sie wortlos bewunderte. Nun, mein Heinrich, *bitte* ich ebenso Euch, wie ich alle anderen bat: schickt mir z. Weihn[achten] nichts, denn ich nehme wirklich nichts an, sondern habe immer noch alle schönen, *viel zu großen* Gaben in dankbarem Sinne. Handelt bitte nach meinem Wunsch!

Seid mit der Kleinen herzlichst gegrüßt von

Deiner Mama

---

13. 12. [1921]

Lieber Heinrich!

Hoch erfreut hast Du mich durch Deine liebe Sendung, u. nicht weniger froh bin ich, Euch glücklich wieder daheim zu wissen, nachdem ich heute früh gerade an Goschi eine Karte schrieb, in Unkenntnis Eurer Rückkehr. Wie schön ist das Ensemble am Burgtheater, u. wie hübsch hat Salten geschrieben. Die alte Wilbrandt noch immer dabei! Papa u. ich sahen sie schon im Burgtheater 1874! Ich weiß nicht mehr, was gespielt wurde, doch hatte sie großen Ruf u. wurde sehr gefeiert. Die Medelsky *lebt* wohl ganz in dieser Rolle, sie muß ja spielen wie ein eigenes Erlebnis. Und die Einnahme des Theaters; was sind das für Summen! In Mark natürlich viel weniger, immerhin aber so, wie es in Deutschland kaum erreicht wird. Gestern hatte ich Brief von Stolterfoht aus Riga, frankiert mit 10 Rubeln – *die* Summen sind jetzt die größten auf der Welt, mir schwindelt bei solchen Zahlen.

Ihr seid wirklich herzlich aufgenommen u. werdet gewiß Gelegenheit haben, den lieben Leuten ihre Gastlichkeit zu vergelten.

Ich gratuliere Dir von ganzem Herzen, lieber Heinrich, zu Deinen großen u. schönen Erfolgen, ich dachte oft in Sorge an Euch in der entlegenen Cottage u. an die weiten Wege, die von dort zurückgelegt werden mußten, in den Tagen, da die Unruhen herrschten.

Elfeldt ist nun hoffentlich auskömmlich besoldet und brauchte Dich nicht wieder anzuzapfen. Aber die arme hungrige Klothilde! Die wird sich, *immer* im Bett liegend, freuen, wenn ihr Neffe Heinrich auch wieder an sie denkt.

Wann Du mich wohl mal besuchst, u. Mimi! Morgen kommt Löhr auf 2 Tage.

Seid nun beide mit dem guten Goschilein recht herzlich gegrüßt u. nochmals für Euer herrliches Paket tausendmal bedankt von

Deiner Mama

Meine Karte, auf der ich Euch meinen Wunsch ausdrückte, daß Ihr vom Pöbel unbelästigt bleiben möget, werdet Ihr doch erhalten haben.

[vor dem 21. Dezember 1921]

Nein, Mimi! u. lieber Heinrich! ich sitze hier u. erwarte *rein gar nichts*, hatte gerade ein bescheidenes Päckchen für Euch gemacht, da kam ein kolossal gewichtiges Paket von Euch u. entpuppte sich als ein wahres Füllhorn mit allem erdenklich guten Inhalt; meines Auspackens war kaum ein Ende, ich mußte zwischendurch beschämt die Hände sinken lassen u. Atem schöpfen. Eine Eurer guten Eigenschaften ist Freude am Schenken! Ich habe die gleiche, aber – jetzt liegt der Stecken beim Hund! Tempi passati. – Eure mir gesandten Schätze gehen ja in die vielen Hunderte!, u. dafür habe ich ja nicht genügend Dank zur Verfügung; ich kann Euch höchstens hie u. da einmal gefällig sein in kleinen Besorgungen u. tue das von Herzen gern, wenn ich Euch damit dienen kann. Und eine große Freude würdet Ihr mir mit Eurem Besuch machen. Wollt Ihr bei mir logieren, so habe ich im Winter nur 1 Bett zur Verfügung, also Einzelbesuche zum Logieren, wie ich auch Tommys schrieb.

Bist Du so gut, liebe Mimi, an V.s 6 von den Eiern zu geben? Es sind frisch gelegte für Euch, *später* kann ich Euch mehr senden, jetzt zahle ich 2 M, für Butter 30 M. Polling ist noch teurer.

Mein lieber guter Heinrich! Hast Du nun an die alte Thekla gedacht? Mache es doch wie Löhr: er läßt die *Bank* immer schicken, auch für Tommy, u. bekommt Quittung dafür.

Dieser Tage las ich in T.s neuem Buch auch, wie er im „Peter-Altenberg"-Gespräch auch *seines Bruders* gedenkt, so auch in einem anderen Teil; es hat mich auf besondere Art gerührt u. gefreut, Kindheit u. Jünglingsjahre gemeinsam verlebt, das *bleibt*.

Ich schicke Euch meinen cache-pot, den ich schon lange leerstehen ließ u. für den Ihr vielleicht Verwendung habet.

Ich meine, Euch schon geschrieben zu haben, daß ich Fr. B.s Zimmer nicht beanspruche, sie mag es vermieten, wie sie kann; die paar Sommermonate gehen auch vorüber; nur darf mir dann niemand in mein Wasserzimmer.

Das Notizbuch, in Leinen gebunden, ist für Heini, auf sein Nachtkästchen zu legen für abendliche und morgendliche „Einfälle". Den kleinen Herzblock kannst Du, Mimi, vielleicht auf dem Schreibtisch brauchen. Den Kalender bitte Frl. Agi zu geben. Klein Nini 30 M f. d. Sparbüchse u. die Kinderpost.

[Polling, den] 22. 12. 1921

Lieber Heinrich!
Sei herzlichst bedankt für heute erhaltene Karte, aus der also am 21sten hervorgeht, daß Ihr meinen Dankesbrief für das kostbare Paket noch nicht hattet; hoffentlich ist er doch gleich darauf eingetroffen, denn ich fühlte mich getrieben, *sofort* zu bestätigen u. meinem Dankgefühl Ausdruck zu geben. Nur *zuviel*, mein lieber Heinrich, ich hatte ja kurz vorher schon eine so herrliche Sendung erhalten! – Ich habe heute, da ich es früher nicht bestimmt wußte,

ob die Sache noch kommen werde u. sie nun doch heute noch kam, eine Frage an Dich: Aus Lübeck bestellte ich vom Bäcker Bannow Pfeffernüsse, 11 M pr. Pf., und habe gleich gedacht, daß Du vielleicht an dieser Sendung, die mir natürlich zu teuer ist, Dich beteiligen könntest u. möchtest; irre ich mich? Oder bist Du bereit, mir 6 oder 7 Pf. abzunehmen, oder mehr, sie sind sehr zerbrechlich, aber gut u. altfränksch von Geschmack, wie wir es ja früher gewohnt waren. Bitte um baldige Antwort.

Auf Frau B.s Zimmer reflektiere ich nicht mehr, sie kann es anderweitig vermieten. Ich bleibe ganz ruhig hier u. gedenke meiner Kinder, besonders der Zeiten, als sie alle klein u. bis sie ganz groß wurden, mit mir unter den Christbäumen standen u. ich ihre Wünsche noch erfüllen konnte, das sind mir die schönsten Erinnerungen meines Lebens.– Jetzt sorgen sie für ihre alte Mutter, so als glaubten sie, dieselbe solle noch sehr lange leben. –

Mein Paket u. Kiste werdet Ihr wohl erhalten haben?

Mit innigsten Wünschen u. Grüßen

Deine Mama

---

22. Dez. 1921
München Leopoldstr. 59

Liebe Mama,

Deine Geschenke sind da und überraschen uns alle freudig. Nimm vielen Dank von Mimi, dem Kleinen und von mir! Der Blumentopf ist jetzt sehr wertvoll und überdies eine Erinnerung. Das Notizbuch werde ich baldmöglichst in Gebrauch nehmen. Unser Goschilein interessiert sich grade besonders für Kinderpost.

Was nun die Messer angeht, so ist das heute ein sehr kostbarer Gegenstand, ich muß sie Dir natürlich vergüten, so gut wie früher das Geschirr usw. Ich schicke, wenn es Dir recht ist, 200 M für die Messer und 100 für Auslagen, und wir danken Dir sehr auch für die Messer, denn wir können sie gut gebrauchen.

Nimm nochmals die besten Wünsche für das Fest und sei von uns gegrüßt.

Dein H.

---

1. I. 1922

Lieber Heinrich!

Rivages paisibles.
Calendrier pur 1909.
Unter dem Bilde zum Januar, Februar, März steht:

Sur le flot endormi
Rien qu'un souffle léger,
une caresse douce.

Sehr hübsch u. zart, nicht wahr? Diesen Kalender liebe ich sehr u. schlage nun schon 11 Jahre lang alle Vierteljahr ein anderes Bild mit anderem Spruch auf; in allen liegt Musik. – Kennst Du Memoiren von Bourrienne? Das ist doch der gleiche, der in Deinem Stücke vorkommt, „Geh.-Sekret. Napoleons". Goethe schreibt November 1829 an Zelter: „Mit den Memoiren von Bourrienne bin ich bis z. 8ten Bande gekommen." Kennst Du die „Mémoires sur Napoléon"? 10 Bände, erschienen 1829. Goethe schreibt noch länger darüber; er war ja ein *großer* Verehrer Napoleons, ohne es geäußert zu haben. – Ferner schreibt er einmal an Zelter gelegentlich des Volksgedichtes „Canzonetta nuova, sopra la Madonna, quando si portò in Egitto col bambino Gesù e San Giuseppe. Zingarella. Madonna".

Es scheint ein sehr graziöses Zwiegespräch in Versen zu sein, ich verstehe es ja nicht genügend. Auf dies Gedicht bezüglich äußert Goethe: „Überhaupt haben die Kinder in Italien etwas unglaublich Zartes, Attachantes u. Anmutiges, mit diesem Lied Harmonierendes". Hast Du auch von den ital. Kindern ähnlichen Eindruck gewonnen?

Lieber Heinrich!　　　　　1.I.22.

　　　　Rivages paisibles.

　　　　　　　　　Calendrier pour 1909.

Unter dem Bilde zum Januar, Februar März steht
: "Sur le flot endormi

　　　Rien qu'un souffle léger,
　　　　　　　une caresse douce."

sehr hübsch u. zart, nicht wahr? diesen Ka-
lender liebe ich sehr, u. schaue nun schon 11
Jahre lang alle Vierteljahr ein anderes
Bild mit anderem Spruch auf; in allen liegt
Musik. —

　　Kennst Du Memoiren von Bourrienne?
Das ist doch der gleiche der in Deinem Stücke
vorkommt, Geh-Sekret. Napoleons. Goethe
erzählt November 1829 an Zelter: mit den Memoiren
von Bourrienne bin ich bis z. 8ten Bande gekommen. "Kennst Du die "Mémoires sur Napoléon"
an?" 10 Bände, erschienen 1829. Goethe
schreibt noch länger der... er war ja ein grosser
Verehrer Napoleons. ferner schreibt er einmal
an Zelter gelegentlich des Volksgedichtes "Canzonetta
nuova sopra la Madonna quando si portò in Egitto
col bambino Gesù e San Giuseppe.

　　　　Zingarella.

　　　Madonna
es scheint ein sehr graziöses Zwiegespräch in
Versen zu sein, ich verstehe es ja nicht genügend.
Auf dies Gedicht bezüglich äussert Goethe: "Überhaupt haben die Kinder in Italien etwas unglaublich Zartes, Attachantes u. Anmutiges, mit diesem Lied Harmonirendes." Hast Du auch von
den ital. Kindern ähnlichen Eindruck gewonnen?

d. 2ten I.

Die *arme* Thekla! Sie bestand aus Güte und Friedlichkeit u. mußte solch einen Tod erleiden. Ich denke mir, daß im Joh[annis-]Kloster leider kein elektr. Licht ist u. Thekla, abends 10 Uhr war es, am Vorabend ihres 80sten Geburtstages sich noch hat recht sauber kleiden wollen, ist beim Aufstehen (sie war *immer* im Bett) an die Kerze gekommen, hat es nicht sofort gemerkt u. ist dann an den Waschtisch, um zu löschen, u. als es nicht ging, hat sie geschrien. Du mußt bedenken, daß ihr Körper schon 1906, als ich mit C. u. V. in L[übeck] war, etwa so aussah:

u. wahrscheinlich mit der Zeit fast zum Rechteck geworden ist u. ihr daher alle schnelleren Bewegungen unmöglich waren, sonst hätte sie sich wohl doch retten können. Wenn man 80 geworden, ist es ja nicht verwunderbar, wenn man abscheidet; doch auf so grausige Art!, u. für die wirklich fromme Thekla so „unvorbereitet", ohne zur Besinnung zu kommen; das hätte sie sich nie gedacht, u. man hätte es ihr anders gegönnt.

Wir haben nun wieder seit 3 Tagen schreckliche Winde, die seit gestern abend zum Sturm geworden u. mir u. anderen den Schlaf rauben. Bei *dem* Wetter reisen heute Tommy u. Katia nach dem Osten; in dieser Jahreszeit solltet Ihr alle lieber ruhig daheim bleiben – Grippe u. andere Erkältungserscheinungen grassieren stark, u. ich bin ständig in Sorgen um die Meinigen.

Eben waren die Söhne vom Lehrer Rutz bei mir, um zu danken für einige Lüb[ecker] Pfeffernüsse – der Jüngere ging auf d. Schreibtisch (im Wohnzimmer vorne) zu u. rief: „Da ist ja der Gosch!" Er lernt in Oberammergau nämlich das Schnitzen.

Grüße das Kind herzlich von mir. Bleibet gesund!

Deine Mama

Lieber Heinrich! mit vielem Dank für die liebe Karte, die mich lachen gemacht (ich höre Dich das persönlich so beruhigend sagen!), drücke ich für die Mitteilungen über *Wien* Dir meine *große* Freude aus über das glänzende Gelingen. Gestern las ich, daß die alte Wilbrandt, Devrient u. noch einer zu Ehrenmitgliedern ernannt wurden. Das Burgtheater! Theodor Lessing, in Göttingen, äußerte in einer Kritik, daß Carla Mann vollkommen für das *Burgtheater* geeignet sei!, u. sie war es wohl auch – aber nichts – nichts kam so, wie sie es ersehnte. –

Was für einen Winter haben wir! Nur Stürme u. Nässe u. Kälte; man kann hier draußen nicht viel gehen; ich möchte seit 2 Tagen nach Weilh[eim], kann aber nicht, u. Züge gehen nur früh im Finstern u. abends 8 1/2 Uhr, u. der weite Weg z. Bahnhof von diesem Hause aus ist auch so lästig. Gestern habt Ihr wohl das Paket erhalten. – Was Tommy u. Katia wohl auf ihrer Reise für Wetter haben, ich bin immer in Sorge um meine Reisenden. So möchte ich *Dich* auch bitten, mir über Vicco hie u. da Nachricht zu geben, da ich sie von seiner Seite so selten bekomme. Nur auf meine Weihnachtsgabe erhielt ich Brief, u. damit läßt er es dann wieder bewenden. Ich glaube, daß ich, wenn ihm etwas zustieße, die *Letzte* wäre, die das erführe, wenn *Du* mir nicht Nachricht gibst.

Tommy *hustet* immer stark, u. dann solche Reise machen! Möchte noch hinzufügen, daß die eingeschr. Pakete 8 M bis 10 Pf. kosten; ich hatte 7 M notiert; Porto 6 M, Einschr. 2 M. –

d. 5. 1.

Vorhin brachte man mir von auswärts beurre, die *33 M* kostet; ich verteilte sie u. schicke Euch quatre, die kosten 132 M. Vielen Dank für Mimis Karte; ich legte nun 162,95 aus.

Ein scheußliches Wetter!

Ich werde wegen Puten mal fragen.

Herzliche Grüße von

Deiner Mama

[München,]
Bahnhof, d. 1. II. [1922]

Mein lieber guter Heinrich!
Recht zufriedenstellend ist alles bei Dir zu Hause, u. ich verlasse gehobensten Herzens diese Stadt, in der sich so Großes, Wunderschönes zutrug; Gott hat gelenkt, die Brüder *gedacht*, und Dein prachtvoller Freund *vermittelte* zu unaussprechlichem Dank Deiner glücklichen

Mutter

P[olling, den] 9. II. 1922

Mein lieber Heinrich!
Es war mein sehnlicher Wunsch, Dich, falls ich Erlaubnis bekäme, diese Woche wieder zu besuchen, inzwischen wurde aber einer meiner Finger etwas krank, und er verzögert seine völlige Heilung nur noch durch die große Kälte; bald – bald sehe ich Dich wieder.

Bei dieser Ansicht fällt mir die Zeit wieder ein, wo Papa u. ich mit unserem kleinen Heini in Kreuth waren, in dem einzelnen Hause wohnten u. bald darauf nach Kirchberg bei Reichenhall fuhren, wo Heini Solbäder bekam, die ihm recht gut taten. Was für ein *großer* Heini ist aus dem kleinen geworden!

Den neuen Band „Schlaraffenland" habe ich mit noch größerem Vergnügen als früher durchgelesen, zu großem Teil könntest Du das ebensogut post bellum geschrieben haben, so manches mutet aktuell an. – Stetig fortschreitende Besserung wünscht sich für ihren Heinrich

Deine Mutter

[Februar 1922]

Mein lieber guter Heinrich!
Was für eine große Freude habt Ihr mir wieder gemacht!
So groß und unverdient, daß mein Dank ganz unzulänglich
wirkt. Mein lieber Peter wird ihn aber doch verstehen und,
als Eurer Güte würdig, aufnehmen. Hoffentlich darf ich Dich
bald etwas länger besuchen.
Sei innigst umarmt von

Deiner Mama

25. März 1922
München
Leopoldstr. 59

Liebe Mama,
wenn wir am Bodensee angelangt sind (ob schon am 1. April
oder etwas später), benachrichtigen wir Dich, dann kann
auch das Bewußte getrost dorthin gehen, es soll willkommen sein. Was den Teil aus Lübeck betrifft, muß er vorläufig dort liegenbleiben, wo er hingeschickt wird. Die Be-
nachrichtigung werde ich von der Bank wohl bekommen
und verfüge dann bei Gelegenheit.
Mit dem Wohnungsamt ist es nicht so einfach. Jetzt sind
erst die dran, die vor Jahr und Tag sich angemeldet haben.
Man kann es, glaube ich, nur durch Tausch und heimlich
bewerkstelligen. Willst Du eine Wohnung in Berlin, Ho-
henzollernstraße, beim Tiergarten, wunderschön? Diese
ist mir angeboten, ein Zimmer in München noch nicht.
An meinem Geburtstag (den wir übrigens nicht weiter
feiern wollen) sollen abends Tommy und Katia mit Frie-
denthals bei uns sein. Wir werden sicher Deiner gedenken.
Ist es mit Deinem Finger besser?
Herzlich

Dein

Polling, d. 26. 4. 1922

Lieber Heinrich!

Sehr lange habt Ihr mich auf die heute mit Dank erhaltene Nachricht warten lassen, während mir T.s schon vor acht Tagen von einer Karte aus Überlingen schrieben. Wenn ich gewußt hätte, daß Ihr dort Logis für länger genommen, hätte ich dies Geld etc. längst geschickt. Mir unverständlicherweise, weil ich Alfreds Schrift nicht mehr entziffern kann, ist es diesmal mehr als vorigen April gewesen; mein Zins betrug netto 4277 M 45 Pf. 1 fünftel Teil davon, mit dem Fünftel vom Fünftel 1026 M 60. Nach Abzug Deiner Abgaben u. Zutun Deines Guthabens (wie immer) erhieltest Du *1029 M 77 Pf*. Da aber aus Lübeck von Dr. Volger, Theklas Sachwalter, eine Schrift an uns kam, deren Inhalt das *Umlegen* im Mannschen Grabe betrifft, dessen Kosten sich auf etwas über 400 M belaufen (kleiner neuer Sarg für die *alten* Überreste) u. wovon Volger für Theklas Rechnung 60 M zahlt, das übrige zu zahlen er der Familie überließ, machten Lula u. Tommy aus, daß, da Du sicher nichts dagegen hättest, Ihr drei Geschwister Euch in die restliche Summe teiltet, deren Drittel *140 M 70 Pf* beträgt. Diese nahm ich von Deinem Gelde ab, so daß Du nun, abzüglich etwa 7 M für Porto, noch 882 M 10 Pf erhältst. Außerdem haben wir fünf jeder die Total-Bilanz-Abrechnung von Alfred bekommen, nach welcher jeder einsehen kann, wieviel er noch vom Kapital zu beanspruchen hat. Papa hinterließ brutto 800 000 M. Nach Liquidation waren es knapp die Hälfte, während er doch gemeint hatte, daß ich den Zins von *800 000* genießen sollte! Wenn Tesdorpf nicht *schlecht* war, so war er Papas Vertrauen nicht würdig. Von dem zusammengeschmolzenen Kapital erhieltest Du 7 500 M. –

    5 / 347 744,85 / 69 548, 17

  von 69 548

   7 500 ab

  62 048 bleiben Dir gut. Vorläufig liegt das Geld auf Lulas Namen an der Vereinsbank; sobald Du Dich äußerst, geschieht das Weitere nach Deinem Wunsch. Alfred hat sich, wie Du siehst, 2 513 M 60 Pf als Provision genommen, so braucht er nichts weiter als unseren Dank u. unsere Bestätigung des Empfanges des Kapitals. Dafür forderte er uns auf, ihm eine gemeinsame Unterschriftsquittung zu senden, zu welchem nun aber Tommy ihn ersuchte, uns ein *Formular* zu schicken (was ja Alfred *gleich* hätte mitsenden können, um das Hin- und Herporto zu sparen). Jetzt ist das Geschäftliche wohl erledigt, u. ich muß noch am Rentamt mein verkleinertes Einkommen angeben, oder es bleibt so, u. ich schicke Euch jeweils die Steuerrechnung; wie Ihr es wollt; ich sprach darüber *früher* schon mit T. u. V., jetzt aber nicht wieder.

Wenn das Wetter schön wird u. ich abkommen kann, fahre ich gerne mal zu Goschilein, ohnehin denke ich viel an das Kind u. vertraue auf Agis Umsicht u. Erfahrung. – Hoffentlich erholt Ihr beide Euch recht schön in der herrlichen Gegend, habt gute Verpflegung, besseres Wetter u. seid von Erkältungen verschont. Ostersamstag kamen Viccos, waren recht munter, gingen spazieren, aßen ohne mich bei Winhart, Nelly hatte viel zu nähen, Vicco schrieb fleißig an einem beauftragten neuen Stücke – ich war wirtschaftlich gerne tätig – u. dazwischen wurde noch viel an *Jof* gedacht. Es ist mir noch immer kaum glaublich, daß er ganz fort ist. –

V.s fuhren Montag mittag wieder fort, weil V. Dienstg. schon wieder bis Samstag i. d. Bayr. Wald mußte.

Sollte der Geldbrief mehr als 7 M kosten, dann würde ich es mit den *255 M*, die Euch am 7. April noch bei mir gut blieben, verrechnen (Du wirst noch erinnern, daß Du mir am 5ten in München 300 M liehest, die ich auf Euren Wunsch vorl. für Lebensmittelsendungen behalten sollte u. von denen ich am 7ten *45 M* für 7 Eier u. 1/2 Pf. Butter sowie Porto ausgab.

Bitte antworte mir bald auf den Empfang dieses u. wie es Euch geht, u. seid herzlichst gegrüßt von

Mama

Cher fils, j'oubliais d'ajouter encore ceci: les 10.306 M que vous recevrez de moi, et desquels vous avez toujours payé l'intérêt, doivent rester jusqu'à ma mort à vous, et vous me payerez à l'avenir comme toujours l'intérêt chaque quart d'an. Et quand je suis morte, alors vous donnerez à T. et V. chaque 3.200 M et *vous garderez* 3.906 M.

Et puis mes quatre enfants recevront encore un quart de la somme que je reçois maintenant de la fortune.

Alors en juillet vous me payerez 80 M intérêt, n'est-ce pas? Comme nous sommes accoutumés.

Ich finde, daß wir nunmehr nichts mehr nötig haben, für la tombe à Lübeck zu tun – *Pflege* z. B. Da Alice u. Friedl jetzt gar nichts getan haben, können sie wenigstens fortan den Gärtner zahlen, denn man kann ja ohnehin jetzt nicht viel mehr tun, als den Toten ein treues Andenken im Herzen zu bewahren. Ich für mein Teil verlange nicht mehr.

NB. Reflektiert ja von *uns* keiner darauf, in die Lüb. tombe zu kommen.

Nochmals herzlichste Grüße von

Mama

Tausend Dank, mein lieber Heinrich!

ANHANG

Viktor Mann
Gestorben zu Weßling in Oberbayern

I

Nimm einem Manne, dessen Dasein völlig auf sein Schaffen ausgerichtet ist, der für und durch sein Werk lebt, diese seine Arbeit, schicke ihn als hohen Exponenten des Staates in wohldotierte Pension, als Bauer in reichen Austrag, als Geschäftsmann in komfortablen Ruhestand – und du hast ihm das Leben, das eigentliche, wahre Leben genommen. Er mag Ruhe nötig haben, hat einen langen und genußreichen Abend verdient und soll alle Ehre genießen, die ihm für Hingebung, Treue, Leistung und Erfolg gebühren; es kann geistige und andere Liebhabereien für ihn gegeben haben, denen er sich jetzt mit schöner Muße ganz widmen könnte: die Künste, Obstbau, Fischen, Sammeln oder Reisen; er mag noch Familie haben, an der er hängt – nichts wird ihm die Arbeit ersetzen und sein Leben ausfüllen anstatt des Schaffens. Sein Dasein schrumpft ein, wird bestenfalls Resignation. Und früher, als du dachtest, verfällt der eben noch Lebensstarke der Müdigkeit, dem raschen Altern und dem Ende.

Wenn aber eine Frau bis ins tiefste Mutter ist, wenn ihr das Leben nur lebenswert dünkt als Dasein für ihre Kinder, so wird sie die Lösung der Söhne und Töchter aus ihrer unmittelbaren Betreuung nie ganz verwinden, so natürlich diese Entwicklung auch ist, so glücklich das Schicksal der Herangewachsenen auch sein mag und so liebevoll diese der Mutter alle Liebe danken wollen. Die Mutter fühlt sich entbehrlich geworden, obwohl sie es im letzten Sinne nie wird. Und ihr Leben, das auf tätigstes Sorgen ausgerichtet war, verliert seinen Zweck; es neigt sich welk nach vielem schmerzlichen Verzicht.

Mama war, vom ersten Schrei ihres Ältesten an, immer nur Mutter gewesen. Mutter mit jeder Faser ihres Herzens und mit jedem Gedanken. Gewiß auch unseres Vaters liebevolle Frau, die schöne, gütige und elegante Repräsentantin des großen Hauses und dann in München die geistvolle Gastgeberin einer freieren, hochkultivierten Gesellschaft, aufgeschlossen auch außerhalb der Familie allem guten Leben: der Natur, den Menschen und den Künsten. Aber vor oder über dem allen war sie die Mutter der fünf.

Große Sorgen um sich selbst hat sie sich nie gemacht, trotz ihrer Ängstlichkeit, und ihre eigenen Ansprüche an das Leben waren gering. Ihre Sorgen um uns aber waren ohne Grenzen, ihre Ansprüche für uns von einer oft naiven Maßlosigkeit und ihre Opferbereitschaft manches Mal zu weitgehend. Der Satz, daß eine Mutter wohl zehn Kinder ernähre, diese zehn aber nicht die eine Mutter erhalten könnten, war für sie unumstößlich, und zu meinen deutlichsten Erinnerungen an die Herzogstraße gehört der oft von Thomas in lachender Abwehr zitierte Vers:

Wer seinen Kindern gibt das Brot
und leidet darum selber Not,
den schlagt mit dieser Keule tot.

Ihre ständige Besorgnis um unsere Zukunft wurde gelohnt durch den aufsteigenden Ruhm der Brüder, Julias gesicherte Position, Carlas Anfangserfolge und mein leidliches, vom Mutterauge etwas glorifiziertes Vorankommen. Tiefer Kummer, wie der um die zeitweilige Entfremdung zwischen Heinrich und Thomas, ja selbst das furchtbare Leid um Carlas Ende, waren Schmerzen, die keine Mutter zu verstecken brauchte, offen blutende, mütterliche Wunden, für die es immerhin den Balsam der liebevollen Anteilnahme gab. Sie gehörten in einem traurigen Sinn mit zum Lebensgefühl der Mutter, weil sie das Muttergefühl nicht brachen, sondern eher noch verstärkten. Darum war dies alles zu ertragen.

Was aber war noch das Leben, als sich die Kinder der direkten und ausschließlichen Betreuung durch eine solche

Mutter entzogen, als sie eines nach dem anderen flügge wurden – zuletzt sogar der Jüngste –, selbst Familien gründeten, die große Sorglichkeit zwar nicht zurückwiesen, aber ihrer doch sichtbar entraten konnten? Was blieb?

Die Freude an den vielen Enkeln? Aber hier gab es keine direkte und ausschließliche Betreuung. Die Konzentration auf geliebte Künste, auf die Musik, die Literatur? Ein ungebundeneres Leben? Ach, das konnte die große Leere nicht ausfüllen. Selbst Anhänglichkeit der entwachsenden Kinder nicht noch Ansehen und Ehrung der Dichtermutter.

Dies aber waren Schmerzen, die stumm bleiben mußten, da sie den Schein von Ungerechtigkeit trugen und das Glück der Kinder stören konnten. Der Verstand verlangte eine lächelnde Resignation, das Herz rebellierte. Das machte unsicher, scheu und unstet.

Die beiden Ältesten standen früh auf eigenen Füßen, Julia hatte ihre eigene Welt gefunden, und Carla war uns genommen worden. Als letzter war der Nachgeborene, der mit so großem Abstand Jüngste, der Mutter verblieben, und auf ihn konzentrierte sich ihre unverbrauchte und unstillbare tätige Fürsorge. Sie wollte ihn nicht herausgeben, als auch er die Flügel reckte. Er sollte noch als junger Mann, als Soldat und Student und schließlich selbst als Ehemann ihr kleiner Junge bleiben, der abends vom Spielen zur Mutter nach Hause kommt. Mama wollte und konnte niemals einsehen, daß dies alles eine gewisse Gefahr für mich bedeutete, daß ich eines Tages dem rauhen Leben als weichliches Muttersöhnchen gegenüberstehen könnte, wenn ich mich nicht in aller Liebe dagegen auflehnte. Sie empfand es als bittere Härte, daß selbst aus dem Nestkücken ein Mann wurde und der erste Krieg diese Entwicklung noch beschleunigte.

Als ich heimgekehrt war – nicht zur Mutter, sondern zur jungen Frau, zur Arbeit, die auch mich endgültig auf die eigenen Füße stellte –, da erst erkannte Mama, daß selbst der Letzte, der eben aus dem großen Sterben der Jungen Gerettete, nicht mehr ihr allein gehörte.

Ihr Herz rebellierte und kämpfte um sein Lebensgefühl, um das tatkräftige Sorgen für ihre großen Kinder und kleinen Enkel. Ihr Dasein wurde in jener Zeit der immer stärker werdenden allgemeinen Not ein fanatischer Wille zum Helfen. Die Mutter wollte nochmals alle Kinder ernähren, und tatsächlich wurde uns ihr unendliches Mühen, das natürlich mit viel eigenem Verzicht verbunden war, wenn auch nicht zur ausschließlichen Erhaltung, so doch zur unentbehrlichen Unterstützung in der ersten Zeit, bis wir uns notdürftig der großen Wirrnis und ihren Schlichen angepaßt hatten.

Als aber auch dieses letztmögliche tätige Sichauswirken der Mutterliebe, dieses stete Schicken und Bringen in Hungerszeit, immer schwerer fiel und schließlich fast völlig unmöglich wurde, als die wahnsinnigen Jahre das Wort von der Mutter und den zehn Kindern in sein Gegenteil verkehren wollten – da war das Leben zu Ende noch vor dem Tod.

Wir alle hätten so gerne unsere alte Mama in behaglicher Abendruhe gesehen. In einer hübschen kleinen Wohnung mit ihren Goethebänden, dem Flügel, dem Nußbaumsekretär, guten Bildern und einem sonnigen Balkonblick auf die Berge oder den Englischen Garten. Das wäre sehr wohl möglich gewesen, sogar in der schlimmsten Zeit.

Aber Mamas fliehendes Lebensgefühl ließ jene schon immer bei ihr zutage getretene Bereitschaft zum Wechsel des Domizils jetzt zu einer fast krankhaften Unstetheit werden. Hatten früher die vielen Umzüge und improvisierten Aufenthalte stets irgendwelche Zusammenhänge mit unseren sich verändernden Lebensverhältnissen gehabt – etwa wenn Mama nach Julias Heirat eine kleinere Wohnung nahm oder mit mir nach Augsburg und Polling zog –, so war nun ihr Leben in kleinen Münchener Pensionen, in Solln, nochmals in Polling, dann wieder in irgendwelchen anderen Dörfern, nur mehr hetzende Flucht zu nennen, man wußte nicht, wovor.

Weder heiter-sorglicher noch ernst mahnender Zuspruch half. „Laß mich doch, alter Peter," sagte Mama, „hier habe ich es ja ganz gemütlich." Und vier Wochen später floh sie weiter.

Sie lebte dadurch teurer, als sie wollte, und schränkte ihre Ansprüche daher immer stärker ein. Die eigenen Möbel waren zu schwerer Ballast auf der Flucht; sie wurden eingestellt. Die möblierten Zimmer wurden immer primitiver, das Essen immer unzulänglicher. Komplizierte List war notwendig, wenn Thomas und Katia helfen wollten: mit einer angeblichen Rentenerhöhung, einem wärmeren Mantel. Und auch dann war nicht viel geholfen. Die Mehreinnahme wurde teilweise „gespart", der Mantel für Besuche bei uns „geschont".

Ein letzter Glanz lag auf Mamas 70. Geburtstag, den sie im Sommer 1921 noch in Polling beging. Er gab Gelegenheit zu Geschenken, die keinen Verdacht erregen konnten, und zu festlichen Tagen. Die große Anteilnahme in nah und fern wärmte das müde werdende Herz. Wir sahen unsere Mutter froh, geschmeichelt und in einer besonderen Art eitel. Denn als ein greiser Verehrer aus ihrer Tanzstundenzeit anfragte, ob er nach so langer Frist seinen alten Schwarm wiedersehen dürfe, da sagte Mama ihm sofort ab. Sie sei zu alt, schrieb sie und wollte nicht, daß dem Freund von einst dieses Bild statt dem der jungen Dodo im Erinnern bleibe. Sie bat sogar Nelly am Festtag dringend, den alten Seladon ja nicht vorzulassen, wenn er trotzdem angereist käme. Aber er hielt sich an das Verbot, und der letzte freudige Glanz blieb ungetrübt.

II

An Weihnachten 1922 war Mama in München und besuchte uns reihum. Sie brachte rührende Geschenke für Kinder und Enkel mit und freute sich über die vier Lichterbäume. Aber sie sprach von einer neuerlichen Übersiedelung: sie wollte in Weßling mieten.

Dies Weßling ist ein Dorf in sehr alltäglicher Landschaft fünfundzwanzig Kilometer südwestlich von München an Bahn und Straße zum Ammersee. Der gut dörfliche Charakter ist dem Ort weitgehend durch halbstädtische Bauten genommen, was durch ein paar hübsche, außerhalb liegende Villen nicht gutgemacht wird. In der Nähe ist ein kleiner, ziemlich trauriger Moorsee. In der Hauptstraße lärmt der Durchgangsverkehr.

Geht man im März durch dunklen Nebel und rieselnden Regen vom Bahnhof zum Kirchplatz, wo das kastenartige Gasthaus steht, so ist das ein trister Weg, auch wenn man nicht zu seiner kranken Mutter gerufen ist. Ich aber wußte am 11. März 1923, einem Sonntag, daß ich zum letztenmal zu Mama ging. Die Krankenschwester hatte es am Telephon mit milder Stimme gesagt: „Die Frau Mutter wird heute verscheiden."

Mama war erst vor wenigen Wochen hier eingezogen, und seit acht Tagen war sie krank. Julia hatte sie am Mittwoch besucht, war am Aussehen der Fiebernden erschrocken, und der Arzt hatte von Grippe mit beginnender Lungenentzündung, von schwachem Herzen und ernstem Zustand gesprochen. Eine Pflegerin war sofort beordert worden.

Ich hatte das gestern bei der Heimkehr von einer Dienstreise erfahren, und heute in der ersten Frühe war der schlimme Anruf erfolgt. Wir sollten nicht alle auf einmal kommen, hatte die milde Stimme gemahnt. Die Kranke könne darüber erschrecken oder sich doch zu sehr erregen und durch Sprechen überanstrengen.

Wir waren ohnedies nicht alle beisammen: Katia wurde von einer Grippe abgehalten, auch Julia war jetzt selbst erkrankt. So verabredete ich mit Thomas und Heinrich, daß ich mit dem nächsten Zug fahren würde und sie beide mit Heinrichs Frau und meiner Nelly nachkommen sollten.

Das Zimmer lag im Obergeschoß des Gasthofes und hatte ein Fenster zur Hauptstraße. Es war sauber, aber mit häßlichen Möbeln eingerichtet; das Bett, das rechtwinkelig zur Wand stand, schien gut zu sein. Nahe Kichenglocken läuteten, als ich eintrat.

Mama lag hochgebettet und lächelte mich aus verfallenem Gesicht froh an. „Na, alter Peter, da bist du ja", sagte sie langsam und mit ganz veränderter Stimme. Ich begrüßte auch die still-freundliche Schwester.

Dann saß ich am Bett und horchte auf die Stimme, die den vertrauten Klang fast ganz verloren hatte. Ich wußte natürlich, daß die Behinderung der Luftwege und die Schwäche schuld waren, aber da war etwas Besonderes, das mich wie aus einer fernen Sphäre anrührte: Mama hatte immer rasch und in reinem Hochdeutsch mit leicht lübeckschem Tonfall gesprochen, und jetzt sprach sie langsam, in viel dunklerer Färbung, mit stark rollenden R-Lauten. Es war – – ja so klang es, wenn Spanier oder Portugiesen Deutsch sprachen. Portugiesen, also auch Brasilianer. Maria da Silva hatte vielleicht manchmal so zu ihrem deutschen Gatten gesprochen, und wohl auch die kleine Dodo, als sie im nebeligen Norden Deutsch lernte. Und nun, beim Sterben, war der Klang von „drüben", vom bunten Sonnenland, wieder da.

Aber in Mamas Worten war nichts aus fernen Sphären. Sie bagatellisierte ihren Zustand, sprach ärgerlich vom „dummen Herumliegen" und wollte dann viel wissen: von Nelly und mir, ob ich mich auf den Reisen immer „in acht nehme", ob Nelly nachts die Wohnungstür auch mit allen Sicherungsstangen verschlösse und wie es dem Dackel Rowdy ginge. Schließlich mußte ich von den Heinrichs und den Tommys erzählen, von den Kindern und dem Essen, den Dienstboten und neuen Arbeiten der Brüder. Ich redete schon deshalb viel, um Mama am ermüdenden Sprechen zu hindern, und ich schilderte alles aufs rosigste, selbst die Ernährungsverhältnisse und die Aussichten der deutschen Mark.

Als ich einmal pausierte, sagte die Mutter langsam und lächelnd: „Das ist schön, daß ihr es alle so gemütlich habt. – Nicht wahr?" Und in diesem „Nicht wahr?" lag eine ganz diskrete Aufforderung. Nicht zu Dankesworten, nein, nur zur stillschweigenden Anerkennung, daß keines von uns in Not zurückbleiben werde, wenn Mama jetzt von uns ging. Denn auch das Wissen um den nahen Abschied lag ganz diskret in dem fragenden Wort. Und der Wunsch, daß dieser Abschied ebenso diskret vor sich gehen solle.

Mir ward klar: Mama wollte ihre Kinder nicht weinen sehen. Und ich sagte so lustig wie möglich im Dialekt, den sie so gerne hörte: „Ja, Muata, uns gehts alle mitananda recht guat."

Mama lachte mühsam und schloß die Augen. Die Schwester trat leise herzu und legte den Finger an den Mund. Ich saß lange ganz still.

Da bewegten sich die Lippen der Kranken, und langsam sagte die Stimme mit dem Klang ferner Zeiten und Länder: „Heute nachmittag werde ich in Längenlaich Butter für alle holen."

Längenlaich ist ein Weiler auf der Anhöhe über Polling. Es hausen große Bauern dort, und alle kannten sie Mama seit zwei Jahrzehnten. Hier war eine der Hauptquellen für die mütterliche Hilfe in der Notzeit gewesen.

Wieder faßte mir etwas ans Herz: Papa war im letzten Fiebertraum vor dem Senat gestanden, mitten in seinem männlichen Schaffen, und er hatte seinen nahen Tod als Reise im Dienst des Staates angekündigt. Mama blieb noch am letzten Tor des Lebens die tätig sorgende Mutter. Auch sie sprach im Fieber von ihrem baldigen Aufbruch, aber als einem Gang für ihre Kinder. Unsere Eltern blieben auch im Sterben ihrem Wesen treu.

Als Mama mich wiedererkennend anblickte, hörte ich einen großen Wagen vor dem Haus anhalten. Ich erhob mich und sagte, daß nun die Brüder kommen würden und daß nicht zu viele auf einmal bei ihr sein dürften. Sie streichelte lächelnd meine Hand. Es war ja ihr eigenes Konzept, nach dem wir handelten, und das Lächeln war ihre Freude über den folgsamen Buben.

Ich wandte mich zur Tür. Da sagte Mama immer noch lächelnd und wieder in der liebenswürdig-diskreten Art von vorhin:

„Aber ich will Euch alle vorher noch einmal sehen."

Thomas trat ein, und ich ging mit blinden Augen an ihm vorbei und hinaus.

In einem anderen Zimmer des Oberstockes, das für uns geheizt worden war, saß ich bei Nelly und Heinrich, und wir mußten die leidenschaftlich erregte Mimi beruhigen, die Mamas diskreten Plan durch einen Ausbruch zu stören drohte. Dann ging Heinrich mit seiner Frau zu Mama. Etwas später führte ich Nelly zu der Sterbenden, die im immer gleich freundlichen Plauderton nach meinen Schwiegereltern fragte. Auch Nelly hielt sich tapfer, und sogar Mimi hatte sich auf ihre Schauspielkunst besonnen und stand einige Minuten des lächelnden Erzählens von der kleinen Leonie durch.

Dann wollte Mama ihre Söhne noch einmal bei sich haben, und sie kleidete dies Beisammensein, von dem wir wußten, daß es nun das endgültig letzte sei, in einen Teebesuch, denn es war jetzt schon Nachmittag geworden. Die Schwester, diese sanfte Gehilfin bei unserer Mutter lächelndem Abschied, hatte schon das Getränk bereitet. Am Bett standen vier Tassen, denn obwohl Mama kaum noch trinken konnte, wollte sie als Gastgeberin wenigstens einen symbolischen Schluck tun.

Wir saßen rechts und links am Bett, und Mama ließ die Schwester Keks anbieten. „Ihr müßt endlich etwas essen", sagte sie, und wirklich: wir aßen Keks und tranken den Tee. Thomas erzählte mit ruhiger Stimme etwas von den Kindern. Mama schloß manchmal die Augen, aber sie lächelte dabei.

Dies war Verklärung und glücklicher Ausgang. Ihr Leben lang war unsere Mutter angstvoll um uns und auch nervös-ängstlich um sich selbst gewesen. Ihre Kinder glaubte sie immerfort in irgendwelchen Gefahren und mahnte sie mündlich und schriftlich fortwährend zur Vorsicht. Sie hatte sich vor raschen Wagenfahrten, vor Bahnunglücken, Gewittern und Schlangen gefürchtet, aber jetzt, wo der Tod vor der Tür stand, fürchtete sie sich nicht. Das war nicht letzte Schwäche, denn der diskrete Abschiedsplan bestand ja sicher schon, seit sie um das nahe Ende wußte.

Und die unstete Flucht der letzten Jahre, das unnötig und peinigend Entwurzelte war dahin. Das häßliche Zimmer wurde zu Mamas Salon in Lübeck oder München. Die liebenswerte Würde und Sicherheit, all das Noble, das jedermann immer an Mama bewundert hatte, war wieder da. Wir saßen bei ihr zum Tee: ihre berühmt gewordenen Söhne und ihr Benjamin, der es immerhin auch „so gemütlich" hatte. Mama sagte „alter Peter" zu jedem von uns. So hießen wir ja alle drei bei ihr.

Und von Julia – das erfuhr ich später – hatte sie sich schon verabschiedet.

Die auch im fremden Klang so gute Stimme wurde immer leiser. Die Schwester winkte uns. Wir stellten die Tassen ab und standen auf.

„Ich will jetzt ein bißchen schlafen", sagte Mama ganz langsam, „aber bleibt noch drüben bei euren Frauen, ich werde euch wieder rufen lassen." Ihre Augen waren halb geschlossen, aber sie lächelte.

„Natürlich", sagten wir und gaben ihr die Hände, „freilich bleiben wir noch alle, und du mußt dich ausruhen." „Schlaf gut, Mama!" sagten wir lächelnd und schauten an der Tür noch einmal zum Bett. Mama blickte uns mit offenen Augen nach und hob ganz leicht die rechte Hand zu einem schwachen Winken. Sie lächelte.

Wir schritten stumm und langsam zu den Frauen, die uns fragend ansahen. Thomas erzählte leise.

Ich zog ganz automatisch mein Zigarettenetui hervor. Aber ich hatte das Streichholz noch nicht entzündet und Thomas hatte sich noch nicht in den altmodischen Plüschfauteuil gesetzt, als die stille Schwester eintrat und friedevoll sagte: „Die Frau Senator ist soeben ganz sanft entschlafen."

Wir standen am Lager. Die Schwester hatte die Tote ordentlich gebettet. Mamas Züge waren entspannt, aber noch sehr wie im Leben. Es war noch Seele in ihnen, und fast schien die Mutter noch immer zu lächeln.

„Wie liebenswürdig ihr Gesicht ist", sagte Thomas neben mir, und dann sprangen ihm die Tränen aus den Augen.

Mir ist das Weinendürfen vom Mannesalter genommen worden. Es ist sehr hart, in solchen Augenblicken keine Tränen zu haben.

III

Mama wurde auf dem Münchener Waldfriedhof in Carlas Grab beigesetzt. So hatte sie es immer gewollt. Thomas hatte alles besorgt, wie er es auch für Carlas Begängnis getan hatte. Mit Heinrich gingen wir zu dritt hinter dem Sarg her. Julia war noch krank.

Die Beteiligung war groß, und ich sah viele Freunde aus alten Tagen wieder. Es gab zahlreiche Kränze, und die Zeitungen erzählten in Lübeck, München, Hamburg und Berlin von Mama.

Im Nachlaß der Mutter fanden wir Abschiedsbriefe für jeden von uns, die schon vor längerer Zeit geschrieben worden waren. Ferner mit großer Gerechtigkeit ausgewogene Verfügungen über ihre Habe, soweit sie diese nicht schon bei Lebzeiten an uns verteilt hatte. Und Geld: erspartes Inflationsgeld bis hinunter zum Einmarkschein in einer Zeit, die nur noch mit Millionen rechnete.

Das Grab im Waldfriedhof war auf Thomas überschrieben und von ihm auf längere Zeit vorausbezahlt worden. Ein immergrüner Blätterschmuck überrankte den kleinen Hügel und zog sich am schlichten grauen Stein hinauf, der die beiden Namen und Mohnblumen als Symbol des Schlafes trug.

Zum Friedhof ist es weit hinaus, und ich steckte in jenen Jahren besonders tief in meiner Arbeit. – Nelly war viel öfter an Mamas Hügel als ich.

Als 1933 kam und die Brüder dann fern waren, kümmerten wir uns natürlich weiter um das Grab. Wir hatten einen Gärtner für die dauernde Pflege verpflichtet, und ich besuchte Mama, sooft mich die Teilnahme an einer Beerdigung zum Friedhof führte.

1937 war ich wohl ein halbes Jahr lang nicht hinausgekommen, als ich wieder einmal einem Bekannten das letzte Geleit gab. Nachher ging ich langsam zu dem vertrauten Teil des waldigen Gartens und bog in den schmalen Weg, der sich zu den Büschen und Bäumen an der Mauer hinzog.

Ich hielt an und schaute erschrocken um mich. Ich war zur Stelle und glaubte die Umgebung zu erkennen, obwohl sie sich durch einige neue Gräber etwas verändert hatte. Aber – es war wie ein böser Traum – ich fand Mamas Grab nicht mehr, nicht den Stein und nicht den grünen Hügel.

Völlig verwirrt, ja tief beschämt, irrte ich noch eine Zeitlang umher, geriet in unbekannte Bezirke, meinte manchmal von ferne den Stein zu sehen, obwohl er dort gar nicht stehen konnte, und schlich endlich in einer schmerzhaften Bedrückung weg, als man die Tore schloß.

Nelly wollte mir meinen traurigen Bericht einfach nicht glauben, aber wir erfuhren bald, was geschehen war:

Die „Miete" war abgelaufen, und die Friedhofsverwaltung wußte natürlich von Thomas' Emigration. Sie hatte sich nicht die Mühe gemacht, nach anderen Hinterbliebenen zu forschen, was durch eine Anfrage bei den Friedhofsgärtnern oder durch einen Anruf bei der Polizei sofort zur Eruierung meiner Adresse geführt hätte. Nein, es wurde eine ultimative Zahlungsaufforderung an Mamas Stein gehängt, und als ein paar Monate nichts geschah, hatte man diesen Stein mit schwerer Mühe in „Pfandverwahr" genommen und den Hügel dabei zertreten. Abgerissene Zweige verdeckten die Reste.

Noch einige Wochen – und das Pfand wäre versteigert, das Grab anderweitig verkauft, Mama und Carla wären exhumiert worden. Sie waren ja „die Miete schuldig geblieben".

Ich zitterte vor Wut und Schande. Hier lag nicht etwa eine nazistische Perfidie gegen die Brüder vor, o nein; dies hatte jene aus Dumpfsinn und Faulheit geborene Brutalität getan, die sehr oft dicht neben der Gemütlichkeit wohnt. Mir war nach Raufen zumute. Vierzig Jahre vorher hatte ich als Junge einen anderen fast erschlagen, weil er behauptete, Mama habe rote Haare. Und jetzt sollte ich dulden, daß irgendein Verwalter oder Oberinspektor meiner Mutter Grab zerstört hatte.

Aber meine Position war damals als Bruder der Brüder zu schwach für einen öffentlichen Skandal, und die „Bestimmungen" waren sicher klar gegen mich. Außerdem war mein Gewissen durchaus nicht rein. Warum war ich auch so selten bei Mama gewesen, und weshalb hatte ich mich nie erkundigt, wie lange der Vertrag lief?

So blieb es beim Knirschen und Ballen. Wir bezahlten den Rückstand und ein Voraus auf viele Jahre, den rohen Abtransport, die Neuaufrichtung des Steines mit den Mohnblumen und die Wiederherstellung des zerstörten Hügels. Und ich schrieb Thomas nach Küsnacht am Zürichersee, daß unsere Mutter wieder in Frieden ruhen dürfe.

Nachbemerkung

Im Jahre 1858 kam Johann Ludwig Hermann Bruhns, nach dem Tod seiner Frau Maria geb. da Silva, mit drei Söhnen, zwei Töchtern und der schwarzen Anna, die die Familie während der Überfahrt auf einem französischen Segler betreute, aus Brasilien, wo er sich zwanzig Jahre zuvor als Kaufmann und Plantagenbesitzer niedergelassen hatte, nach Le Havre und über Hamburg auf dem Landweg in die alte Hansestadt Lübeck. Im Hause seiner verwitweten Mutter und deren Schwester fanden die Kinder zunächst liebevolle Aufnahme.

Bevor der Vater und die schwarze Anna nach Brasilien zurückkehrten, wurden die beiden Mädchen Maria (Mana) und Julia (Dodo) in das Mädchenpensionat der Therese Bousset gegeben.

Zu Fräulein Bousset hatte Julia von Anbeginn ein inniges Verhältnis. Erst siebenjährig, vermißte sie die Mutter sehr, und Therese Bousset half ihr und ihrer Schwester mit Verständnis und Güte, sich in der neuen Umgebung zurechtzufinden. Die Kinder sprachen anfangs nur portugiesisch; die Stadt, die Menschen, der andere Wechsel der Jahreszeiten waren ihnen fremd. Julia lernte ungewöhnlich rasch Deutsch, Französisch, Englisch und – das Lübecker Platt. Sie war sehr musikalisch und hatte im Pensionat bald kleine Erfolge als Pianistin. Therese Bousset nahm die beiden Mädchen des öfteren ins Theater und in Konzerte mit. Jeden zweiten Sonntag verbrachten Julia und ihre Geschwister bei der freundlichen Großmutter Bruhns.

Als Julia vierzehn Jahre war, starb Marie Luise Bruhns. Onkel Eduard Bruhns und seine Frau Emma waren nun die nächsten Verwandten. Mit sechzehn Jahren verließ Julia das Pensionat und lebte fortan bei Onkel und Tante, die sie auch in die Gesellschaft einführten. Bei einer der Festlichkeiten lernte sie den jungen Kaufmann Thomas Johann Heinrich Mann kennen, mit dem sie sich siebzehnjährig verlobte.

Thomas Johann Heinrich Mann stammte aus einer Familie, die seit etlichen Generationen in Lübeck ansässig war. Vorfahren kamen aus Nürnberg, Grabow, Rostock und Glarus in der Schweiz. Sie ließen sich in Lübeck nieder, trieben Getreidehandel und schickten ihre Segler über das Meer, nach Bergen im Norden und nach den baltischen Ländern und Rußland im Osten. Sein Vater saß in der Bürgerschaft der Hansestadt, war Aelderman der Bergen-Fahrer und niederländischer Konsul. Thomas Johann Heinrich Mann wurde 1869 in die Bürgerschaft der Stadt Lübeck aufgenommen, die damals etwa dreißigtausend Einwohner zählte. Die Bürgerschaft wählte aus ihrer Mitte vierzehn Senatoren auf Lebenszeit, unter ihnen am 19. Februar 1877 Thomas Johann Heinrich Mann als Mitglied mehrerer städtischer Kommissionen. 1885 wurde ihm die Leitung der Kommissionen übertragen, so daß er von dieser Zeit an sozusagen Wirtschafts- und Finanzminister des kleinen Stadtstaates war. In der Handelskammer war er zweiter Stellvertreter des Präses, er gehörte dem Aufsichtsrat der Lübecker Bank an und dem Ausschuß der Lübeck-Büchener Eisenbahngesellschaft.

Die Trauung Thomas Johann Heinrich Manns und der jungen Julia da Silva-Bruhns vollzog der Pfarrer von St. Marien, in Anwesenheit von Julias aus Übersee gekommenen Vaters, im Hause des Kaufmanns Bruhns am 4. Juni 1869. Julia war achtzehn Jahre alt, ihr Mann neunundzwanzig. Das junge Paar zog in eine Etagenwohnung Breite Straße 54; dort wurde am 27. März 1871 Luiz *Heinrich* geboren. Julias Vater ließ es sich nicht nehmen, an der Taufe seines Enkels teilzunehmen und „Gevatter zu stehen".

Ein Jahr später zog die kleine Familie in das gerade erworbene Haus Breite Straße 36, wo am 6. Juni 1875 Paul *Thomas*, am 23. August 1877 *Julia* Elisabeth Therese (Lula) und am 23. September 1881 *Carla* Augusta Olga Maria geboren wurden. Das neu erbaute Haus in der Beckergrube konnte die Familie 1883 beziehen; hier kam Viktor Mann am 12. April 1890 zur Welt.

„Da stand das Mannsche Elternhaus in der Beckergrube, einem Palazzo gleich; am Fuß der mächtigen, weit ausladenden Treppe ein brauner Bär mit einer chinesischen Holzschale in den Krallen. Im Musiksaal am Flügel saß die Mutter, zu jener Zeit Lübecks schönste Frau, und sang mit einer glockentönigen Stimme die Heine-Schumannsche ‚Dichterliebe', daß uns Jungens eine Welt von Schönheit aufging. Und an der breiten Tafel des Speisezimmers führte der Senator, der den Geschäftsmann völlig in seinem Kontor zu lassen pflegte, eine Unterhaltung, so sprühend, daß jeder daran teilnehmen mußte und auch der Schwerfälligste lachende Schwingen gewann." So erinnerte sich Ludwig Ewers, der Lübecker Schulfreund Heinrich Manns, zu dessen 50. Geburtstag im Jahre 1921.

Heinrich Mann behielt seinen Vater im Gedächtnis als „schönen und stolzen jungen Mann. Ob heiter, ob zornig, immer erschien er mir auf der Höhe des Lebens. Er trug weiches Tuch, niedrige Hemdkragen, an den Schläfen noch die vorgebürsteten Haarbüschel, die Napoleon III. getragen hatte. Er ging wiegend und so sicher wie ein Kapitän auf seinem guten Schiff. Trat er ein, ward das Zimmer ein bewegter Raum, worin etwas vorging." Der Senator kaufte in Lübecks Umgebung Getreide, um es zu lagern und zu verschiffen. Sein ältester Sohn durfte ihn begleiten, wenn er im gemieteten Wagen über Land fuhr; der Vater wollte ihn beizeiten ins Geschäft einführen, stellte ihn seinen Leuten vor, ließ ihn sogar ein Schiff taufen. „Das alles schlief ein, als ich zuviel las und die Häuser der Straße nicht hersagen konnte", bekannte Heinrich Mann später.

Julia Mann kümmerte sich um die musische Erziehung der Kinder; sie musizierte mit ihnen und las ihnen vor aus den Büchern von Fritz Reuter, Theodor Fontane, Charles Dickens, Leo Tolstoi, Achim von Arnim, Clemens Brentano, E. T. A. Hoffmann, Goethe, aus Fouqués „Undine", aus „Don Quijote" und den Märchen der Brüder Grimm.

Die Geschäfte des Senators gingen gut, die Familie hatte es zu einiger Wohlhabenheit gebracht. Der Vater lebte den Kindern den „Sinn für Lebenspflichten", so Thomas Mann, „Gewissenhaftigkeit für sein Haus wie für das öffentliche

Wohl", so Heinrich Mann, vor: „Um aber erst zu gestalten, was dauern soll, muß einer pünktlich und genau sein." Es scheint, daß diese Lebensmaxime des Vaters die Söhne ihr Leben lang beeinflußte.

Als Heinrich Mann dreizehn Jahre alt war, schickte ihn der Senator auf einem seiner Schiffe nach St. Petersburg; er sollte dort am Geschäftsjubiläum seines Onkels Gustav Sievers teilnehmen und anschließend einige Ferienwochen bei den Verwandten verbringen. Eindrücke und Erlebnisse dieser Reise hielt der Junge sorgfältig in einem Tagebuch fest. Wenig später begann er, nach intensiver Lektüre seines Lieblingsdichters Heinrich Heine, Gedichte und Skizzen zu schreiben, die er unter dem Titel „Erste poetische und novellistische Versuche 1885/86 bis Anfang 1891" zusammenfaßte. Darunter ist auch das Gedicht „Wegrast", das er seiner Mutter Julia zum 40. Geburtstag 1891 widmete.

Im Oktober 1891 starb Thomas Johann Heinrich Mann nach kurzer schwerer Krankheit im Alter von 51 Jahren. In seinem Testament verfügte er u. a. die Auflösung des Handelshauses und bestimmte neben Senator Fehling den Kaufmann Krafft Tesdorpf zum Vermögensverwalter und Vormund für die minderjährigen Kinder. Bald nach der Beerdigung zog Julia Mann mit den Kindern aus dem großen Stadthaus in die kleinere Villa vor dem Burgtor in der Roeckstraße um. „Er hatte ungemeines Ansehen genossen in der Stadt und dem kleinen Staat, dem sie vorstand. Mit ihm durch die Straßen zu gehen war eine meiner schärfsten Übungen hinsichtlich der Grüße, die ich, je nach Würdigkeit der Person, zu erwidern oder vorwegzunehmen hatte ... Mein Vater verwaltete im Freistaat die Steuern, seine Macht war die allen fühlbarste. Daher viel Schmeichelei, sogar für seinen Sohn; auch Unaufrichtigkeiten, sie entgingen schon dem Halbwüchsigen nicht ... Der Tag ist da, mein Vater atmet aus ... Eine der Erfolgswellen, die jedes Leben hat, fließt zurück, alle geben den noch soeben Umworbenen um so schroffer auf, je eifriger sie bis jetzt um ihn bemüht waren ... Nichts Lästigeres, als einer bestimmten Person dauernd nur das festliche Gesicht zu zeigen. Der Erfolg ist vorbei. Der Steuersenator ist tot." So beschrieb Heinrich Mann in seinen Kindheitserinnerungen die damalige Situation.

Im Mai 1893 teilte er Ludwig Ewers mit, daß ein abermaliger Umzug bevorstehe, seine Mutter habe sich entschlossen, nach München überzusiedeln, durch Bekannte sei bereits eine Wohnung gemietet, in den ersten Julitagen werde es soweit sein.

Im gleichen Jahr starb Julia Manns Vater. Er hatte, nach dem Tod seines Bruders Eduard 1873, dessen Witwe Emma Bruhns geheiratet. Mit ihr und deren vier kleinen Kindern ging er offenbar wieder nach Brasilien. 1878 kehrte er nach Europa zurück und ließ sich in Genua nieder. Zuletzt soll er bei seiner Tochter Maria Magdalena in Kassel gewohnt haben.

Eine Etagenwohnung in der Rambergstr. 2 wurde das erste Domizil Julia Manns und der drei jüngeren Kinder in München. Später zog man für kurze Zeit in die Gabelsbergerstraße, dann vorübergehend in eine Pension an der Theresienstraße und im Herbst 1898 in eine Siebenzimmerwohnung im ersten Stock der Herzogstraße 3 in Schwabing.

Heinrich Mann war, nach einer Buchhandelslehre in Dresden, kurzer Volontärzeit bei dem Verleger Samuel Fischer in Berlin und einigen Sanatoriumsaufenthalten wegen einer Lungenblutung, viel auf Reisen: in der Schweiz, in Frankreich und – 1895 bis Anfang 1898 – in Italien. Thomas Mann verließ 1894 die Schule in Lübeck, arbeitete kurze Zeit als Volontär in einer Münchener Feuerversicherung und folgte im Sommer 1895 dem Bruder nach Rom und Palestrina. Beide verband das gemeinsame Interesse für Literatur und das eigene Schreiben: in Italien entstanden „Im Schlaraffenland" und die ersten Aufzeichnungen zu „Buddenbrooks".

Viktor Mann verdanken wir lebendige Schilderungen des Münchener Familienlebens jener Zeit. „Wenn wir unter Mamas liebenswürdigem Präsidium um den Eßtisch mit den Löwenpranken saßen, gab es oft lustige Beschwerden über unbeliebte Gerichte: Ein immer sehr heiß servierter Auflauf wurde von Julia als ‚Höllenspeise' verworfen. Gekochtes Rindfleisch bezeichneten die Geschwister grundsätzlich als ‚l'Al de Cu' (alte Küh), und die gute Fleischbrühe mit Sago diffamierte ich als ‚Froschlaich'. Mama tat komisch-verzweifelt. ‚Gott, Kinder,' klagte sie, ‚das ist ja bester Mastochse, und ihr werdet noch mal froh um so ein Essen sein.' Sie bekam schon fünfzehn Jahre später leider völlig recht, aber an solche Möglichkeiten dachte niemand, und so konnte es geschehen, daß die Geschwister im Angriff blieben und nun plötzlich zu meiner lauten Freude ein Fest zwecks Hebung des Menüs verlangten. ‚Modder', sagte dann Thomas in breitem Lübeck'sch, ‚überhaupt, weißt du, wir müssen endlich mal wieder bullern.' (So wurde an der Trave eine protzige Gasterei bezeichnet.) Und Heinrich ergänzte fein, aber dringlich: ‚Ja, Mama, du mußt wohl eine fête geben.' Worauf die Schwestern einfielen – Carla schon mit rollendem Bühnen-R – und ich schrill die Attacke begleitete wie ein Querpfeifer den Sturm von Grenadieren. Vergebens wehrte sich Mama mit dem Hinweis auf Mühe und Kosten solcher Abende; sie lachte schon und versuchte höchstens noch, die Zahl der Gäste in erträglichen Grenzen auszuhandeln."

Zu den Freunden und Bekannten der Familie gehörten u. a. Otto Grautoff, Literat und Kunsthistoriker, Lübecker Schulfreund Thomas Manns; die Maler Leo Putz und Baptist Scherer; Georg Knözinger, Oberpostrat und „Allerweltskünstler", und seine aus Lübeck stammende Frau Julia; Paul Ehrenberg, der Maler, und sein Bruder Carl, Komponist und Kapellmeister; Ilse Martens, Lübeckerin und Schulfreundin Lulas; Liane Pricken, angehende Sängerin und Freundin Carlas; sowie Anna Derleth, die Schwester des zum Stefan-George-Kreis gehörenden Ludwig Derleth.

Baptist Scherer malte um 1895 ein nahezu lebensgroßes Ölporträt von Julia Mann. Er stellte sie dar im langen seidenen Abendkleid mit schwarzen Blumen auf gelbem Grund, mit großem Dekolleté, langen schwarzen Handschuhen und einem schwarz-gelben Fächer; vor dem Hintergrund eines sich spreizenden Pfaus zu sehen. Ihre Söhne und Töchter, auch die Bekannten, hielten das Bild für gelungen, doch Julia fand sich zu auffallend und zu jung abgebildet. Ihre Abneigung gegen das Bild wurde um so stärker, je mehr es bewundert wurde, und sie begann nach einigen Jahren, heimlich Korrekturen anzubringen. Den Ausschnitt, der ihr zu groß erschien, verkleinerte sie durch eine zarte schwarze Spitze. Nach dem frühen Tod des Malers änderte sie auch am Gesicht, um es älter erscheinen zu lassen. Als ihre Überpinselungen auffielen, lachte sie abwehrend, und das Bild landete auf dem Speicher.

Im Jahre 1900 heiratete die Tochter Julia (Lula) den Bankdirektor Josef Löhr. Ebenfalls 1900 erschien Heinrich Manns Roman „Im Schlaraffenland", der ein tiefes Zerwürfnis mit der Schwester Lula hervorrief. 1901 hatte Thomas Mann mit „Buddenbrooks" seinen ersten großen Erfolg. Ein Jahr später ging Carla, einundzwanzigjährig, nach einer Schauspielerausbildung in ihr erstes Engagement nach Zwickau, dem weitere Verpflichtungen an kleine und mittlere Bühnen folgen sollten.

Julia Mann blieb mit Viktor allein. Im Herbst 1901 war sie innerhalb Schwabings noch einmal umgezogen, in das Haus Nikolaiplatz 1. Da Viktor Schwierigkeiten in der Schule hatte, entschloß sie sich 1902, ihn auf ein Gymnasium in Augsburg zu geben.

Bereits im Sommer 1899 hatte Josef Löhr für Viktor und Julia Mann einen Erholungsaufenthalt in Polling bei Weilheim, unweit von München, vermittelt. Den Ort prägte das im frühen Mittelalter von Benediktinern gegründete, dann von Augustinern bewirtschaftete Kloster mit weitflächigen Ländereien, das später säkularisiert und dem Besitz des bayerischen Landesherrn zugeschlagen wurde. Das Kloster war so groß, daß es zwei Gütern und einem kirchlichen Komplex mit Haushaltungsschule und Kindergarten Platz bot. Die Familie Schweighart bewirtschaftete eines der beiden Güter, das sie von einem Onkel geerbt hatte, mit einem ausgedehnten Ökonomiehof und einer Mühle. Ein großes Verwaltungsgebäude diente den Schweigharts als Wohnhaus, in dem sie eine Reihe von Räumen vermieteten. Julia Mann gefiel es in Polling so gut, daß sie, nach einigen Sommeraufenthalten mit Viktor, um die Jahreswende 1903/04 dort für ständig Wohnung nahm.

Vermutlich Viktor zuliebe übersiedelte sie im Herbst 1904 für zwei Jahre nach Augsburg und kehrte dann nach Polling zurück. Als Viktor die Schule verließ, nahm er eine Lehre als Landwirtschaftseleve bei den Schweigharts auf. Anschließend absolvierte er einen einjährigen Militärdienst, besuchte die landwirtschaftliche Akademie in Weihenstephan und studierte später in München Agrikultur.

Am 11. Februar 1905 heiratete Thomas Mann Katia Pringsheim, die Tochter des Mathematikers Professor Alfred Pringsheim und seiner Frau Hedwig, geb. Dohm. Im gleichen Jahr lernte Heinrich Mann in Florenz die Deutsch-Argentinierin Inés Schmied kennen; die Verbindung ging um 1910 auseinander.

Während der Theaterferien 1910 kam Carla Mann zu ihrer Mutter nach Polling; dort nahm sie sich am 30. Juli einer Liebesaffäre wegen das Leben. Sie wurde in München beigesetzt, und Julia Mann zog für einige Jahre wieder in diese Stadt, zunächst in eine Pension in der Schwanthaler Straße, später in andere Pensionen oder möblierte Zimmer. Im Sommer 1913 zog es sie wieder nach Polling zurück, und sie mietete dem Schweighart-Hof gegenüber ein Haus.

Am 2. August 1914 heiratete Viktor Mann Nelly Kilian, unmittelbar vor seiner Einberufung.

Heinrich Mann hatte im Februar 1913 bei den Proben zu seinem Stück „Die große Liebe" in Berlin die junge Prager Schauspielerin Maria Kanová (Mimi) kennengelernt; sie heirateten am 12. August 1914, zwei Jahre später wurde ihre Tochter Leonie geboren.

Im August 1921 feierte Julia Mann in Polling ihren siebzigsten Geburtstag, geehrt und beschenkt von Verwandten und Freunden. In einigen Zeitungen widmete man ihr würdigende Artikel.

Julia Mann hat am literarischen Schaffen ihrer Schriftstellersöhne lebhaft Anteil genommen. Ihre Persönlichkeit, ihre Biographie fanden ebenso wie überlieferte Details aus der Familiengeschichte oder Kindheitserinnerungen Eingang in viele Werke Heinrich und Thomas Manns, in „Die Jagd nach Liebe", „Eugénie oder die Bürgerzeit", „Schauspielerin" ebenso wie in „Buddenbrooks", „Königliche Hoheit" oder „Die Bekenntnisse des Hochstaplers Felix Krull" – um nur einige zu nennen. „Der erste Teil von ‚Zwischen den Rassen' ist die Kindheit meiner Mutter in Brasilien", schrieb Heinrich Mann am 7. November 1946 an Karl Lemke.

Es war für Julia Mann ein schwerer Schlag, als ausgerechnet die Söhne, auf deren Werk und Ruhm sie so stolz sein konnte, sich entzweiten. Heinrich Manns frühe Kritik am Kaiserreich, sein Eintreten für Demokratie und gegen den Krieg einerseits, Thomas Manns Verteidigung eher konservativer Positionen andererseits hatten zu einer Entfremdung zwischen beiden geführt, die in den Jahren des Weltkrieges ihren Höhepunkt erreichte – mit dem „Zola"-Aufsatz (1915) und den „Betrachtungen eines Unpolitischen" (1918). Die Mutter bemühte sich verzweifelt um einen Ausgleich der Gegensätze und appellierte vor allem an den Älteren, sich mit dem Bruder zu versöhnen. Versuche dieser Art gelangen zunächst nicht.

Erst als Heinrich 1922 lebensgefährlich erkrankte und Thomas ihn in der Klinik besuchte, fanden die Brüder wieder zueinander. „Es waren schwere Tage, die hinter uns liegen, aber nun sind wir über den Berg und werden besser gehen – zusammen, wenn Dir's ums Herz ist wie mir", schrieb Thomas Mann am 31. Januar 1922 dem Bruder.

Zu Weihnachten 1922 besuchte Julia Mann wie immer in München ihre Kinder und Enkel. Sie sprach von einem neuerlichen Ortswechsel, in ein Dorf südlich Münchens, nach Weßling.

Wenige Wochen nach ihrer Ankunft dort – noch wohnte sie im Gasthaus – erkrankte sie an einer Grippe. Sie starb, nachdem sie ein letztes Mal mit ihren drei Söhnen gesprochen hatte, am 11. März 1923. Auf dem Münchener Waldfriedhof wurde sie neben ihrer Tochter Carla beigesetzt.

Rosemarie Eggert

Anmerkungen

15 *aus dem schönsten Hafen der Welt* – Rio de Janeiro.

16 *Nanking-Kleider* – Kleider aus naturfarbener chinesischer Rohseide.

Wann kamen denn nu ... – (niederdt.) Wann kommen denn nun Ludwigs kleine Schwarzen?

17 *Fräulein Therese* – Therese Bousset, Leiterin eines Lübecker Mädchenpensionats.

32 *„Ah, mon Dieu ..."* – (franz.) „Oh, mein Gott, mein Gott, seid doch still, Kinder, das waren nur meine Alpträume; sie sind schon vorüber – schlaft, schlaft weiter!"

35 *„Die weiße Dame"*, *„Preziosa"*, *„Postillon von Lonjumeau"* – Opern von François Adrien Boieldieu, Carl Maria von Weber und Adolphe Adam.

36 *Break* – (engl.) Kremser.

40 *Petitpoints* – Feine Stickerei.

43 *Renonce* – (franz.) Fehlfarbe; hier: widerliche Person.

48 *Ponceau* – (franz.) hochrote Farbe.

53 *occupation* – (franz.) Beschäftigung.

queue – (franz.) Schwanz, Schlange.

incapacité – (franz.) Unfähigkeit.

indulgence – (franz.) Nachsicht.

quelque ce soit – (franz.) was es auch sei.

sage-femme – (franz.) Hebamme.

confidence – (franz.) vertrauliche Mitteilung.

soyez bonne – (franz.) sei so gut.

54 *affreux!* – (franz.) schrecklich!

Dieu merci – (franz.) Gott sei Dank.

au moins – (franz.) wenigstens.

au surplus – (franz.) übrigens.

gris fin – (franz.) feines Grau.

guéridon – (franz.) Tischchen.

55 *devoirs* – (franz.) Pflichten.

ingénieux – (franz.) erfinderisch, scharfsinnig.

56 *Bien, qui vivra verra!* – (franz.) Nun gut, wir werden ja sehen!

56   *Enfin* – (franz.) Kurz gesagt.

57   *Schneppen* – Schnabelspitzen an Kleidungsstücken.

      welch ein Verlust – Am 22. März 1832 starb Johann Wolfgang Goethe.

      mille merci – (franz.) Tausend Dank.

58   *der große Usurpator* – Napoleon I.

60   *défauts* – (franz.) Fehler.

61   *faute de mieux* – (franz.) in Ermangelung eines Besseren.

62   *tout à fait étourdie* – (franz.) vollkommen bestürzt.

78   *„Siegfried"* – Oper von Richard Wagner („Der Ring des Nibelungen", Zweiter Tag).

79   *Boxbacher* – Vermutlich handelt es sich um Andreas Hofers Gefährten Speckbacher.

80   *„Lumpazivagabundus"* – Johann Nepomuk Nestroys Komödie „Der böse Geist Lumpazivagabundus oder Das liederliche Kleeblatt" (1833).

82   *„Don Juan"* – Wolfgang Amadeus Mozarts Oper „Don Giovanni".

109   *Meisterlied* – Preislied des Walther von Stolzing („Morgendlich leuchtet in rosigem Schein") aus Richard Wagners Oper „Die Meistersinger von Nürnberg".

      Tannhäuserlied – Lied des Tannhäuser an die Venus aus der Oper „Tannhäuser" von Richard Wagner.

114   *Musik* – Geschrieben 1906.

121   *Pargola* – Ort in der Nähe von St. Petersburg.

      Pawelosk – Pawlowsk bei St. Petersburg.

      Herr und Frau Pollitz – Bekannte von Olga und Gustaf Sievers (siehe die folgende Anm.).

      Onkel Gustaf – Gustaf Sievers, Kaufmann in St. Petersburg, war verheiratet mit Olga Mann, der Schwester Thomas Johann Heinrich Manns. Sievers ist das Vorbild für Pastor Sievert Tiburtius in Thomas Manns „Buddenbrooks".

      Kinderzeit ... – Dieses Gedicht gab Julia Mann ihrem Ältesten mit auf den Weg, als Heinrich Mann Anfang Oktober 1889 die Buchhandelslehre bei von Zahn & Jaensch (Buch- und Kunsthandlung, Antiquariat, Bücher- und Zeitschriften-Lese-Institut) in Dresden aufnahm. Es findet sich in dem vom Vater angelegten und von Heinrich Mann genau geführten „Ausgabenbuch" jener Zeit.

122   *Wegrast* – Das Gedicht, das Heinrich Mann seiner Mutter zum 40. Geburtstag widmete, entstand vermutlich während eines Lübeck-Aufenthalts. Er war in dieser Zeit, von April

1891 bis Ende desselben Jahres, Volontär im S. Fischer Verlag, Berlin.

124 *Dein guter Vater ist sehr krank* – Heinrich Mann folgte der Aufforderung der Mutter und reiste von Berlin nach Lübeck. Der Vater starb am 13. Oktober 1891 im Alter von 51 Jahren an einer Blutvergiftung.

Adresse: Florenz, Lung'Arno delle Grazie 6/III.

126 *Löhrs* – Heinrich Manns Schwester Julia war seit 1900 mit dem Bankdirektor Dr. Josef Löhr, von der Familie „Jof" genannt, verheiratet.

ich kam gestern von Augsburg – Julia Mann beabsichtigte, ihren jüngsten Sohn Viktor in eine Augsburger Schule zu geben, weil er sitzengeblieben war.

127 *D[eine] Nov[elle]* – „Fulvia", vermutlich Ende 1903 geschrieben. Die Wiener Tageszeitung „Die Zeit" veröffentlichte die Novelle erstmals am 3. und 10. Januar 1904 (Jg. 3, Nr. 454 und 461). Thomas Mann schrieb am 27. Februar 1904 an den Bruder: „Herzlichen Dank für die Novelle! Ich habe sie zweimal mit freudiger Teilnahme gelesen, werde sie morgen zu Löhrs bringen und demnächst, wenn ich nach Polling fahre, selbst der Mutter überreichen."

Carla ist ja n. Kassel engagiert – Carla, „die Leidenschaftliche und von der Kunst Besessene", hatte eine, wie Viktor Mann berichtete, „fanatisch betriebene Ausbildung zur Schauspielerin" absolviert.

128 *Fr. Schweighart* – Katharina Schweighart. Die Schweigharts bewirtschafteten einen Teil des früheren Klosters Polling, in dessen Verwaltungsgebäude sie mit der Großmutter und vier Söhnen wohnten. Oskar, der Älteste, leitete das Gut.

129 *Adresse:* Herrn Heinrich Mann, Schriftsteller, Florenz, Via dell'Oriola 35 II. – Julia Mann setzte in der Anschrift fast immer die Bezeichnung „Schriftsteller" unter den Namen.

Ausführung Deines Planes – Heinrich Mann wollte sich offenbar in München eine Wohnung einrichten.

Dr. v. H[artungen] – Der österreichische Arzt Christoph von Hartungen (siehe auch die zweite Anm. zu S. 130).

auf Maler reflektiert – Einige der Malschüler von Prof. Fehr, die in Polling den Sommer verbrachten, wohnten bei den Schweigharts.

130 *Deine Novelle* – Siehe die erste Anm. zu S. 127.

Riva – Im Sanatorium des Dr. Christoph von Hartungen in Riva am Gardasee (Villa Cristoforo, Villa Leonardi, Villa

Miralago) hielt Heinrich Mann sich seit 1893 jährlich einige Wochen auf. Der Arzt war ein Anhänger der Naturheilweise und empfahl Liegekuren im Freien und verschiedene Wasseranwendungen. Im Laufe der Jahre befreundete Heinrich Mann sich enger mit ihm und seinen beiden Söhnen. Für „Die Göttinnen" erbat er einige medizinische Auskünfte, die im Roman verarbeitet sind (von Hartungen ist dort als Dr. von Männingen erwähnt).

130 *Adresse*: Riva Gardasee, Villa Leonardi.

habe ... Hochzeit vor – Gemeint ist die bevorstehende Heirat von Katia Pringsheim und Thomas Mann.

131 *Deine letzten Romane* – Anstoß erregten vor allem „Im Schlaraffenland. Ein Roman unter feinen Leuten" (München 1900) und „Die Jagd nach Liebe" (München 1903).

Münchner bekannte Persönlichkeiten – Der Roman „Die Jagd nach Liebe", begonnen im Januar 1903 in Florenz, beendet im August in Polling, erschienen im November 1903, hatte damals besonders in München Aufsehen erregt, weil man stadtbekannte Künstler, Industrielle, Spekulanten und privilegierten Schichten Angehörende zu erkennen glaubte.

132 *Krieg gespielt* – Julia Mann vermerkte auf dem Briefumschlag: „Lies statt ‚Krieg gespielt' ‚Krieg geführt'."

nach dieser Übersetzung – 1904 erschien der Roman von Anatole France „L'Histoire comique" unter dem Titel „Komödiantengeschichte", übersetzt von Heinrich Mann, im Albert Langen Verlag, München.

sie irrt seit September – Carla Mann war, wie aus Briefen an Heinrich Mann hervorgeht, bis April 1904 in Düsseldorf, danach u. a. in Kassel, Reichenberg, Königshütte und Mülhausen engagiert.

133 *korrespondierst Du noch mit Ewers* – Mit dem Zeitungsredakteur und Schriftsteller Ludwig Ewers war Heinrich Mann seit ihrer gemeinsamen Lübecker Schulzeit befreundet. Mit ihm besprach er in ausführlichen Briefen freimütig literarische Dinge und politische Ansichten. Ewers hatte eine Buchhandelslehre in Lübeck begonnen, wurde später Journalist und Redakteur, u. a. in Leipzig, Königsberg und Hamburg (siehe auch: Heinrich Mann, „Briefe an Ludwig Ewers", herausgegeben von Ulrich Dietzel und Rosemarie Eggert, Aufbau-Verlag Berlin und Weimar, 1980).

„Ein Verbrechen und andere Nov." – Heinrich Manns Novellenband „Ein Verbrechen und andere Geschichten" war 1898 in Leipzig erschienen.

134   *Adresse:* Riva Gardasee, Villa Leonardi.

Brief von Tegt[meier] – Herms Tegtmeier, ein ehemaliger Mitschüler aus Lübeck, hatte Heinrich Mann am 24. September 1901 auf einen vor längerer Zeit geschriebenen Brief geantwortet.

Alfred weiß ja – Konsul Paul Alfred Mann, Sohn von Johann Siegmund Mann (dem Dritten), war Mitvormund der minderjährigen Kinder Julia Manns und Vermögensverwalter des Lübeckschen Erbes der Familie.

Pr[ingsheim]s – Die Eltern Katia Manns waren der Mathematikprofessor Alfred Pringsheim und seine Frau Hedwig geb. Dohm, ihre Geschwister Erik, Peter, Heinz und Zwillingsbruder Klaus.

135   *sein Drama zu vollenden* – Thomas Mann schloß die Arbeit an „Fiorenza" 1906 ab.

136   *die Übersetzung* – 1905 erschien im Insel-Verlag, Leipzig, mit einer Einleitung Heinrich Manns seine Übersetzung des Briefromans von Pierre-Ambroise Choderlos de Laclos „Les Liaisons dangereuses" unter dem Titel „Schlimme Liebschaften".

Utting – Julia Mann verbrachte im August 1904 die Sommerferien mit Viktor in der Villa Liebein in Utting am Ammersee, wo Thomas Mann beide besuchte.

137   *Adresse:* Riva, Gardasee, Villa Leonardi.

Elle écrit – (franz.) Sie schreibt.

S'il m'était donné de prier ... – (franz.) Wenn ich beten könnte, würde ich beten, daß sie so glücklich wie möglich werden! Aber so kann ich es nur erhoffen!

Adresse: Riva, Gardasee, Villa Leonardi.

138   *ein Konzert aufgeführt* – 1903 bereits war im Kaim-Saal in München eine Tondichtung Klaus Pringsheims, „Das Meer", aufgeführt worden. Pringsheim war Dirigent und Komponist und wirkte um 1910 u. a. für einige Zeit als Korrepetitor bei Gustav Mahler in Wien.

nagelneuer Anzug – Julia Mann schrieb: „hagelneuer Anzug".

Die Hochzeit ist ... verschoben – Siehe die zweite Anm. zu S. 142.

sein Drama – Siehe Anm. zu S. 135.

140   *Deine neuen Sachen* – Im Dezember 1904 erschien der Novellenband „Flöten und Dolche" (München, Langen 1905) mit den Novellen „Pippo Spano", „Fulvia", „Drei-Minuten-Roman", „Ein Gang vors Tor".

140 *von der „Zeit"* – In der Wiener Tageszeitung „Die Zeit" erschien vom 30. Dezember 1904 bis 19. Januar 1905 in insgesamt 18 Fortsetzungen die Novelle „Schauspielerin".

141 *Adresse:* Riva, Gardasee, Villa Leonardi.
Deine Novelle – Siehe die zweite Anm. zu S. 140.
„M. N. N." – „Münchner Neueste Nachrichten", Tageszei-
tung.

142 *Adresse:* Florenz, Via dell'Orivolo 35 II.
die Hochzeit ist vorüber – Am 11. Februar 1905 hatten Thomas Mann und Katia Pringsheim geheiratet.

143 *die rotsamtene Familienpapiermappe* – Diese Mappe spielt
auch in Thomas Manns Roman „Buddenbrooks" eine
Rolle.
Euer Kaffeeservice – Gemeinsames Hochzeitsgeschenk von
Carla und Heinrich Mann.
Pringsh[eim]s aus Berlin – Die wohlhabenden Großeltern Ka-
tia Manns, Rudolf Pringsheim und seine Frau Paula geb.
Deutschmann, wohnten in einem Palais in der Berliner
Wilhelmstraße.

144 *Arcisstr. 12* – Das Haus der Eltern Katia Manns.

145 *eine Freundin K.s* – Dora Gedon, Tochter eines Münchener
Bildhauers.
Tante Elisabeth, Tante Stolterfoht – Maria Elisabeth Amalie
Hippolythe Mann, verh. Haag, Julia Manns Schwägerin;
Maria (Mana) da Silva Bruhns, verh. Stolterfoht, Schwester
Julia Manns.

146 *Fink und Fey* – Julia Mann verwechselt die Namen: Hedwig Pringsheim wurde von den Kindern „Fink", der Professor „Fey" genannt.

148 *Adresse:* Florenz, Via S. Reparata 23 II.
Das Buch von Dir – Vermutlich ist der Roman „Professor
Unrat oder Das Ende eines Tyrannen" gemeint, der 1905 im
Albert Langen Verlag, München, erschien.

149 *Adresse:* Florenz, Via S. Reparata 23 II.
Stiefmutter aus Hannover – Vermutlich Emma Bruhns.
in Deinen Rahmen – Heinrich Mann arbeitete von 1905
bis 1907 an seinem Roman „Zwischen den Rassen".
„Der erste Teil von ‚Zwischen den Rassen' ist die
Kindheit meiner Mutter in Brasilien", schrieb er
an Karl Lemke am 7. November 1946. Der Roman erschien 1907 im Albert Langen Verlag, München.

150 *Adresse:* Riva am Gardasee, Villa Cristoforo.

150 *hier ein Artikel* – Vermutlich handelt es sich um einen Bericht über den aufsehenerregenden Mordprozeß Linda Murri in Italien. Heinrich Mann äußerte sich dazu mehrfach in der Presse, so in der „Zukunft", Berlin (Band 55, Nr. 31, 5. Mai 1906, S. 161–168), mit dem Aufsatz „Der Fall Murri".

Confino – (ital.) Hausarrest.

151 „*Totentanz*" – Drama des schwedischen Dichters August Strindberg.

Assez – (franz.) Genug.

Adresse: Augsburg, Alexanderstr. 22 I.

Kindheit der Herzogin von Assy – Der Roman „Die Göttinnen oder Die drei Romane der Herzogin von Assy" war 1903 im Albert Langen Verlag, München, in drei Bänden herausgekommen: „Diana", „Minerva", „Venus". Die Kindheit der Herzogin von Assy wird in „Diana" dargestellt.

152 *zum Vorlesen nach Königsberg* – Die von Ludwig Ewers geplante und vermittelte Lesung in Königsberg kam nicht zustande.

Adresse: Augsburg, Alexanderstr. 22.

ein Junge – Am 18. November 1906 wurde Klaus Heinrich Thomas Mann geboren.

153 *Adresse:* Augsburg, Alexanderstr. 22 I.

154 „*Salammbô*" u. „*Bouvard et Pécuchet*" – Es handelt sich um Gustave Flauberts Romane „Salammbô" (Edition définitive, Paris: Bibliothèque Charpentier 1897) und „Bouvard et Pécuchet" (postum 1881 erschienen). Der erstgenannte Band befindet sich in Heinrich Manns Nachlaßbibliothek.

„*Education sentimentale*" ... – Ebenfalls Werke Flauberts, die sich in Heinrich Manns Nachlaßbibliothek befinden: „L'Education sentimentale. Histoire d'un jeune homme" (Edition définitive, Paris: Bibliothèque Charpentier 1898); „Correspondance (1830–1869)" (Paris: G. Charpentier o. J.); „Trois Contes. Un Cœur simple. La Légende de Saint Julien Hospitalier. Hérodias" (Nouvelle Edition, Paris: Bibliothèque Charpentier 1899).

Das Märchenbuch – Gemeint ist „Trois Contes" von Flaubert.

wegen einer Übersetzung – Für diese Zeit ist eine Übersetzung Heinrich Manns nicht nachweisbar.

der neue Roman – Siehe die dritte Anm. zu S. 149.

155 *Adresse:* Polling, bei Schweighart.

156 *Adresse:* Polling, bei Schweighart.

156 *der Roman muß fertig werden* – Siehe die dritte Anm. zu S. 149.

157 *Adresse:* Pension Lorsche, München, Schellingstr. 37/2 r.

Adresse: Pension Lorsche, München, Schellingstr. 37/2 r.

dies ist aus Modena – Die Bildseite der Karte zeigt „La Madonna col Bambino" von Antonio Allegri Correggio.

Adresse: Polling, bei Schweighart.

158 *Premiere* – Am 11. Mai 1907 fand im Frankfurter Schauspielhaus die Uraufführung von Thomas Manns Schauspiel „Fiorenza" statt.

in den „Neuesten" – „Münchner Neueste Nachrichten".

Adresse: Polling, bei Schweighart.

159 *die Baronin* – Im ersten Stock des Pollinger Gutshauses wohnte, wie Viktor Mann berichtet, die Baronin Perfall.

Gutes von Vicko – Im Herbst 1907 ging Viktor Mann, siebzehnjährig, von der Schule ab.

Adresse: Polling.

daß Du meinen Roman doch gut findest – Gemeint ist „Zwischen den Rassen".

in dem ersten Teil des neuen – 1907 begann Heinrich Mann mit der Arbeit an dem Roman „Die kleine Stadt".

Die ... Novelle – Die Novelle „Der Tyrann" entstand, nach eigenen Angaben des Autors in der Handschrift, in der Zeit vom 26. Mai bis 3. Juni 1907 in Possagno. Sie wurde im Februar 1908 in der „Neuen Revue", Berlin-Charlottenburg (Jg.1, Heft 7, S. 504–518) erstmals veröffentlicht, dann in den Band „Die Bösen" (Leipzig: Insel-Verlag 1908) aufgenommen. Von der „Novelle, die eigentlich ein Einakter ist", wie Heinrich Mann am 19. Juni 1907 an Ludwig Ewers schrieb, stellte er eine szenische Fassung her, deren Uraufführung am 2. März 1910 im Neuen Deutschen Theater in Prag stattfand.

160 *Adresse:* Polling.

161 *Adresse:* Polling.

Nach dem Ultental – Dr. von Hartungen war im Sommer Kurund Badearzt in Mitterbad im Südtiroler Ultental bei Meran.

in Seeshaupt – Den Sommer 1907 verbrachte Thomas Mann mit seiner Familie ab Mitte Juni in Seeshaupt am Starnberger See. Dort besuchte ihn Heinrich Mann im August.

163 *Adresse:* München, Türkenstr. 35 II.

Hafner – (süddt.) Ofensetzer.

Adresse: München, Türkenstr. 35.

164 *Vicco fing … an* – Nachdem er die Schule verlassen hatte, begann Viktor Mann ein Landwirtschaftspraktikum in Polling.
Adresse: München, Türkenstr. 35.
Alla il allah … – La illâh illa 'llâh, wa Muhammad rassûl ul-
lâh (arab.): Es gibt keinen Gott außer Allah, und Mohammed ist der Gesandte Gottes.

165 *Adresse:* Polling.
Übermorgen denke ich zu lesen – Heinrich Mann berichtete
Ludwig Ewers am 22. November 1907: „Lieber Ewers,
meine Vorlesung ist recht gut verlaufen. Wenn die Kritik nicht allzu sehr hinter der Stimmung des Abends
zurückbleibt (gewöhnlich tut sie das), soll ich nochmals
lesen."
Angriff der „M. N. N." – Die Besprechung bezog sich auf
eine Rezension Wilhelm Michels in den „Münchner Neuesten Nachrichten" („Literarisches Virtuosentum", Jg. 60,
1907, Nr. 490).
Adresse: Polling.
Die Schauspieler selbst – Am 17. Dezember 1907 war im Kö-
niglichen Residenztheater in München Thomas Manns
Schauspiel „Fiorenza" aufgeführt worden. In den „Münchner Neuesten Nachrichten" erschien eine abwertende Besprechung des Theaterkritikers Hanns von Gumppenberg
(1866–1928).

166 *Adresse:* Polling.
Auch Inés grüßt – 1905 hatte Heinrich Mann in Florenz die
Tochter eines nach Argentinien ausgewanderten Deutschen,
Inés Schmied, kennengelernt. Sie befand sich mit ihrer Mut-
ter und ihrem Bruder auf einer Europareise.
Adresse: Riva am Gardasee, Villa Miralago.
siedeln sie nach Tölz über – Thomas Mann verbrachte den
Sommer mit Frau und Kindern damals in einem gemiete-
ten Haus in Bad Tölz.

168 *Adresse:* Riva, Villa Miralago.
Dimanche soir – (franz.) Sonntag abend.
Cher Henri … – (franz.) Lieber Heinrich, zum *dritten* Mal hatte ich das Vergnügen, Inés zu sehen – sie gefällt mir mit jedem Mal besser, ich *kann* es nicht anders sagen. Es war ein
schöner Tag mit ihr. Sie kam halb zwei und ging 9.25 Uhr.
Wir gingen spazieren, haben die Kirche besichtigt, wir haben musiziert; nur das Essen bei der Schw[eighart] war dürf-
tig, *sie* wird immer geiziger, sie geniert sich überhaupt nicht,

höchstens wenn Löhrs hier sind. Ein Dienstmädchen kann ich nicht bekommen.

168   *Adresse:* St. Nikolaus, Post-St[ation] Walburg, Ulten, Tirol. – Hier, in der Nähe von Mitterbad, hatte Dr. von Hartungen einen ansehnlichen Sommersitz, der nur zu Fuß oder zu Pferde erreichbar war.

169   *Adresse:* St. Nikolaus, Ulten, Tirol.
mit Vicco ... zusammen sein – Siehe die erste Anm. zu S. 164.
Adresse: München, Türkenstr. 35.

170   *die Mama* – Pauline Schmied, Inés' Mutter. – Heinrich Mann vermerkte auf dem Briefumschlag: „über Inés".
Adresse: München, Türkenstr. 35 I.

171   *Adresse:* Nizza, 3, Rue de l'Opéra.

172   *V. geht's gut* – Viktor Mann besuchte seinerzeit eine Landwirtschaftsschule in Weihenstephan.
Die Reichstagsverhandlungen! – Am 28. Oktober 1908 war im Londoner „Daily Telegraph" ein Interview mit Wilhelm II. erschienen, in dem dieser plump um die Freundschaft mit England warb und zugleich Grundzüge der deutschen Außenpolitik preisgab. Daraufhin kam es am 10./11. November zu einer erregten Reichstagsdebatte („Novembersturm"), in der sogar von der Abdankung des Kaisers die Rede war.
Adresse: Nizza, 3, Rue de l'Opéra.
He receives twenty M ... – (engl.) Er bekommt zwanzig Mark im Monat, nur als Taschengeld; ich muß *alle* Sachen für ihn kaufen. In Polling hatte er zwölf.

174   *„seit Tölz"* – Heinrich Mann und Inés Schmied waren vermutlich im Sommer 1908 in Bad Tölz bei Thomas Mann und seiner Familie. Gegenseitige Vorbehalte gestalteten das Verhältnis zu Inés Schmied schwierig.

175   *Adresse:* Nizza, 3, Rue de l'Opéra.
la mère ... le frère, voilà tout – (franz.) die Mutter ... der Bruder, das ist alles.

176   *Adresse:* Nizza, 3, Rue de l'Opéra.

177   *Adresse:* Meran, Pension Peuker.

179   *das geschwisterliche Verhältnis* – Siehe die vierte Anm. zu S. 134.
Adresse: Meran, Trutzmauerhof.
Du arbeitest – Heinrich Mann arbeitete an seinem Roman „Die kleine Stadt", den er am 31. März 1909 beendete.

180   *in der „Rundschau" „Königl[iche] Hoheit"* – Im Januar 1909 begann die „Neue Rundschau" den Vorabdruck von Tho-

mas Manns Roman, den dieser am 13. Februar 1909 beendete.

180 *„Buddenbrooks"* – Thomas Manns Roman, 1901 im S. Fischer Verlag, Berlin, erschienen, blieb für viele Jahre sein beliebtestes Buch.

„Die kleine Stadt" – Im September 1909 veröffentlichte der Insel-Verlag, Leipzig, Heinrich Manns Roman.

181 *Adresse:* Nizza, 3, Rue de l'Opéra.

183 *Adresse:* Nizza, 3, Rue de l'Opéra.

ausgelesen! – Diese und die folgenden Mitteilungen beziehen sich auf Heinrich Manns Roman „Die kleine Stadt".

Maintenant au lit – (franz.) Nun zu Bett.

Adresse: Nizza, 3, Rue de l'Opéra.

vous n'êtes donc ... – (franz.) Du bist doch nicht verärgert über mich?

I want to know ... – (engl.) Ich möchte Deinen Weihnachtswunsch wissen, weil ich demnächst wieder nach München fahre. Andernfalls würde ich Tommy bitten, sich die Mühe zu machen. Wie geht es Dir? Bitte gib mir Nachricht.

Peut-être à cause ... – (franz.) Vielleicht darüber, was ich zum italienischen Charakter geschrieben habe?

avec moi-même ... – (franz.) mit mir selbst und bitte Gott, daß er Euch segne.

184 *Adresse:* Nizza, 3, Rue de l'Opéra.

da V. in M. ist – Am 1. Oktober 1909 trat Viktor Mann ein „Freiwilligenjahr bei der berittenen Truppe" an.

Mark Twain – Eine Ausgabe Mark Twains sämtlicher Werke war das erste Geschenk Katia Manns an den jungen Schwager Viktor.

Adresse: Nizza, Quartier au Ray, Villa Fontaines de Mouraille.

Vicco hat es ... ausgelesen – „Das mußt Du gleich lesen, es ist Heinrichs Bestes", so hatte Thomas Mann dem jüngeren Bruder das Buch empfohlen. Viktor las es während der Zeit des Militärdienstes und ließ sich „verzaubern" von des Bruders Italienschilderung.

185 *Adresse*: Nizza, Quartier au Ray, Villa Fontaines de Mouraille.

Frau Pr[ofessor] S[auer] ... bespricht – Der Aufsatz von Hedda Sauer, Prager Lyrikerin und Kritikerin, mit dem Titel „Heinrich Mann" erschien im „Literarischen Echo", Berlin, Jg. 11, Heft 1, Sp. 16–21, am 1. Oktober 1908.

185 *der neue Komet* – Der alle 76 Jahre erscheinende Halleysche Komet, genannt nach seinem Entdecker Edmond Halley (1656–1742).
Adresse: Nizza, Quartier au Ray, Villa Fontaines de Mouraille.

187 *Adresse:* Nizza, Quartier au Ray, Villa Fontaines de Mouraille.
die Michelets einpacken – Vermutlich handelt es sich um die in der Nachlaßbibliothek vorhandene Ausgabe von Jules Michelets „Histoire de la Révolution Française" (Edition définitive et corrigée, Band 1–7, Paris: Flammarion 1847), in der sich umfangreiche Notizen Heinrich Manns finden.
Adresse: Nizza, Quartier au Ray, Villa Fontaines de Mouraille.

188 *Tommys wollen auch umziehen* – Nachdem am 27. März 1909 Gottfried Angelus Thomas (Golo) und am 7. Juni 1910 Monika geboren wurden, zog Thomas Mann mit seiner Familie am 1. Oktober 1910 von der Franz-Joseph-Straße in München nach der Mauerkircher-str. 13 in eine große Etagenwohnung um.

190 *die Kritik aus der „Zukunft"* – Lucia Dora Frost hatte „Die kleine Stadt" in der „Zukunft", Berlin, Bd. 70, 22. Januar 1910, S. 116–119 rezensiert und die Modernität des Autors hervorgehoben. Heinrich Mann schrieb daraufhin einen „Brief an Fräulein Lucia Dora Frost", der in der gleichen Zeitschrift, Bd. 70, 19. Februar 1910, S. 265 f., veröffentlicht wurde.
Adresse: Nizza, 3, Rue de l'Opéra.
Die N[ove]llen II – Vermutlich ist der im April 1908 im Leipziger Insel-Verlag erschienene Band „Die Bösen" gemeint.

191 *because the contribution ...* – (engl.) weil die Steuern hier 250 oder 300 (Mark) weniger betragen als in München.
Adresse: Nizza, 3, Rue de l'Opéra.
die „Zukunft" – Siehe Anm. zu S. 190.

192 *Adresse:* St. Nikolaus, Ulten, Tirol.
pour moi cette année ... – (franz.) (daß) für mich dieses Jahr in finanzieller Hinsicht schrecklich schlimm war; glaub mir, daß ich Mühe habe auszukommen, und es ist ein Glück, daß ich hier auf dem Lande geblieben bin, wo das Wohnen so billig ist.
Adresse: St. Nikolaus, Ulten, Tirol.

195 *Adresse:* St. Nikolaus, Ulten, Tirol.

j'oublierais d'écrire ... – (franz.) ich vergaß zu schreiben, daß Jof nicht *zufrieden* ist mit (...).

puis de payer ... – (franz.) dann all ihre *Schulden* in Mülh. zu bezahlen und sich an ehrbare Familien anzuschließen; all das (ist nötig), wenn sie in Mülh. *bleiben* will, und dann sollte sie sich schlichter kleiden; ihre großartigen Toiletten (...).

Adresse: St. Nikolaus, Ulten, Tirol.

(Ihre) humeur est un peu plus gai ... – (franz.) (Ihre) Laune ist ein bißchen besser, weil *er* morgen kommt.

196 *Adresse:* St. Nikolaus, Ulten, Tirol (Telegramm ohne Unterschrift).

ein Unglück – Carla Mann hatte sich am 30. Juli das Leben genommen.

Adresse: München, Türkenstr. 35.

197 *Adresse:* München, Türkenstr. 35.

198 *„Der Untertan"* – Heinrich Mann arbeitete seit 1906/07 mit Unterbrechungen an diesem Roman; er beendete ihn 1914.

Adresse: München, Türkenstr. 35.

Adresse: Polling.

199 *Adresse:* Polling.

Adresse: Venedig, Grand Hotel Lido.

200 *Adresse:* Venedig, Lido, Villa Gemma.

Adresse: Berlin W., Hotel Der Fürstenhof, Potsdamer Platz.

also am Montag! – Am 21. November 1910 fand im Kleinen Theater, Berlin, in einer Sondervorstellung der literarischen Gesellschaft „Pan" die Uraufführung „Drei Akte" („Der Tyrann", „Die Unschuldige", „Variété") mit Tilla Durieux jeweils in der Hauptrolle statt.

Pardon! Je ne voulais pas ... – (franz.) Verzeih! Ich wollte Dich nicht traurig machen.

201 *Adresse:* Riva, Kuranstalt Dr. von Hartungen.

Adresse: Riva, Kuranstalt Dr. von Hartungen.

202 *Prickens besuchte ich* – Mit den Prickens verkehrte die Familie Mann vermutlich, seit Carla Mann und Liane Pricken sich angefreundet hatten. Thesy (auch Tessy), die jüngere Schwester, wurde Schauspielerin.

Adresse: Milano, Hotel Bella Venezia.

Pens[ion] Br[istol] – Heinrich Mann wohnte zeitweilig in der Pension Bristol, München, Jägerstr. 3 b.

203 *Adresse:* Mailand, Hotel Bella Venezia.

203 *die Premiere* – Am 4. Februar 1911 fand an der Neuen Wiener Bühne die Aufführung des Einakters „Die Unschuldige" statt.

„*Variété*" – Das „Lustspiel von äußerster Komik", so Viktor Mann, wurde im Januar 1911 im Münchener „Großen Wurstel", dem ehemaligen Bauerntheater, sehr erfolgreich aufgeführt, mit Ida Roland in der Hauptrolle. Aus dem Theater gingen später die „Münchener Kammerspiele" hervor.

mais tu sais ... – (franz.) aber Du weißt, warum ich hier bin.
Adresse: Florenz, Corso Tintori 49.

204 *Adresse:* Florenz, Corso Tintori 49.

205 *C.s letztes Schreiben* – Der Abschiedsbrief Carlas war an Arthur Gibo gerichtet.

207 *Adresse:* Florenz, Hotel Helvetia.

209 *Adresse:* München, Türkenstr. 35.

210 *von Deinen historischen Novellen* – 1911 erschienen im Insel-Verlag, Leipzig, unter dem Titel „Die Rückkehr vom Hades" die von 1906–1911 entstandenen Novellen „Die Rückkehr vom Hades", „Die Branzilla", „Mnais", „Ginevra degli Amieri", „Der Tyrann", „Auferstehung".

Stück-Premiere „Unschuldige" – Im Münchener Lustspielhaus wurde „Die Unschuldige" am 21. April 1911 mit Ida Roland aufgeführt.

wie auch Elchinger ... schrieb – Richard Elchinger, Theaterkritiker der „Münchner Neuesten Nachrichten", veröffentlichte in der Ausgabe vom 23. April 1911 eine längere Besprechung der Aufführung.

Dein neuer Dreiakter – Das Drama „Schauspielerin" (Berlin: Cassirer 1911) mit dem ursprünglichen Titel „Leonie oder Der Ernst des Lebens", an dem Heinrich Mann seit 1910 arbeitete, hatte deutliche Bezüge auf die verstorbene Schwester Carla Mann.

Hoffentlich bleibst Du bei Cassirer – Heinrich Mann hatte sich, unzufrieden mit dem Verlag Albert Langen, zunächst dem Insel-Verlag, Leipzig, zugewandt, der 1908 „Die Bösen" (Novellen), 1909 den Roman „Die kleine Stadt", 1910 „Das Herz" (Novellen) und 1911 „Die Rückkehr vom Hades" (Novellen) edierte. Da sich der Münchener Rechtsanwalt Brantl vergeblich um einen Generalvertrag mit Langen für Heinrich Manns Werke bemühte, vermittelte Wilhelm Herzog den Kontakt zu Paul Cassirer, in dessen Verlag die Dramen „Variété" (1910), „Schauspielerin" (1911), „Die große Liebe" (1912) und „Madame Legros" (1913) erschienen (von einer Ausgabe „Gesammelte Werke" kamen nur zwei Bände – „Die Göttinnen" und „Im Schlaraffenland", beide 1909 – zustande). Vermutlich 1916 begann die Verbindung mit dem Verleger Kurt Wolff, der im gleichen Jahr zehn Exemplare des „Untertan" als Privatdruck herausbrachte; 1917 folgte die zehnbändige Ausgabe „Gesammelte Romane und Novellen".

211   *Adresse:* München, Leopoldstr. 48 II.
      Pardon, mon cher Henri ... – (franz.) Verzeih, mein lieber Heinrich, meine Tränen fließen jetzt öfter als in meiner Kindheit! Deine Mutter. Lula wird am Sonntag noch nicht fahren, also kommt mich besuchen, und ruf vorher an.
      Adresse: Nizza, 3, Rue de l'Opéra.

212   *Adresse:* Bordighera, Hotel Bella Vista.

213   *Adresse:* Meran-Obermais, Hôtel Aders / München, Leopoldstr. 48.
      da Tommy ... zu Katia reist – Am 15. Mai 1912 reiste Thomas Mann nach Davos, um seine Frau im Lungensanatorium des Prof. Jessen zu besuchen. Der kurze Aufenthalt bis zum 13. Juni 1912 inspirierte ihn zu seinem Roman „Der Zauberberg".

214   *Adresse:* München, Leopoldstr. 48 II.

215   *Adresse:* München, Pension Richter, Leopoldstr. 48 II.
      Mißstimmung wegen Gugigls – Gugigl, eine Figur in Heinrich Manns Roman „Zwischen den Rassen". Oberpostrat Knözinger und seine aus Lübeck stammende Frau Julia gehörten seit langem zum Freundeskreis von Julia Mann. Viktor Mann schildert ihn als einen „Allerweltskünstler", „der nicht nur Geige spielen, sondern ein solches Instrument auch meisterlich bauen konnte".

216   *Adresse:* München, Pension Richter, Leopoldstr. 48 II.
      hilde – (niederdt.) eilig.
      Kapitalsanzapfung – Am 25. Februar 1913 hatten Katia und Thomas Mann das Grundstück Poschinger-str. 1 gekauft.

217   *Adresse:* Tutzing, Villa Schüssel, Hallbergerallee.
      „Mme. Legros" im Lessingtheater – Zunächst erschien das Stück 1913 im Verlag Paul Cassirer, Berlin. Uraufgeführt wurde es erst im Februar 1917 in den Münchener Kammerspielen, danach spielte es ab 27. April 1917 das Berliner Lessingtheater.

218   *Adresse:* Hôtel Panorama, Beaulieu sur mer bei Nizza / Hôtel du Parc, Nizza.

219   *Adresse:* Nizza, Hôtel du Parc.
        der harte Schlag vor 3 1/2 Jahren – Eine Anspielung auf Car-
        las Tod 1910.
        Ina – Sehr wahrscheinlich handelt es sich um die Tochter
        von Maria Stolterfoht, geb. da Silva Bruhns, der Schwester
        Julia Manns.
220   *Adresse:* Nizza, Hôtel du Parc.
        I like to give you twenty ... – (engl.) Ich möchte Dir zwan-
        zig (Mark) geben, wenn ich das Geld erhalten habe.
        Adresse: München, Leopoldstr. 61.
221   *Adresse:* München, Leopoldstr. 61 II.
        „Z. i. B." – Heinrich Manns Roman „Der Untertan" erschien
        – unvollständig – vom 1. Januar 1914 bis zum 13. August
        1914 in 32 Fortsetzungen in der Berliner Zeitschrift „Zeit im
        Bild" (Jg. 12).
        J'ai présenté ... – (franz.) Ich habe Deine Grüße an Frau
        Schw[eighart] ausgerichtet.
        Du bist wohl fleißig – Heinrich Mann beendete die Arbeit am
        „Untertan" Anfang Juli 1914.
223   *Ob Katia ... zurückgekommen?* – Katia Mann mußte wegen ei-
        nes Bronchialkatarrhs auf ärztliches Anraten einen mehr-
        monatigen Kuraufenthalt im schweizerischen Arosa ver-
        bringen.
        Adresse: München, Leopoldstr. 61 II. „Bitte, wenn Adres-
        sat verreist, nachzusenden."
        über die pol[itische] Lage – Wenige Tage später, am 1. August
        1914, begann der erste Weltkrieg.
224   *Adresse:* Schliersee, Westenhofen 100.
        Nun muß mein Vicco wohl fort! – Der 24jährige Viktor Mann
        wurde eingezogen, nachdem er und seine Verlobte Nelly Ki-
        lian am 2. August 1914 geheiratet hatten.
        Adresse: Schliersee, Westenhofen 100.
225   *Adresse:* Schliersee, Westenhofen 100.
        D. l. Frau – Bei den Proben zur Uraufführung des Schau-
        spiels „Die große Liebe" im Lessingtheater, Berlin, am 8. Fe-
        bruar 1913 lernte Heinrich Mann die junge Prager Schau-
        spielerin Maria Kanová (Mimi) kennen. Sie heirateten am
        12. August 1914.
        „Z. i. B." wird wohl nicht mehr gedruckt – Der Vorabdruck des
        Romans „Der Untertan" (siehe die zweite Anm. zu S. 221)
        wurde abgebrochen, da nach Kriegsbeginn „im gegenwär-
        tigen Moment nicht in satirischer Form an den deutschen
        Verhältnissen Kritik geübt werden könne" – so die Be-

gründung des Herausgebers in einem Brief an Heinrich Mann.

225 *Adresse:* München, Pension Richter, Leopoldstr. 48 II.

229 *Adresse:* München, Leopoldstr. 59 III (nach der Hochzeit fester Wohnsitz Heinrich Manns).

Dem lieben Elternpaar – Am 9. September 1916 wurde die Tochter Leonie Carla Maria Henriette geboren.

230 *Adresse:* München, Leopoldstr. 59 III.

Deux mille ... – (franz.) Zweitausendfünfhundertdreiundfünfzig, das ist die Nettosumme.

à moi – (franz.) für mich.

Adresse: München, Leopoldstr. 59 III.

umseitiges Bild – Die Vorderseite der Karte zeigt eine Ansicht von „Weßling am See".

„Mme. Legros" – Siehe die Anm. zu S. 217.

231 *Je vous ferai ...* – (franz.) Ich werde Dir zum Geburtstag fünfzig (Mark) schenken, ausnahmsweise.

Adresse: München, Leopoldstr. 59 III.

236 *Ich wäre ja nicht imstande* – Diese Bemerkung bezieht sich offensichtlich auf die Schwägerin „Tante Elisabeth" Maria Hippolythe Mann und deren Sohn Siegmund aus ihrer ersten Ehe (1856) mit dem Hamburger Kaufmann Ernst Elfeldt (siehe den folgenden Brief und die zweite Anm. dazu).

237 *Adresse:* München, Leopoldstr. 59 III.

Herr Elfeldt – Siegmund Elfeldt, damals 56 Jahre alt und Schauspieler in Leipzig, erkrankt an einem Nervenleiden, hatte sich an Heinrich Mann gewandt, weil er sich um sein Erbe betrogen glaubte.

Henry ... Alice – Kinder Elisabeth Manns aus ihrer zweiten Ehe mit dem Kaufmann Gustav Albert Haag.

238 *Adresse:* München, Leopoldstr. 59 III.

Dein Stück – Siehe die Anm. zu S. 217.

Adresse: München, Leopoldstr. 59 III.

Cher H. ... – (franz.) Lieber H., noch einmal: ich denke an den 27. und bete für Dein Glück! Deine Mutter. Ich finde diese Karte, die ich neulich erhielt, so hübsch, daß ich mir erlaube, sie Dir zu schicken.

239 *Adresse:* Langgries b. Tölz, Hotel Post.

Diese Glocken – Die Postkarte zeigt umseitig auf einem Wagen vier Glocken unterschiedlicher Größe.

Oncle Fr[iedel] – Friedrich Mann, Bruder von Thomas Johann Heinrich Mann und Schwager Julia Manns.

239 „*Bunte Ges[ellschaft]*" – Heinrich Manns Novellenband erschien 1917 im Münchener Langen Verlag in der Reihe „Langens Mark-Bücher" und enthielt die Novellen „Liebesspiele", „Der Hund", „Contessina", „Geschichten aus Rocca de' Fichi", „Vermischtes aus der Zeitung", „Ehrenhandel".
Adresse: Reichenhall, Kurhaus Achselmannstein.

240 *Adresse:* Reichenhall, Kurhaus Achselmannstein.
Adresse: München, Leopoldstr. 59 III.
dies Bild – Die Vorderseite der Karte zeigt eine Abbildung des Gemäldes „Die Nonne" von Fritz Steinmetz-Noris (Serie Moderne Meister, Nr. 76).

241 *Adresse:* München, Leopoldstr. 59 III.
Adresse: München, Leopoldstr. 59 III.

242 *Dein „Porträt" von Oppenheimer* – Max Oppenheimer (Mopp) hatte 1910 ein Porträt Heinrich Manns gemalt, auf dem die von der Mutter beanstandete Handhaltung zu sehen ist.
Adresse: München, Leopoldstr. 59 III.

243 *Adresse:* München, Leopoldstr. 59 III.
Diese lodernden Farben – Hinweis auf die verwendete Blumenkarte.
Der Antrag des Staatsanwaltes – 1917 hatte „Pippo Spano" ein Verfahren wegen „Verbreitung unzüchtiger Schriften" vor dem Münchener Landgericht ausgelöst. Eine Verurteilung erfolgte nicht; die Ankläger hatten übersehen, daß die Novelle bereits 1905 erschienen war.
Adresse: München, Leopoldstr. 59 III.
Adresse: München, Leopoldstr. 59 III.

244 „*Diana*" – Siehe die Anm. zu S. 151.
Adresse: München, Leopoldstr. 59 III.
jetzt ist die Generation da – 1917 erschien in hoher Auflage erstmals eine zehnbändige Ausgabe „Gesammelte Romane und Novellen" Heinrich Manns im Kurt Wolff Verlag, Leipzig und München.
Dein Einakter – Nach einer Notiz Heinrich Manns in der Buchausgabe von „Variété" wurde das Stück 1917 in den Münchener Kammerspielen aufgeführt.

246 *Adresse:* München, Leopoldstr. 59 III.
was ... von Deiner Seite geschah – Julia Mann bezieht sich offensichtlich auf Heinrich Manns „Versuch einer Versöhnung" (erhalten ist der handschriftliche Entwurf vom 30. Dezember 1917, in: Thomas Mann, Heinrich Mann, „Briefwechsel 1900–1949", Berlin und Weimar 1977), mit dem dieser das politische und persönliche Zerwürfnis mit seinem

Bruder beenden wollte. Thomas Mann lehnte in seiner Antwort vom 3. Januar eine Versöhnung ab.

247 *Adresse:* München, Leopoldstr. 59 III.

248 *Adresse:* München, Leopoldstr. 59 III.

     Adresse: München, Leopoldstr. 59 III.

     Das Grab – Gemeint ist das Grab Carla Manns.

249 *Adresse:* München, Leopoldstr. 59 III.

     Adresse: München, Leopoldstr. 59 III.

250 *Adresse:* München, Leopoldstr. 59 III.

     Eisner – Kurt Eisner, 1918/19 bayrischer Ministerpräsident, war am 21. Februar 1919 ermordet worden. Heinrich Mann hielt während der Trauerfeier am 16. März 1919 im Münchener Odeon-Konzertsaal eine der Gedenkreden.

251 *da Bülow Dir doch schrieb* – Am 8. Februar 1919 hatte Heinrich Mann ein Telegramm des Feldmarschalls von Bülow erhalten mit der Frage, ob er bereit sei, den übersandten Aufruf mit zu unterzeichnen. Vermutlich handelte es sich um das Rundschreiben einer „Deutschen Gesellschaft für staatsbürgerliche Erziehung", das u. a. von Bülows Unterschrift trug. Thomas Mann vermerkte in seinem Tagebuch, er habe am 23. Oktober 1918 ein solches Rundschreiben erhalten, dazu am 14. Dezember einen Brief von Bülows („betr. Rundfrage der ‚Gesellschaft für staatsb. Erziehung'"), den er am 21. Dezember mit einem „politischen Brief" beantwortete.

     Adresse: München, Leopoldstr. 59 III.

252 *Adresse:* München, Leopoldstr. 59 III.

253 *Adresse:* München, Leopoldstr. 59 III.

254 *„Brabach"* – Drama in drei Akten, 1916 geschrieben und am 22. November 1919 im Residenz-Theater, München, uraufgeführt (mit Albert Steinrück, Kurt Stieler, Gustav Waldau); als Buchausgabe 1917 im Kurt Wolff Verlag, Leipzig, erschienen.

256 *Adresse:* München, Leopoldstr. 59 III.

     Dear son ... – (engl.) Lieber Sohn! Vielen Dank für Deine schöne Karte. Ich habe das Buch nicht *gekauft;* aber ich bitte Dich – schicke es mir, so bald Du kannst. Du hast meine Frage nicht beantwortet, was ich Dir zum Geburtstag schenken könnte; das macht nichts, ich weiß schon was. Es ist gut, daß Ihr so viele Dinge unterderhand bekommen könnt. Viele Grüße für Dich, Dein Weib und das Kind. Alle guten Wünsche für Deine Arbeit! von Mutter.

257 *Adresse:* München, Leopoldstr. 59 III.

257   *dies Bild* – Die Vorderseite der Karte zeigt eine Reproduktion von Hermann Kaulbachs Bild „Was Hänschen nicht lernt, lernt Hans nimmermehr".
       Adresse: München, Leopoldstr. 59 III.

258   *Adresse:* München, Leopoldstr. 59 III.
       Adresse: München, Leopoldstr. 59 III.
       Adresse: München, Leopoldstr. 59 III.

259   *Adresse:* München, Leopoldstr. 59 III.

260   *Adresse:* Hotel Weizmayr, Badgastein / Hotel Ott, Marienbad.

261   *Adresse:* München, Leopoldstr. 59 III.
       den 16. Oktober 1919 – Dieser Brief ohne Datum hat vermutlich einem Paket beigelegen; der Paketabschnitt trägt das Datum des 16. Oktober 1919.

263   *L'argent est venu ...* – (franz.) Das Geld ist gerade gekommen, ich schicke es morgen ab, wenn ich erfahren habe, wie hoch das Porto für Pakete ist, aber Du hast die Büchsen für den Honig nicht geschickt, jetzt weiß ich nicht, was tun – na gut. Antworte bitte rasch wegen der Ente.

264   *Adresse:* München, Leopoldstr. 59 III.
       mit V.s Filmstücken – Viktor Mann schrieb damals fünf oder sechs Drehbücher für eine Filmgesellschaft.
       Adresse: München, Leopoldstr. 59 III.

265   *Adresse:* München, Leopoldstr. 59 III.

266   *Adresse:* München, Leopoldstr. 59 III.
       werde auch ich darin lesen – Vermutlich meint Julia Mann den Essayband „Macht und Mensch" (München: Kurt Wolff Verlag 1919), der die politischen und kulturpolitischen Essays Heinrich Manns aus den Jahren 1910 bis 1919 enthielt.

267   *Adresse:* München, Leopoldstr. 59 III.
       Adresse: München, Leopoldstr. 59 III.
       heute bei Dir zu sein – Am 27. März war Heinrich Manns Geburtstag.
       Adresse: München, Leopoldstr. 59 III.

269   *Adresse:* Bad Kohlgrub b. Murnau.
       mein alter und unbedeutender Tag – Julia Manns 69. Geburtstag am 14. August 1920.
       zum 9ten September – Der vierte Geburtstag Leonie Manns.
       Adresse: München, Leopoldstr. 59 III.

270   *Dein Stück im Pr[inz-]Reg[enten-]Theater* – „Der Weg zur Macht", Drama in drei Akten (Leipzig: Kurt Wolff Verlag 1919), wurde am 21. Oktober 1920 im Münchener Resi-

denz-Theater uraufgeführt (mit Helene Ritscher und Kurt Stieler in den Hauptrollen).

270 *Adresse:* München, Leopoldstr. 59 III.
After all ... – (engl.) Insgesamt erhältst Du ca. 502 M.

272 *Adresse:* München, Leopoldstr. 59 III.

273 *Adresse:* München, Leopoldstr. 59 III.
eggs – (engl.) Eier.
avec beurre – (franz.) mit Butter.
Adresse: München, Leopoldstr. 59 III.

274 *Adresse:* München, Leopoldstr. 59 III.
das sechste Dezennium – Heinrich Mann beging, durch viele Würdigungen geehrt, am 27. März 1921 seinen 50. Geburtstag.

275 *Adresse:* Oberammergau, St.-Gregor-Weg 27.
„Mam Ketelsen" – Figur aus Thomas Manns Roman „Buddenbrooks", (nach der „Schlüsselliste" zum Roman Madame Michelsen aus Lübeck).
carreau – (franz.) Viereck.
von Sesemi – Therese Bousset, in „Buddenbrooks" als Sesemi Weichbrod dargestellt.
Artikel zu meinem Geburtstage – Aus Anlaß von Julia Manns 70. Geburtstag am 14. August 1921 erschienen in mehreren Zeitungen würdigende Artikel.

276 *von unserm Kinogeld ab'druckt –* Eine der Berliner Filmgesellschaften hatte Viktor Mann beauftragt, ein Drehbuch zu schreiben über den österreichischen Erzherzog Johann, der als Johann Orth mit dem Schiff „Santa Margarita" den Ozean befuhr und am Kap Horn verschollen sein soll.

279 *Adresse:* Oberammergau, St. Gregorweg 27.
Mon cher Henri ... – (franz.) Mein lieber Heinrich! Ich danke Dir herzlich für Deine liebe Karte, und gern habe ich in meinem *Testament* vermerkt, daß ich Dir das Vorkaufsrecht für die Teekanne, die Zuckerdose und das Sahnekännchen übertragen habe. Der Kupferkessel ist nicht dabei, weil ich noch nicht weiß, was Lula auswählen wird. Mein Vater hat mir diesen Kessel erst spät geschenkt, zu einer Zeit, als ich schon drei Kinder hatte. Der Kessel ist mit *Spiritus* zu erhitzen, während die meisten Haushalte jetzt doch schon elektrische Kessel haben! Lula bekommt wirklich *kein Stück* von meinem Teeservice, dessentwegen sie mir neulich geschrieben hat. Ich gönne *alle* hübschen Sachen *allen* meinen Kindern – aber wie soll ich das machen! Onkel Friedel, von dem ich vor etwa acht oder neun Jahren Sil-

berzeug kaufen wollte, antwortete mir, daß er nicht weiß, was seine Frau mit den Sachen gemacht hat, die er von seiner Mutter geerbt hatte! Ist das nicht schrecklich? Was mich angeht, ich weiß wenigstens alle Sachen in der Familie bewahrt! Friedel ist so furchtbar gleichgültig.

279   *Adresse:* Berlin, Hotel Excelsior, Königgrätzer Straße.

280   *Adresse:* Berlin W., Bellevuestr. 15 II.
       Agi – Agnes Rutz (?), langjähriges Kindermädchen Leonie Manns.

281   *Adresse:* München, Leopoldstr. 59 III.

282   *Adresse:* München, Leopoldstr. 59 III.
       in dieser Rolle – „Madame Legros" wurde in Heinrich Manns Anwesenheit am 2. Dezember 1921 am Wiener Burgtheater aufgeführt.

283   *die arme hungrige Klothilde* – Thekla Mann, Vorbild für die Klothilde in „Buddenbrooks".
       Adresse: München, Leopoldstr. 59 III.
       Tempi passati! – (ital.) Vergangene Zeiten!

284   *„Peter Altenberg"-Gespräch* – Julia Mann bezieht sich hier auf Thomas Manns „Äußerung über Peter Altenberg" in „Rede und Antwort. Gesammelte Abhandlungen und kleine Aufsätze" (Berlin: S. Fischer Verlag 1922).
       cache-pot – (franz.) Übertopf.
       Adresse: München, Leopoldstr. 59 III.

285   *Adresse:* München, Leopoldstr. 59 III.

286   *Rivages paisibles* – (franz.) Friedliche Flußlandschaften.
       Calendrier pour 1909 – (franz.) Kalender für 1909.
       Sur le flot ... – (franz.) Über dem schlummernden Strom nur ein leichter Hauch, wie eine sanfte Liebkosung.
       Memoiren von Bourrienne – Gemeint sind die „Mémoires sur Napoléon" von Fauvelet de Bourrienne.
       in Deinem Stücke – „Der Weg zur Macht" (siehe Anm. zu S. 270).
       „Mémoires sur Napoléon" – Heinrich Mann besaß die deutsche Ausgabe „Napoleons Leben. Von Ihm selbst" in zehn Bänden und drei Ergänzungsbänden, übersetzt und herausgegeben von Heinrich Conrad (Stuttgart: Verlag Robert Lutz o. J.).
       „Canzonetta nuova ..." – (ital.) „Ein neues Liedchen über die Jungfrau Maria, als sie mit dem Jesuskind und dem heiligen Josef nach Ägypten zog. Kleine Zigeunerin. Madonna."

289   *Adresse:* München, Leopoldstr. 59 III.

289   *Mitteilungen über Wien* – Siehe die Anm. zu S. 282.

    quatre – (franz.) vier.

290   *Adresse:* München, Herzog-Wilhelm-Str. 19, Klinik des Herrn Prof. Ach.

    gehobensten Herzens – Diese Zeilen Julia Manns beziehen sich auf die Versöhnung zwischen Thomas und Heinrich Mann (siehe Nachbemerkung).

    Dein prachtvoller Freund – Vermutlich Maximilian Brantl.

    Adresse: München, Herzog-Wilhelm-Str. 19, Klinik des Herrn Prof. Ach.

    Bei dieser Ansicht – Die Bildseite der Karte zeigt eine Ansicht von Wildbad Kreuth.

    post bellum – (lat.) nach dem Krieg.

291   *Adresse:* München, Leopoldstr. 59 III.

    mein lieber Peter – „Mama sagte ‚alter Peter' zu jedem von uns. So hießen wir ja alle drei bei ihr", schreibt Viktor Mann in seinen Erinnerungen.

292   *Adresse:* München, Leopoldstr. 59 III.

293   *herrliche Gegend* – Wie aus der folgenden Karte gleichen Datums hervorgeht, waren Mimi und Heinrich Mann zu dieser Zeit in Überlingen.

    an Jof gedacht – Josef Löhr verstarb 1922 und ließ seine Frau Julia mit drei Kindern zurück.

294   *Adresse:* Überlingen am Bodensee, Badhotel.

    Cher fils ... – (franz.) Lieber Sohn, ich vergaß, noch dies hinzuzusetzen: die 10.306 M, die Du von mir erhalten wirst, und deren Zinsen Du mir immer ausbezahlt hast, bleiben bis zu meinem Tod bei Dir, und Du wirst mir in Zukunft wie immer die Zinsen jedes Vierteljahr zahlen. Und wenn ich tot bin, dann wirst Du T. und V. je 3.200 M geben, und *Du behältst* 3.906 M. Und dann werden meine vier Kinder noch ein Viertel der Summe erhalten, die ich jetzt aus dem Vermögen bekomme. Also im Juli wirst Du mir 80 M Zinsen zahlen, nicht wahr? Wie wir es immer gehalten haben.

    la tombe à Lübeck – (franz.) die Grabstätte in Lübeck. – Gemeint ist die Familiengruft der Familie Mann.

    Adresse: München, Leopoldstr. 59 III.

Register

Personenregister zu „Dodos Kindheit" und zum Briefwechsel mit Heinrich Mann

Löhr, Josef (Jof) (1861–1922), Bankdirektor in München, seit 1900 mit Julia (Lula) Mann verheiratet   126 127 131 f. 138 140 143 144 145 146 150 155 168 177 179 192 194 195 196 214 215 220 234 272 275 276 278 283 284 293

Löhr, Julia siehe *Mann*, Julia (Lula)

Luis   156

Lula siehe *Mann*, Julia (Lula)

M. siehe *Mann*, Maria (Mimi)

Mann, Paul *Alfred*, Lübecker Neffe Julia Manns, Verwalter des Mannschen Vermögens   134 145 194 195 196 202 212 217 223 231 232 234 235 236 238 260 f. 292 f.

Mann, *Carla* Augusta Olga Maria (1881–1910), Tochter Julia Manns, Schauspielerin   121 127 129 130 132 f. 134 136 138 141 145 148 150 f. 154 157 f. 159 f. 181 186 187 188 192 f. 195–197 198 199 200 202 203 204–206 207 f. 209 213 235 246 264 267 278 289

Mann, Maria *Elisabeth* Amalie Hippolythe (1838–1917), verh. Elfeldt, verh. Haag, Schwester des Senators Thomas Johann Heinrich Mann (Vorbild für Tony Buddenbrook)   145 150 218 222 237

Mann, *Friedrich* Wilhelm Leberecht (Friedel) (1847–1926), Bruder des Senators Thomas Johann Heinrich Mann (Vorbild für Christian Buddenbrook)   239 242 279 294

Mann, Thomas Johann *Heinrich* (1840–1891), Getreidekaufmann und Senator der Freien und Hansestadt Lübeck, Ehemann Julia Manns   48 50 121 124 129 136 232 253 290

Mann, *Julia* Elisabeth Therese (Lula) (1877–1927), Tochter Julia Manns, seit 1900 mit dem Bankdirektor Josef Löhr verheiratet   121 126 127 131 f. 136 137 138 140 143 144 145 146 150 161 168 174 175 176 177 179 192 206 211 212 215 217 219 220 222 f. 224 234 239 252 254 256 261 272 275 276 278 279 292

Mann, Katia, geb. Pringsheim (1883–1980), seit 1905 mit Thomas Mann verheiratet   134–136 137 f. 142 144–146 158 174 175 176 177 178 179 181 182 185 f. 201 202 204 206 209 f. 213 214 f. 223 238 254 262 272 276 278 280 281 283 288 289 291 292

Mann, *Klaus* Heinrich Thomas (1906–1949), Sohn Thomas Manns, Schriftsteller   152

Mann, *Leonie* Carla Maria Henriette (Pulli, Nini, Goschi) (1916–1986), Tochter Heinrich Manns, später mit dem tschechischen Schriftsteller Ludvik Askenázy verheiratet   229 230 234 236 238 242 244 246 251 262 264 265 266 267 269 272 274 280 f. 282 283 284 285 288 293

Mann, Maria (?), Frau von Friedrich Mann   279

Im Briefwechsel erwähnte Werke Heinrich Manns

Zu dieser Ausgabe

Dieser Band vereint erstmals die überlieferten Erinnerungen und literarischen Versuche Julia Manns sowie ihren Briefwechsel mit Heinrich Mann, der sich in dessen Nachlaß befand. Die übrigen Handschriften Julia Manns erwarb 1959 die Akademie der Künste der DDR von Nelly Mann, der Witwe Viktor Manns, zusammen mit Dokumenten aus dem Familienbesitz.

Der umfangreichste der Texte – „Erinnerungen aus Dodos Kindheit" – erschien zuerst 1958 unter dem Titel „Aus Dodos Kindheit" im Rosgarten Verlag, Konstanz. Viktor Mann selbst hatte die Druckfassung noch vorbereitet und den Text durch den „Brief von Johann Ludwig Bruhns zur Verlobung seiner Tochter Julia" ergänzt. Thomas Mann stimmte in seinem Brief an den Konstanzer Verlag vom 27. März 1951 der Veröffentlichung ausdrücklich zu. Unsere Ausgabe folgt der Handschrift, berücksichtigt aber die von Viktor Mann vorgenommene Ergänzung.

Von den „Erinnerungen" und einigen Briefen abgesehen, handelt es sich bei allen Texten dieses Bandes um Erstveröffentlichungen.

Alle Manuskripte und Briefe sind den Originalen folgend abgedruckt. Offensichtliche Schreibfehler wurden korrigiert, Orthographie und Interpunktion unter Wahrung des Lautstands behutsam den heute geltenden Regeln angeglichen, Eigenheiten in Ausdruck und Schreibweise belassen. Die Briefköpfe sind weitgehend vereinheitlicht, erschlossene Daten bzw. Orte sowie jegliche redaktionelle Hinzufügungen (etwa zum besseren Verständnis aufgelöste Abkürzungen) durch eckige Klammern gekennzeichnet; fehlende Briefunterschriften wurden nicht ergänzt. Das dem Anhang beigefügte Kapitel „Gestorben zu Weßling in Oberbayern" ist Vikor Manns Autobiographie „Wir waren fünf" entnommen (Berlin, Buchverlag Der Morgen 1961).

Das Foto auf S. 81 gehört zum Bestand des Thomas-Mann-Archivs Zürich und wurden uns von Herrn Prof. Golo Mann zur Verfügung gestellt, dem wir für seine Unterstützung und sein freundliches Interesse an diesem Band danken. Alle anderen Abbildungen sind im Besitz des Heinrich-Mann-Archivs der Akademie der Künste zu Berlin.

Die Herausgeberin dankt Frau Dr. Sigrid Anger, der Initiatorin dieser Ausgabe, und Frau Edda Bauer, der editorischen Betreuerin im Aufbau-Verlag.

INHALT

177	Julia Mann, München, 22. Dezember 1908
179	Julia Mann, Freising, 1. Februar 1909
181	Julia Mann, Polling, 22. November 1909
183	Julia Mann, Polling, 27. November 1909
183	Julia Mann, Polling, 6. Dezember 1909
184	Julia Mann, Polling, 9. Dezember 1909
184	Julia Mann, Polling, 23. Dezember 1909
185	Julia Mann, München, 27. Januar 1910
185	Julia Mann, München, 31. Januar 1910
187	Julia Mann, Polling, 11. Februar 1910
187	Julia Mann, Polling, 14. Februar 1910
190	Julia Mann, Polling, 20. Februar 1910
191	Julia Mann, Polling, 25. Februar 1910
192	Julia Mann, Polling, 14. Juli 1910
192	Julia Mann, Polling, 26. Juli 1910
195	Julia Mann, Polling, 26. Juli 1910
195	Julia Mann, Polling, 28. Juli 1910
196	Julia Mann, Polling, 31. Juli 1910
196	Julia Mann, München, 29. August 1910
197	Julia Mann, München, August 1910
198	Julia Mann, München, August 1910
198	Heinrich Mann, München, 1. September 1910
199	Heinrich Mann, Venedig, 10. September 1910
199	Julia Mann, Polling, 12. September 1910
200	Julia Mann, Polling, 17. September 1910
200	Julia Mann, München, 19. November 1910
201	Julia Mann, München, 20. Januar 1911
201	Julia Mann, München, 20. Januar 1911
202	Julia Mann, München, 1. Februar 1911
203	Julia Mann, Polling, 4. Februar 1911
203	Julia Mann, Polling, 11. Februar 1911
204	Julia Mann, Polling, 13. Februar 1911
207	Julia Mann, Polling, 19. Februar 1911
209	Julia Mann, Polling, 27. April 1911
211	Julia Mann, München, 12. Januar 1912
211	Julia Mann, München, 15. Januar 1912
212	Julia Mann, Polling, 8. April 1912
213	Julia Mann, Polling, 6. Mai 1912
214	Julia Mann, München, 24. Oktober 1912

215   Julia Mann, München, 2. November 1912
216   Julia Mann, Solln, 9. Juli 1913
217   Julia Mann, Solln, 13. August 1913
218   Julia Mann, München, 24. Februar 1914
219   Julia Mann, München, 8. März 1914
220   Julia Mann, Polling, 25. März 1914
220   Julia Mann, Polling, 10. April 1914
221   Julia Mann, Polling, 1. Mai 1914
221   Julia Mann, Polling, 13. Mai 1914
223   Julia Mann, München, 27. Juli 1914
224   Julia Mann, München, 31. Juli 1914
224   Julia Mann, München, 6. August 1914
225   Julia Mann, München, 7. August 1914
225   Julia Mann, München, 1. Oktober 1914
229   Julia Mann, ohne Ort, vor dem 11. September 1916
229   Julia Mann, Polling, 11. September 1916
230   Julia Mann, Weßling, 8. Januar 1917
230   Julia Mann, Weßling, 10. Januar 1917
231   Julia Mann, Weßling, 15. Januar 1917
231   Julia Mann, Weßling, 16. Januar 1917
232   Julia Mann, Weßling, 17. Januar 1917
237   Julia Mann, Weßling, 22. Januar 1917
238   Julia Mann, Weßling, 3. Februar 1917
238   Julia Mann, Weßling, 26. März 1917
239   Julia Mann, Polling, 10. April 1917
239   Julia Mann, Polling, 25. Juni 1917
240   Julia Mann, Polling, 28. Juni 1917
240   Julia Mann, Polling 2. September 1917
241   Julia Mann, Polling, 4. September 1917
241   Julia Mann, Polling, vor dem 10. September 1917
242   Julia Mann, München, 10. September 1917
243   Julia Mann, Polling, 21. Oktober 1917
243   Julia Mann, Polling, 4. November 1917
243   Julia Mann, Polling, 30. November 1917
244   Julia Mann, Polling, 2. Dezember 1917
246   Julia Mann, ohne Ort, 7. Januar 1918
247   Julia Mann, Weßling, März 1918
248   Julia Mann, Polling, 21. März 1918
248   Julia Mann, Polling, 21. März 1918

Anhang